기독교문서선교회(Christian Literature Center: 약칭 CLC)는 1941년 영국 콜체스터에서 켄 아담스에 의해 시작되었으며 국제 본부는 미국 필라델피아에 있습니다. 국제 CLC는 59개 나라에서 180개의 본부를 두고, 약 650여 명의 선교사들이 이동도서차량 40대를 이용하여 문서 보급에 힘쓰고 있으며 이메일 주문을 통해 130여 국으로 책을 공급하고 있습니다. 한국 CLC는 청교도적 복음주의 신학과 신앙서적을 출판하는 문서선교기관으로서, 한 영혼이라도 구원되길 소망하면서 주님이 오시는 그날까지 최선을 다할 것입니다.

추천사 1

◆◆◆

강 우 정 박사
한국성서대학교 총장

    한국성서대학교 설립자 강태국 박사는 굉장히 험악한 삶을 사셨다. 일제강점기와 해방의 혼란기, 6.25전쟁과 4.19의거, 5.16혁명 등 역사의 부침(浮沈) 속에 살았다. 그는 날 때부터 가난했으며, 학연과 인맥도 없었고, 고향에 대한 애착도 없었다. 오직 예수밖에 모르던 사람이었다.
    그는 오로지 주님만을 위해 삶을 바쳤다. 가족조차도 주를 위해서라면 뒷전이었다. 평생 주님만을 바라보는 험악한 외길을 걸으셨다(「크리스천연합신문」, 2020. 7. 24.).
    이 책은 한국성서대학교 설립자 강태국 박사가 한반도 복음화를 위해 걸어간 십자가의 길, 그리고 성서에 근거한 신학사상과 그의 실천을 극명하게 보여 주고 있다. 이 책을 저술한 박태수 박사의 노고에 감사드리며 성서 가족들이 기쁜 마음으로 추천한다.

추천사 2

❖❖❖

홍 성 개 목사
전, 동도교회 담임 · 아신대학교 이사장

내가 평소 사랑하고 존경한 박태수 박사께서 『일립 강태국의 생애와 신학사상』을 출간함에 꼭 한마디 하고 싶어 적어 본다.

1962년 불광동 한국성서학교(현, 한국성서대학 전신)에 입학해서 강 박사님을 만나 평생 그분을 바라보며 살았다.

한마디로 그분은 해방 후 6.25전쟁으로 폐허가 된 동강 난 조국 대한민국이 번영과 축복으로 나아갈 답을 알고 그 답을 하나님의 살아 있는 신학, 소위 "밀알정신"으로 평생 실현하신 스승이다. 갈릴리 해변에서 고기 잡던 어부 베드로가 "나를 따르라"라는 한마디에 그물과 배를 버려두고 주님의 제자가 되어 신약 교회 시대 곧 세계를 변화시켰다.

왜 따랐을까?

주님이 모든 인생 문제의 답이기 때문이다.

용인의 농장!

포천 일동의 150만 평의 산!

불광동 캠퍼스 앞에 있는 밭에서 삽과 곡괭이로 파고 포도나무를 심어 가꾸고 묘목을 심어 나무가 무성한 산을 만들며 그 속에서 설교하고 신학을 삶으로 성화시켰다. 교실에서 깡마른 신학이론만 비평하고 논쟁하는 것이 아니었다.

지금도 이 "밀알정신"이 답이다.

그 답이 내 일생을 후회 없는 목회자로 신학자로 승리할 수 있었다.
답 없이 방황하는 현대 신학교 그리고 신자들이여!
이 책을 읽고 신앙을 내 삶에, 내 가정에, 신학교에 심고, 자신을 땅에 묻어 희생해서 아름다운 열매를 풍성하게 맺기를 기도한다.

추천사 3

❖❖❖

말콤 커밍스 박사(Dr. Malcolm Cummings)
전, 한국성서대학교 교수 · 미국 조지아기독교학교협회 이사

내가 강태국 박사를 1950년 처음 만났을 때, 그는 당시 사우스캐롤라이나주 그린빌에 있는 밥존스대학교 박사 과정에서 공부하고 있었다. 펜실베이니아주 스콧데일의 고향 친구인 빌 호프만은 밥존스대학교에 재학 중이었고, 성탄절 방학 기간에 한국에서 온 강태국 목사를 자신의 집으로 초대했다. 그 시절 나는 웨스트 버어지니아주에 있는 베다니대학교의 학생이었다.

빌 호프만은 박사 학위를 마친 후 한국으로 돌아가 성서대학(현 한국성서대학교)을 설립하려고 하는 강태국 박사를 위하여 여러 교회를 연결하여 주었다. 자동차 운전을 좋아하지 않았던 빌 호프만은 나에게 강태국 목사를 위하여 운전을 해 줄 것을 부탁하였다.

나는 저녁 때마다 집회에서 강태국 목사가 복음 전파를 위해 한국에 돌아가 한국성서대학을 설립하려는 열망을 듣게 되었다. 그래서 나는 밥존스대학교에 입학하기도 전에, 주를 위하여 한국에 가서 학생들을 교육하라는 강한 도전을 받게 되었고, 그다음 학기에 밥존스대학교에 편입하였다.

나는 학생기도그룹의 일원이 되었으며, 하루빨리 한국 전쟁이 끝나도록 그리고 복음 전파를 위한 한국성서대학 설립을 위하여 기도하였다. 밥존스대학교를 졸업했을 때 하나님은 나를 한국에 가서 강태국 박사와 함께

일하도록 계획하셨다.

나는 장래 아내인 베티 래 캠벨을 밥존스대학교에 만났으며, 그녀 또한 한국에서 주님을 섬기도록 부름을 받았다. 우리는 1954년에 결혼하였다. 수년간 대학원 학업을 지속하여 1955년에는 석사 학위를 받고 그 후 철학 박사 학위 과정을 공부하였다.

자세한 이야기는 다 쓸 수 없으나 베티 래와 나는 1955년 나의 아들 데이브를 데리고 한국으로 가기 위해 준비하였으며, 강태국 박사(당시 강태국은 철학 박사 학위를 취득하고 한국으로 돌아갔다)와 함께 한국성서대학을 설립하는 일을 하기로 하였다.

우리 딸 데비는 1957년에 출생하였다. 1958-1960년까지 우리는 한국으로 가기 위한 기금 마련을 위해 교회들을 순회하였으며 1960년 5월 한국에 오게 되었다.

우리는 한국성서대학의 행정적인 기초를 세우며 1960-1970년까지 초창기에 한국성서대학 학생들을 훈련하고, 학교의 커리큘럼과 강의 스케줄, 전공 과정과 부전공 과정을 만들며 학사 일정과 졸업 필수과목들을 체계화하였다. 이를 통해 진정한 대학의 체계를 세워 학교 행정 기능이 체계적이면서도 적절하게 작동하도록 만들었다.

1970년 우리는 학교에서 우리가 해야 할 일을 다 했다고 느꼈다. 이후 강태국 박사와 교직원들이 대학의 모든 일을 지속하여 오늘까지 사역을 감당하여 왔고 놀라운 발전을 하였다.

이 책을 읽고 하나님이 어떻게 일하셨는지 보라!

추천사 3 원문

❖❖❖

Dr. Malcolm Cummings

I first met Dr. T. K. Kang in 1950 when he was studying for his Ph.D. at Bob Jones University in Greenville, South Carolina. Bill Hoffman, a friend from my hometown of Scottdale, Pennsylvania, was attending BJU and had invited Rev. Kang, who was from South Korea, to come home with him for Christmas vacation. At the time, I was a student at Bethany College in West Virginia.

Bill had arranged for several church meetings for Rev. Kang, who was planning to start a Bible College in Korea when he returned after completing work for his degree. Bill didn't like to drive, and he asked me to drive Rev. Kang to his meetings.

Night after night, I heard Rev. Kang speak of his desire to return to Korean and start the Korean Bible College. Thus, I heard of this challenge to train students for the Lord in Korea before I went to Bob Jones University.

When I transferred to BJU the next semester, I became part of the student prayer group who were praying especially for the cessation of the war in Korea (1950-53) and for Rev. Kang's provision to start the Bible College. The Lord led me to plan to go to Korea and work with Rev. Kang after I finished my studies at Bob Jones University.

I met my future wife, Betty Rae Campbell, at Bob Jones U., and she, too, had been led to pray about serving the Lord in Korea. We were married in 1954, and I took several years of graduate work, receiving an M.A. degree in 1955 and then starting work toward a Ph.D.

Without going into the details, Betty Rae and I (who had one child, our son Dave in 1956) started to prepare to go to Korea and work with Dr. Kang (who had received his Ph.D. degree and had then returned to Korea) in establishing the Korean Bible College.

Our daughter, Debbie, was born in 1957. After doing deputation work from 1958 to 1960, raising our support and passage money, we left for Korea in May, 1960, to work with Dr. Kang at the Korean Bible College.

We helped with the administration and teaching at the Bible College from 1960 to 1970, during which time we drew on our training in education to help with the "early days" of the KBC. This included introducing graduation requirements, the curriculum, class schedules, major and minor fields, calendars of the school years, and other such factors that made up a bona-fide college program. These were put into effect gradually and systematically until all were functioning smoothly!

In 1970, we felt that we had done all that we could and that Dr. Kang and the KBC staff had everything in place to continue to do an excellent work – which has been done over the years until this day(2021)!

Read this book and see how God worked for the evangelization of Korea!

일립 강태국의 생애와 신학사상

밀알정신으로 복음을 심다

The Life and Theological Thought of Kang Tai Kook
Written by Tae Soo Park
All rights reserved.
Korean Edition Copyright ⓒ 2022 by Christian Literature Center, Seoul, Korea.

일립 강태국의 생애와 신학사상
밀알정신으로 복음을 심다

2022년 5월 30일 초판 발행

지 은 이 | 박태수

편   집 | 전희정
디 자 인 | 박성숙
펴 낸 곳 | (사)기독교문서선교회
등   록 | 제16-25호(1980. 1. 18.)
주   소 | 서울특별시 서초구 방배로 68
전   화 | 02-586-8761~3(본사) 031-942-8761(영업부)
팩   스 | 02-523-0131(본사) 031-942-8763(영업부)
이 메 일 | clckor@gmail.com
홈페이지 | www.clcbook.com
송금계좌 | 기업은행 073-000308-04-020 (사)기독교문서선교회
일련번호 | 2022-57

ISBN 978-89-341-2436-8 (03230)

이 책의 저작권은 저자와 (사)기독교문서선교회가 소유합니다.
신저작권법에 의하여 한국 내에서 보호받는 저작물이므로 무단 전재와 무단 복제를 금합니다.

밀알정신으로 복음을 심다

일립 강태국의
생애와 신학사상

박태수 지음

CLC

차 례

추천사

  강 우 정 박사 | 한국성서대학교 총장   1

  홍 성 개 목사 | 전, 동도교회 담임·아신대학교 이사장   2

  말콤 커밍스 박사(Dr. Malcolm Cummings) | 4
      전, 한국성서대학교 교수·미국 조지아기독교학교협회 이사

머리말   14

인정과 감사의 글   18

일립 강태국 박사의 간략한 연표   20

제1부   일립(一粒) 강태국의 생애   24
  제1장   일립 강태국의 생애   25

제2부   일립(一粒) 강태국의 신학사상   58
  제2장   일립 강태국의 신학사상   59
  제3장   성서   77
  제4장   하나님   91
  제5장   교회   119

제3부   일립(一粒) 강태국의 실천사상   142
  제6장   기도   143
  제7장   노동   175
  제8장   봉사   205
  제9장   애국사상과 민족복음화운동   225

부록 1	하나님의 속성과 사역에 관한 강태국의 글 모음	261
부록 2	자유의 종과 청년 강태민 씨	268
부록 3	우리 아버님의 집	274
부록 4	내 삶의 멘토 강태국 박사	285
부록 5	에제르의 삶을 사신 강인숙 사모님	288
부록 6	사단법인 한국복음주의운동	295
부록 7	An Ecclesiology of Dr. Kang Tae Kook by Tae Soo Park	297
부록 8	일립 강태국 박사에 관한 평가	299
참고 문헌		306

머리말

◆◆◆

박 태 수 박사
한국성서대학교 대학원 교학처장

　필자의 삶에 지대한 영향을 끼친 일립(一粒) 강태국 박사님과의 만남은 1982년으로 거슬러 올라간다. 한국성서대학교에 갓 입학한 필자는 그리스도인으로 삶을 어떻게 살아야 하는지, 그리고 신학이 무엇인지도 모르는 그야말로 촌뜨기 학생이었다. 그에 비해 일립 강태국 박사님은 백발의 연로하신 학장님으로 한국 교회에 널리 알려진 지도자요 설교자로서 교계에서 존경받는 분이셨다.
　강태국 박사님과 필자의 첫 인연은 대학생이 된 지 얼마 되지 않았을 때였다. 성서의 채플에서 선포한 그분의 설교는 영혼의 울림으로 다가왔고, 필자의 삶에 전환점이 되는 계기가 되었다. 그분의 메시지는 "구하라 그리하면 주실 것이요"(마 7:7)라는 말씀으로 나의 영혼을 사로잡았다.
　당시 가난하였던 필자는 그 말씀에 큰 용기를 얻고 간절하게 기도하였을 때, 기도의 응답으로 교내에서 1년간 근로장학생으로 일할 수 있게 되었다. 강 박사님은 학교 교정에서 거의 매일 한두 시간씩 삽과 괭이를 들고 직접 노동하시며 일하는 법을 필자에게 가르쳐 주셨다.
　필자는 1년간의 노동을 통해 노동의 참된 가치와 신성함을 생애 처음으로 배우며 자립정신, 근면성 그리고 끈기를 온몸으로 체득하게 되었다.
　그 후 강 박사님이 강의실에서 강조한 오직 성서 중심의 교육과 하나님의 공의와 사랑을 담은 교육은 필자에게 깊은 감동을 주었다. 무엇보다 진정한 밀알정신이 무엇인지 삶을 통해 몸소 보여 주신 교육은 대학생이었던 필자의 가슴에 깊이 새겨졌고, 그분의 애국정신과 민족 복음화의 뜨거운 열정은 잊을 수가 없었다. 그래서 필자는 그의 문하생 중 한 사람으로, 그분의 삶을 직접 목격한 증인으로서 미국 유학을 하면서 마음에 결심한 바가 있었는데, 그것은 후대를 위해 일립 강태국 박사의 생애와 신학사상을 기록해야겠다는 것이었다. 본서는 그에 대한 응답이다.

잘 알려진 바대로 일립 강태국 박사는 1952년 한반도 복음화를 위하여 한국성서학교(현, 한국성서대학교)를 설립하였으며, 민족을 위한 한 알의 밀알정신으로 살며 삶과 신앙의 일치를 보여 주신 분이다.

그리고 그의 삶에서 그가 가졌던 예수 그리스도의 복음을 향한 숭고한 정신과 하나님을 향한 강한 열정이 그의 후학들의 가슴에 여전히 타오르고 있으며 그를 통해 배출된 많은 목회자와 신학자는 그에 대한 진심 어린 존경심을 가지고 있다.

강태국이 한국 교회에 남긴 유산은 실로 소중하다. 그는 먼저 기독교를 "성서의 종교"라 칭할 만큼 하나님의 살아 있는 말씀인 성서를 사랑하고 신앙과 삶에 있어서 성서를 절대적 권위에 두고 하나님의 말씀을 따라 살고자 한 철저한 성서의 사람이었다.

그는 민족 복음화를 위한 '천국운동 50년 계획'을 수립하고 먼저 농촌 복음화를 위해 복음농도원, 복음농민전수학교를 설립하여 복음을 증거할 농촌지도자를 배출하고자 하였으며, 예수 그리스도의 지상명령을 따라 땅 끝까지 복음을 증거할 복음 전도자를 양성하기 위하여 한국성서대학교를 설립하여 한반도 복음화에 기여한 복음 전도자이자 기독교 교육가였다.

그리고 설교자로서 강태국은 성서에 근거한 하나님의 생명력 있는 말씀을 증거함으로써 수많은 사람이 심령의 변화를 받아 예수 그리스도 안에서 복음을 받아들이는 역사가 일어났다.

방송설교가로서 특히 극동방송국 설립에 결정적인 기여를 하였고, 이사장으로 봉직하며 매주 〈성서의 시간〉을 통해 한반도 전역에 생명의 말씀을 방송으로 전파하였다.

목사로서 강태국은 서울 새문안교회의 목사로 취임하고 시무하였으며, 이후 순수한 복음 전파의 사명을 다하기 위하여 중앙성서교회를 설립하고, 초교파적 전도와 선교운동을 위하여 한국성서선교회를 설립하였다.

그가 남긴 귀한 유산 중 하나는 『성서강해』 전집(12권)이다. 이 『성서강해』는 창세기부터 요한계시록까지 다룬 강해서로 가정에서부터 신앙의 생활화를 통해 민족 복음화를 이루기 위한 목적으로 출간되었으며 한국 교회의 가정 복음화에 기여한 바가 크다.

혹자는 강태국의 삶이 오늘날 우리 시대의 사람들에게 어떻게 살아야 하는가에 대한 본보기가 될 수는 있지만, 그의 신학은 부재하다는 평가에 대하여, 본서는 강태국은 성서에 근거한 하나님 중심의 신학을 바탕으로 한 뜨거운 열정을 가지고 신학교와 한국 교회를 섬겼음을 보여 주고자 하였다.

특히, 저자는 강태국의 경건한 삶과 신앙은 말씀 중심, 하나님 중심, 그리스도 중심, 교회 중심의 확고한 신학적 체계를 가지고 있음을 제시하고자 하였다.

본서는 일립 강태국 박사의 생애와 신학사상을 크게 세 부분으로 나누어서 다루었다.

첫째, 강태국의 삶에 나타난 하나님의 은혜와 하나님이 주신 사명을 이루기 위해 걸어간 십자가의 길을 다루었다.

둘째, 그의 신학사상을 성서 의존 사상과 하나님의 주권 그리고 참된 예수 그리스도의 교회와 초교파 독립교회 등을 중심으로 체계적으로 다루었다.

셋째, 실천적 면에서 그리스도인이 가져야 할 경건의 삶을 위한 기도 생활의 원리와 실천과 하나님과 이웃을 위한 참된 봉사에 관하여 서술하였다.

넷째, 그가 애국자로서 나라와 민족을 위하여 우리나라의 잘못된 민족정신을 개조하기 위하여 그리스도의 정신에 근거한 노동 그리고 애국정신에 바탕을 둔 민족복음화운동을 주요 주제로 삼았다.

아무쪼록 한 시대에 밀알정신으로 복음을 심으며 선한 영향력을 끼친 강태국 박사의 삶 그리고 신학사상을 이해하는 데 조금이나마 졸저가 보탬이 되었으면 하는 마음이 간절하다.

인정과 감사의 글

❖❖❖

박 태 수 박사
한국성서대학교 대학원 교학처장

　본서의 내용 중 다음 몇 장은 이전에 아래와 같은 방식으로 발표되었음을 밝힌다. 이전에 발표되었던 논문들을 『일립 강태국의 생애와 신학사상: 밀알정신으로 복음을 심다』라는 주제에 맞게 논의를 확대하였고, 수정 보완하여 보다 쉽게 독자들이 읽을 수 있도록 하였다.

　제2장 '신학사상'은 "한국성서대학교의 신학적 정체성과 성서학", 『일립논총』(2008)에 게재한 내용 중 일부를 본서의 목적에 맞도록 수정하였다.
　제4장 '하나님'은 "일립 강태국 박사의 신론 연구", 『일립논총』(2018)에 게재한 내용을 수정 보완하였다.
　제5장 '교회'는 "일립 강태국의 교회론에 대한 고찰", 『조직신학연구』(2013)에 게재한 글을 수정 보완하였다.
　제6장 '기도'는 "일립 강태국의 기도론 연구", 『일립논총』(2011)에 게재한 내용을 수정 보완한 것이다.
　제7장 '노동'은 "일립 강태국의 노동관", 『조직신학연구』(2009)에 게재한 내용을 보완하였다.
　제8장 '봉사'는 "일립의 봉사관", 『일립논총』(2012)에 게재한 내용을 수정하였다.

제9장 '애국사상과 민족복음화운동'은 "일립 강태국 박사의 애국사상과 민족복음화운동", 『조직신학연구』(2020)에 게재한 내용을 보완하였음을 밝힌다.

본서에 있는 부록은 차후에 일립을 연구하는 이들에게 도움을 주기 위해 제공한 자료들이다.

특별히 강태국 박사의 둘째 따님이신 강혜정 에덴한방 원장님의 글인 "자유의 종과 청년 강태민 씨", "우리 아버님의 집", 그리고 김은호 한국성서대학교 대학원장님의 글 "내 삶의 멘토 강태국 박사"를 수록할 수 있게 허락해 주셔서 감사한다.

그리고 "에제르의 삶을 사신 강인숙 사모님" 외 일립이 민족 복음화를 위하여 한국복음주의운동을 하면서 미국 교회에 소개하는 영문 글 등을 게재하여 후속 연구에 도움이 되도록 하였다.

이 책이 출판될 수 있도록 교정 작업을 해 주신 최영태 교수님과 수고해 주신 CLC 대표이자 저의 은사이신 박영호 교수님 그리고 CLC 직원들, 더불어 이 책을 추천해 주신 존경하는 강우정 총장님, 홍성개 목사님, 말콤 커밍스 박사님께 깊이 감사드린다.

일립 강태국 박사의 간략한 연표

◆◆◆

1904년 6월 10일(음) 제주도 부친 강용학, 모친 이양기 사이에서 출생
1919년 기독교 신앙 입문
1923년 3월 광주 숭일학교(사립) 졸업
1925년 3월 평양 숭실중학교 3학년 편입
1928년 3월 평양 숭실학교 24회 졸업
1928년 4월 숭실전문학교(전 숭실대학교) 입학
1929년 1월 독립운동 사건으로 투옥(광주학생사건)
1930년 1월 평양독립만세운동 주도로 평양경찰서 구치소 수감
1930년 2월 평양형무소 출감
1932년 3월 숭실전문학교 영문과 졸업
1932년 3월 일본 중앙신학교 입학
1933년 일본 동부교회 전도사 사역
1934년 전국 복음화를 위한 '천국운동 50년 계획' 수립
1936년 3월 고베중앙신학교 졸업
1936년 4월 강인숙과 결혼
1936년 4월 남대리 선교사와 지방 순회하며 복음 전파
1936년 4월 광주에서 기도 대원(20명)과 기도운동
1936년 5월~40년 7월 신사참배거부 수차례 투옥
1940년 8월~45년 8월 중국 만주 개원교회 목사 시무
1945년 11월 난민 698명 이끌고 서울 도착
1945년 서울 동흥학교 영어교사 및 교무과장
1948년 7월 ~1948년 12월 미국 웨스트민스터신학교에서 연구

1848년 페이스신학교에서 연구
1949년~1950년 5월 콜럼비아신학교(Th.M.)
1951년 5월 미국 밥존스대학교(Ph.D.)
1950년 10월 한국복음주의선교회(Korean Evangelical Movement) 발족
1953년 용인군에 국민복음농민학교 교사 신축
1952년 5월 13일 한국성서대학교의 전신인 한국성서학원 창설
     초대 원장 취임
1952년 10월~55년 2월 서울 새문안교회 목사 시무
1952년 4월~63년 11월 사단법인 한국복음주의선교회 창설 초대 이사장
1956년~82년 1월 서울 중앙성서교회에서 목사취임 시무
1954년~68년 복음주의동맹선교회 이사 및 극동방송국 이사장 취임
1955년 3월~92년 2월 한국성서신학교 초대 학장 취임 시무
1957년 3월~1972년 1월 조치원 숭신고등공민학교 인수 운영
1955년 5월 덴마크 인터네쇼날피플스대학교 졸업
1955년 3월 10일 한국복음주의선교회 조지아주 클라크고등법원 정식인가
1952년 11월 새문안교회 (임시)목사로 취임
1955년 9월 새문안교회 사임
1966년 3월~75년 2월 용인 복음농민전수학교 창설 운영
1969년 11월~88년 1월 사단법인 한국성서선교회 창설 초대 이사장 취임 시무
1969년~1998년 1,420,910 그루 식목
1973년~76년 국제기독교연합회 국제교육위원
1982년 3월~98년 7월 서울 중앙성서교회 원로목사
1992년 3월~1998년 7월 한국성서신학교 명예학장
1998년 7월 25일 소천

수상(受賞)

1970년 12월 5일 국무총리표창장 수상(19058, 조림사업관련)
1971년 12월 23일 경기도시사 감사패 수상(233호, 조림사업관련)
1974년 3월 11일 경기도지사표창장 수상(67호, 조림사업관련)
1974년 11년 1월 모범독림가 표창장 수상(28호, 조림사업관련)
1991년 12월 5일 대통령표창장 수상(82523호 교육관련)

저서

『종합사복음연구』(서울: 혜문사, 1976)
『신약단권주석』(서울: 혜문사, 1976)
『성서의 종교: 강태국 박사 설교집』(전 8권, 서울: 성광문화사, 1988)
『나의 증언: 내가 나 된 것은』(서울: 성광문화사, 1988)
『매일의 묵상: 성서강해』(전 7권, 서울: 성서교재간행사, 1990)

역서

『기도 수첩』(*A Diary of Private Prayer*, by John Baille, 대한기독교서회, 1956).

제1부

♦♦♦

일립(一粒) 강태국의 생애

제1장 ♦ 일립 강태국의 생애

제1장
◆◆◆
일립 강태국의 생애

일립(一粒) 강태국 박사는 1904년 6월 10일(음) 제주도 남문 밖에서 부친 강용학과 모친 이양기 두 분 사이에서 태어났다. 당시 제주도는 오늘날과는 달리 불모지의 땅이었기에 사람들은 척박한 땅에서 말을 키우는 일을 하면서 삶을 영위하는 곳이었다.

그의 가정의 종교는 천주교였다. 그 외가는 천주교 가문이었고 제주도 신축년 천주교 박해 때 순교자 명단에 오른 사람들이었다. 이러한 영향으로 인해 강태국은 어려서 영세를 받았으며 교명은 모세였다.

어린 나이에 천주교에 출석하였지만, 천주교가 그에게 크게 영향을 끼치지 못하였다. 그의 부친은 배일사상이 강한 관계로 일본인이 세운 보통학교 가는 것을 허락하지 않았기에 7세 때부터 한문서당에서 수학하였다. 당시 한문서당은 한국에서 가장 오래된 교육기관이며 한국에 유일한 초등교육기관이었다.

한문서당에서는 유교의 입문서인 천자문, 소학, 동몽선습, 통감, 사서, 삼경 등을 가르쳤는데 강태국은 4년간 한문서당을 통해 상당한 한문 교육을 익힐 수 있었다.

1. 기독교에 입문하다

　11세 때 가정의 어려움으로 인해 아버지와 더불어 해안리의 산골로 이사를 하게 되었다. 그곳은 빈촌이었고 작은 마을이었기에 어린 시절 강태국은 나무꾼으로, 농사꾼 등으로 집안 살림을 하게 되었다. 그 촌락에는 서당이 없었고 한글을 아는 그의 부친과 자신뿐이었다. 그의 부친은 그에게 춘향전이나 충열절을 읽어 주었고 마을 사람들도 이를 듣기 위해서 모였었다.
　강태국은 이때부터 시간이 날 때마다 소설을 읽기도 하였고, 동네 아이들을 모아 한글과 한문을 가르치는 서당 선생 노릇도 하였다. 어린 강태국은 살림살이를 해야 했으며, 낮에는 한라산에 가서 물을 길어오고 나무를 해서 식사를 준비하였다.
　부친은 체를 만드는 수공업을 하셨는데 제조한 물건을 팔기 위해서 여러 동네를 다녀야 했기 때문에 집을 비우는 날이 많았다. 그때마다 강태국은 그의 누이동생과 함께 날이 새기를 기다리기도 하였다. 그는 긴 밤을 가치 있게 보내기 위해서 동네 아이들을 모아 두고 야간서당을 하면서 학생들에게 한글과 한문을 무료로 가르쳤다.
　그의 부친은 이를 가상히 여겨 밤에 사용하는 석유값은 줄 터이니 가르치는 일을 계속하라고 격려하여 주었다. 강태국은 낮에는 일하고 밤이면 동네 아이들을 무료로 가르치는 일이 고되기는 하였지만 즐겁게 감당했다. 해안리 촌락은 빈곤하였기 때문에 봄이 되면 산과 들에 가서 나물과 고사리를 캐고, 남의 집에 밭고랑을 내는 일도 하고, 잡초를 뽑는 일, 연자맷돌을 돌리는 일 등 시골에서 할 수 있는 모든 일을 경험하였다.
　13세 때 그는 사촌 자형의 소개로 일본인의 단추 공장에서 식사를 준비하는 요리사로서 일하였다. 14세 때는 다시 모슬포에 소재한 사촌 매부가 설립한 단추 공장의 식당에서 일하며 때로는 매부의 가게에서 점원 노릇을 하기도 하였다.

그의 삶의 전환점은 15세 때였다. 주일 저녁이면 교회를 구경삼아 누님과 매부와 함께 참석하였다. 그가 참석했던 모슬포교회는 1910년에 조선야소교장로회에서 파송을 받은 이기풍 목사에 의해서 세워진 교회였다. 그리고 강태국 당시 모슬포교회의 담임목사는 윤식명 목사였으며, 그날 설교는 마태복음 7:7이었다.

> 구하라 그리하면 주실 것이요 찾으라 그러면 찾을 것이요, 문을 두드리라 그리면 너희에게 열릴 것이니(마 7:7).

이 말씀을 통해 강태국은 하나님의 부르심을 받고 기독교로 개종하고 생애의 전환점을 맞이하였다. 그는 그 말씀을 굳게 믿었고 그다음 날부터 새벽부터 일어나 후원에 있는 바위에 엎드려 기도하기 시작했다. 그의 단순한 기도 제목은 보통학교에 입학하는 것이었다. 그러나 그의 부친은 일본 사람이 한국인을 일본인으로 동화시키기 위한 목적으로 세운 학교였기에 그를 보통학교에 보내지를 않았다.

그는 또래의 아이들이 가방을 들고 학교에 가는 것을 보고 부러웠다. 그래서 그의 기도 제목은 "하나님, 저를 보통학교에 가서 공부하게 해 주시옵소서. 그리고 보통학교뿐만 아니라 미국에까지 가서 공부하게 해 주시옵소서"라는 것이었다. 그는 그때부터 기도하는 것과 성서 읽는 일을 시작하였다.

제주도 모슬포교회

16세 때에 제주시로 돌아와 자형이 일하는 광제의원이라는 병원에서 간호사 일을 해 보게 되고, 보통학교 교사였던 의사 박진영 선생의 부인으로부터 신학문을 접할 수 있었다.

강태국은 이렇게 증언하였다.

> 11-17세 때까지 유년기의 형극의 길을 걸었고, 버림받은 고아 아닌 고아로서 슬픔과 고통과 눈물과 땀과 피로서 얼룩졌다. 그러나 그 길은 앞날에 내가 넘어야 할 태산준령을 넘기 위한 하나님의 축복된 훈련이었다.[1]

2. 신학문을 광주 숭일학교에서 배우다

하나님은 강태국의 3년간의 간절한 기도를 들으시고 18세 때 길을 열어 주셨다. 그의 나이에 보통학교를 들어가는 것이 늦었으나 그는 용기를 내어 제주도 서문교회에 김창국 목사님을 찾아가 어떻게 하면 공부할 수 있는지 문의하였다. 김창국 목사님은 광주에 소재한 기독교 미션스쿨인 숭일학교에 가면 노동을 하면서 공부할 수 있다고 하면서 원하면 추천해 주겠다고 하였다. 강태국은 이미 많은 노동을 경험하였기에 백절불굴의 정신을 가지고 학업에 도전하고자 하였다.

마침내 1921년 3월에 김창국 목사님의 소개로 전남 광주에 소재한 학문의 전당이요 신본주의 본산인 광주 숭일학교에 편입을 함으로써 신학문을 처음으로 접하게 되어 공부할 기회를 얻게 되었다.

광주 숭일학교는 보통과 6년과 고등과 2년으로 편성되어 있고 당시 교장은 정통 보수 신앙을 가진 엄격한 인간성을 지닌 장로교 계통의 선교사인 낙스(Dr. Knox)였다. 그는 강태국에게 시험을 치르고 합격하면 입학시

---

1. 강태국, 『나의 증언』(성광문화사, 1988), 16.

켜 주겠다고 하였다.

강태국은 18세에 나이에 보통학교를 입학하는 것은 있을 수 없는 상항이었으나 5학년으로 입학원서를 내고 보통과 4년 과정에 편입시험을 쳤다. 그 결과 성서는 만점이었다.

그러나 수학은 영점이었다. 숭일학교의 선생님은 제주도에서 공부하려고 온 그의 정성을 헤아려 조건부 입학을 허가했고, 첫 학기 성적이 좋으면 정규생으로 입학시키는 조건으로 공부할 수 있게 하였다.

광주 숭일학교

3. 노동을 배우다

강태국은 광주 숭일학교에서 단순히 학문만 할 수 있는 처지가 아니었다. 가난했던 강태국은 생활비를 마련하기 위하여 입학한 그다음 날부터 지게를 지고 강변에 가서 자갈과 모래를 져 나르는 노동을 하여야 했다. 그는 학교 주변의 길을 자갈과 모래로 깔기도 하며, 자동차 길을 고르고 잡초를 제거하는 노동을 하였는데 노동의 경험이 많은 강태국은 일터로 나가 일하는 것이 즐거웠다.

하지만 그가 지게를 지고 갈 때 이렇게 말했다.

> 여학생들을 만나면 너무나 부끄러워 쥐구멍이라고 숨고 싶은 심정이었다. 노동자를 천대하고 양반을 추앙하는 우리 선조의 망국적 피가 내게도 흐르고 있기 때문일 것이다.

그는 하루에 3시간씩 일을 하고 10전을 받았는데 주일 외 한 달을 일하면 2원 60전을 받았다. 당시 기숙사의 식비는 쌀밥을 먹으면 3원이었고 조밥은 2원 50전이었다. 강태국은 조밥을 먹었다. 한 달 수입 중에 식비를 지불하고 나면 남는 것이 없지만 하나님이 자신에게 제공한 일용할 양식, 현대의 만나로 생각하였다.

그러나 먹고사는 문제 외에 생활비가 있어야 했다. 그는 이 문제를 해결하기 위해 기도하였다. 하나님의 기도 응답으로 그는 선교사의 집에서 일할 기회를 얻게 되었다.

선교사는 그에게 정원에 가서 땅을 파라고 하였고 그는 마음에 감사하면서 일하였다. 원래는 3시간만 일하면 되었는데 그는 5시간 이상 어둠이 질 때까지 일하였다. 이를 2층에서 지켜본 선교사는 이 학생이 장래성이 있는 학생인 줄 알고 그에게 일자리를 계속 제공하였다. 가난한 강태국에게 노동하도록 배려한 분은 남대리 선교사(Dr. Newland)였다.

남대리 선교사 가족사진

남대리 선교사 부부사진

강태국의 근면성과 학구열에 감동 받은 남대리(Dr. L.T. Newland) 선교사는 훗날에 그를 물심양면으로 후원하였다. 남대리 선교사는 훗날 미국에서 강태국을 다시 만났을 때 교인들에게 다음과 같이 소개하였다.

> 내가 조선에 있을 때, 어느 날 조그마한 학생 하나가 우리 집에 찾아와서 일하게 해 달라고 하기에 허락하고 일을 시켜 놓고 나는 2층 창가로 가서 멀리서 그 학생이 일하는 것을 지켜보았더니, 쉬지 않고 열심히 일하는 것을 보고 장래성이 있는 학생으로 알고 협조하기 시작하였는데, 그 학생이 지금 여러분 앞에 서 있는 강태국 목사입니다.[2]

강태국은 노동을 지속하면서 고학하는 처지에도 불구하고 그를 불행하게 만든 것이 아니라 오히려 강인하게 자립정신을 키우는 인물이 되게 하는 계기가 되었다. 강태국은 5학년으로 편입한 관계로 공부가 쉽지 않았지만 다른 학생들이 쉬고 운동할 때조차도 그는 공부에 매진하여 첫 학기에 45명 중에 5등을 했고 졸업할 때는 1등으로 졸업하게 되어 고등과에 진학할 때는 등록금 전액 장학금을 받았다. 그는 20세가 되던 1924년 숭

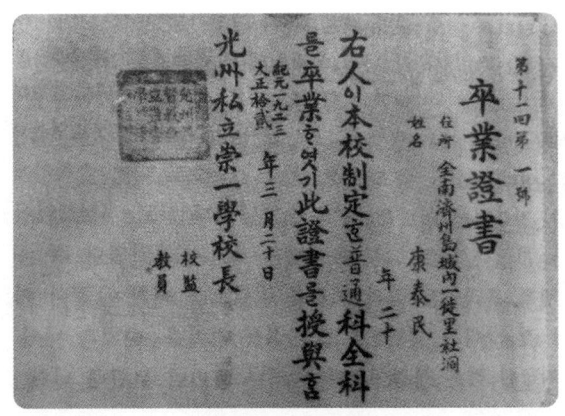

광주 숭일학교 졸업장

---

2 강태국, 『나의 증언』, 26.

일학교 보통과를 마침으로 초등학교 졸업
장을 받게 되었다.

이 시절 그는 학생회에서 토론회나 웅변
대회가 있을 때 꼭 참석했고 토론대회에 나
가서 상대를 비판하는 일을 한 적이 있었다.
그때 선생님은 그에게 이렇게 충고했다.

"하늘을 향하여 침을 뱉어 보라. 그 침이
누구에게 돌아오나. 강 군이 말한 것은 하늘
을 향하여 침을 뱉는 격이다."

그는 선생님의 충고를 듣고 그의 생각을

숭실중학교 학생 시절

고쳐먹었다. 토론회는 계속 참여하되 상대를 비난하는 일을 하지 않기로 작
정하였다.

강태국은 고등과 2년도 마치게 되었고, 당대에 가장 유명한 학교인 숭실
학교에 가기로 하였다. 그러나 길은 막혔고 등록금도 없었다. 그는 실망하지
않고 하나님을 신뢰하는 가운데 기도하고 찾고 문을 두드렸다. 그다음 날,
그는 광주 숭일학교의 교사이셨던 한봉상 선생님의 소개로 평양으로 갈 수
있게 되었다.

4. 숭실중학교에 편입하다

강태국은 향학열에 불타는 가슴을 부둥켜 안고 평양 숭실중학교에 3학
년에 편입시험을 쳤고 합격하였다. 숭일학교의 한봉상 선생님은 강태국을
평양 숭실중학교 3학년에 편입할 수 있도록 첫 학기 등록금을 마련해 주
었다.

한봉상 선생님은 한옥당이라는 인쇄업을 경영하고 있었는데, 강태국은
그 인쇄소에서 방과 후 하루 5시간씩 일하며 봉투 붙이는 일을 하여 생활

비를 벌 수 있었고, 그 수입으로 숭실중학교에서도 쌀밥 대신 조밥을 먹을 수 있게 되었다.

이때 미국에 안식년으로 귀국했던 남대리 선교사가 미국 후원자로부터 등록금을 얻어 오므로 등록금 문제가 해결되었다. 강태국은 하나님과 남대리 선교사에게 깊은 감사를 하였다. 그리고 알지 못하는 미국의 독지가로부터 매월 6원씩 후원이 계속되었다. 강태국은 숭실학교에서 경비 일을 계속하며 공부를 하였고 그의 나이 25세인 1928년 3월 평양 숭실중학교를 졸업할 수 있었다.

5. 숭실전문학교에서 공부하다

1928년 4월 강태국은 당시 우리나라의 최고 학부였던 평양 숭실전문학교 영문과에 입학하여 학업을 하게 되었다. 평양 숭실전문학교는 서울의 연희전문학교, 세브란스의학전문학교, 보성전문학교와 함께 4년제 대학에 해당했고 당대 최고의 학부였다. 그곳에서 배위량(William Baird), 마포삼열(Samuel A. Moffett) 등의 북미 선교사들을 통해 성서적인 신앙과 민족정신과 인생철학을 배웠다.

숭실전문학교에서도 그의 고학 생활은 계속되었다. 그는 숭실전문학교의 파크 박사의 비서실에 채용이 되었고 비서실에서 영어를 번역하는 일을 하였다. 그는 고학 생활에 관록이 붙어 있어서 생활에 대한 두려움이 없이 공부하며 자립정신을 기르게 되었다.

배움의 길에 들어섰던 강태국은 학창의 연륜이 높아 갈수록 일제의 박해와 멍에가 심각하여지는 것을 느끼고 자유를 잃어버린 3천만 겨레의 절규와 탄식을 들으면서 그의 결단을 한 편의 시로 표현하였다.

먹장 같은 밤
바닷가에
나 홀로 서서
외치는 파도 소리
듣고 있노라.
내 몸을 던지랴 저 파도 속에
내 귀를 막으랴 이 바닷가에서

그는 민족의 고통과 시련에 동참하여 조국의 독립을 위해 자신의 삶을 던지기로 하였다. 그 준비의 첫 단계로 강태국은 숭실전문학교와 숭실중학교에서 학생들의 학용품과 생필품을 조달하는 숭실공제회를 조직하였다. 학교의 허락을 받고 그는 파커의 비서실을 떠나 그 일에 전념할 수 있었다. 이를 통해 독립운동 자금을 마련하고자 하였다. 이 일을 적극적으로 지원한 이는 정재윤 교수였다.

6. 평양독립만세운동을 주도하다

강태국이 조직했던 숭실공제회는 민족의 지도자 조만식 선생과 비밀리에 연계되어 있었다. 마침 1929년 11월 3일 광주학생운동이 일어났고 민족의 항일운동은 전남 광주에서 시작되었다. 1929년 12월 초순 새벽에 조만식 선생은 숭실의 기숙사로 와서 이렇게 외쳤다.

숭실은 자는가?
광주학생운동으로 전국이 물 끓듯 하는데 평양의 최고 학부인 숭실이 자고 있다니.

이 외침을 들은 강태국은 수십 명의 학생과 함께 토의 끝에 평양독립만세운동을 주도하기로 하였다.

강태국은 김청훈, 박준용, 박태기와 더불어 독립투쟁을 위한 유인물을 만들어 살포하기로 하고 문헌을 직접 작성하여 등사하였다. 하지만 첫 번째 거사는 사전에 노출되었고, 숭실전문학교의 교장이 동계방학을 선언하므로 실패하였다.

그러나 강태국은 포기하지 않고 1930년 1월에 숭실을 중심으로 하는 독립만세운동을 시도하려고 했던 계획을 바꾸어 숭실전문학교, 숭실중학교, 평양남녀고보, 평양사범, 광성, 숭의여학교, 정의여학교 등의 학생대표들과 더불어 평양독립만세운동을 주도하고 평양 시민의 가슴에 불을 질렀다.

이에 자유와 독립을 갈망하는 수많은 평양 시민은 독립만세운동에 가담하여 수천 명의 학생과 함께 조선 독립 만세를 불렀다. 그 결과 검거된 사람은 수천 명에 달하였고 가장 맹렬하게 활동하다가 체포된 사람들을 수용할 장소가 부족하였다.

7. 평양경찰서 구치소에 감금되다

결국, 강태국은 주모자로 잡혀 평양경찰서 연무장 구치소에 감금되어 극심한 고문을 당하였다. 그는 윗옷이 벗겨지고 두 팔을 뒤로 묶였으며 손바닥으로 조리 신짝으로 뺨을 수없이 맞았고, 경찰곤봉으로 온몸에 매질을 당하였다.

그때 구치소에서 모진 고문을 당할 때 일본 순사는 강태국에게 이런 신문을 하였다.

평양형무소 출감 기념

"왜 만세를 불렀는가?"
이에 대해 강태국은 이렇게 대답했다.

> 당신들의 머릿속에 일본 혼이 있지 않소, 마찬가지로 나의 머릿속에는 조선 혼이 있소. 이 혼이 평소에는 나의 의식 속에 잠재해 있다가 어떠한 특별한 일이 생길 때는 이 혼이 벌떡 일어나 발동한 것이오. 이번에도 광주학생 소식을 듣고 내 혼이 격동하여 만세를 부른 것이지, 나 자신이 부른 것이 아니오.

형사들이 그를 발길로 축구공을 차듯이 이러 저리로 차고 짓이기는 모진 고문 끝에 그는 기절하고 말았다. 강태국은 애국지사들이 피를 토하며 죽어간 평양경찰서 지하실에서 극심한 고문을 당하였고 일본 경찰은 그를 감방에 발로 차서 넣었다.

평양독립만세운동으로 인해 수많은 숭실전문학교 학생들은 평양경찰서에 잡혀 왔다가 윤산온 교장의 요청으로 석방되고, 주모자였던 강태국과 김철훈, 박준용, 박태기 그리고 신세철은 검사국으로 송청되었다. 그 후 1930년 2월 25일 평양형무소를 기소유예로 출감하였다.

그는 출감한 후에도 계속하여 일본 경찰의 감시 아래 놓였으며 예비검속으로 인해 경찰서 감방에 3일씩 감금되었다. 그는 만세 사건의 주모자로 몰려 퇴학을 당할 위기에 놓였으나 당시 평양 숭실전문학교의 교장으로 있던 윤산온의 지혜로 1년간 휴학을 한 후 1932년에 숭실전문학교를 졸업하였다.

8. 고베중앙신학교에서 수학하다

　1932년에 숭실을 졸업하고 조국의 암울한 현실을 직시한 그는 자신의 한 몸을 던져 조국의 독립을 위해 자신을 바치기로 하였다. 그는 범을 잡으려면 범의 굴로 들어가야 하듯이 일본을 알아야만 일본을 이길 수 있다고 판단하고 일본 땅으로 건너가기로 하였다.

　그의 유학 목적은 조선의 독립운동에 필요한 자료를 얻기 위함이었다. 그리고 일본에 건너가는 데 필요한 도강증을 얻으려고 입학 허가서를 받은 학교는 고베중앙신학교였다.

　현 고베개혁파신학교인 이 학교는 메이지학원의 자유주의에 반발하여 미국 남장로교회 선교부의 지원으로 세운 학교였고, 보수적이고 전통적인 개혁주의 신학을 가르쳤던 학교였다.

　강태국은 1932년 3월에 도일에 성공하였고 고베중앙신학교 2학년으로 입학하였다. 4년제 대학인 숭실전문대학을 졸업했기 때문에 2학년에 편입이 가능하였다.

　이 학교는 등록금과 기숙사비를 받지 않았고 식비만 해결하면 되었다. 그가 사용했던 기숙사는 당시 일본의 기독교 계몽운동의 선구자였던 가가와 도요히코가 쓰던 방이었다. 그는 식비를 해결하기 위해서 기숙사 목욕물을 데우는 노동을 하였고 나중에는 남대리 선교사가 보내준 장학금 혜택을 받게 되었다.

　그는 이 신학교에서 중대한 삶의 전환점을 경험했다. 바로 독립운동가에서 복음 전도자로서의 변신이었다. 그는 독립운동 자료를 수집하고 이 일을 수행하기 위해서 마르크스의『자본론』을 읽기 시작하였다. 당시 마르크스의 자본론을 알지 못하면 무식자 취급을 받는 시대였다.

가가와 도요히코

그가 자본론을 읽으려고 한 이유는 일본 제국주의에 대항하여 투쟁하기 위함이었다. 그러나 강태국을 양육하고 교육을 받게 하고 신학교까지 오게 한 하나님의 선한 뜻은 달랐다.

그는 마르크스의 자본론을 읽던 중 양심에 심한 가책을 받았다. "이놈, 신학을 공부하려 일본까지 와서 네가 무신론자인 마르크스의 서적을 읽다니"라는 양심의 가책으로 인해 자본론을 접게 되었다. 그리고 자신을 향한 하나님의 뜻이 단순한 정치적 독립을 위해 일하는 것이 아니라는 것을 깨닫는다.[3]

이후 그는 열심히 도서관에서 학업을 하였으며 특별히 가가와 도요히코의 스승이었던 마이어스(H.W.Myers) 박사로부터 예수의 생애에 대한 강의에 깊은 관심을 가지고 이 분야에 수많은 책을 읽으며 연구를 하였다. 강태국에게 고베중앙신학교는 목회자 후보생으로서의 신학을 체계화하고 개혁주의 신학을 형성한 중요한 시기였다.

그는 이 시기에 전도사로서 최초의 목회를 일본 교포교회에서 하였다. 1932년 병고현 식가마 지역에 있는 교포교회에서, 1933~36년까지는 대판시에 있는 한 교회에서 전도사로 교회 사역을 하게 된다. 그는 그곳에서 한국에서 파송된 선교사의 지도를 받으며 심방과 설교를 하며 3년간 사역을 하였다.

그 시절, 고베중앙신학교 4년 때 그가 가르침을 받았던 마이어 교수의 강의를 바탕으로 하여 사복음서 연구를 하였는데, 그 핵심 내용은 사복음서에 나타난 기독론이었다.

당시 한국 교회에 복음서을 읽고 이해할 수 있도록 쓰인 책이 없었기에 『종합사복음연구』라는 책을 박형룡 박사의 추천하에 한국 교회에 출간하였다. 독립운동가의 마음으로 시작했던 일본에서의 삶은 강태국을 복음전도자로 구체적으로 변신하게 하였다.

---

3 강태국, 『나의 증언』, 63.

9. 전국 복음화를 위한 '천국운동 50년 계획'하다

한국 개신교의 선교 희년이던 1934년은 강태국에게 특별한 해였다. 국내에 많은 교회가 이 희년을 맞이하여 한국 교회의 미래를 위한 여러 가지 계획을 세운다는 소식을 듣게 된 그는 한국에 선교사들을 통해 복음을 보내 주신 하나님께 감사하며 그에게 주어진 사명이 무엇인가에 대하여 간절하게 기도하고 묵상하였다.

언어나 생활방식이 다른 외국 선교사들이 우리나라에 건너와서 학교를 세워 신학문을 전하고, 병원을 세워 병자들을 돌봐주며, 교회를 세워서 복음을 전파하기를 50년 했다고 한다면, 앞으로 50년은 우리도 복음 전파를 위하여 어떤 계획을 세워 볼 필요가 있다고 보았다.

강태국은 간절한 기도 가운데서 전국 복음화를 위한 '천국운동 50년 계획'을 세웠다. 이를 위해 전국 방방곡곡에 성경서당을 세워 농어촌 등 전국에 복음을 전하고자 하는 전도전략을 이루기 위해 14개 도에 3년제 농민복음학교를 설립하고, 그 학교에서 선생들을 양성하기 위해 성서학원을 창설한다는 계획을 세웠다. 그의 전 생애의 목표는 전국 복음화였다. 동지도 자금도 없었지만 확고부동한 신앙으로 배후에 하나님이 함께하심을 믿고 이 대망을 이루기 위해 자신을 던지기로 하였다.

강태국과 강인숙 사모님

4년간의 학업을 마치고 1936년 고베중앙신학교를 졸업하였다. 그가 결혼할 때 나이는 33세였다. 그의 평생 반려자인 강인숙과 약혼한 지 7년 만에 결혼하였는데 그 이유는 빙부가 결혼을 허락하지 않았기 때문이며, 무엇보다 강태국 자신이 신학교를 졸업하고 가정을 꾸려갈 수 있기까지는 결혼을 하지 않으려는 의지가 강하였기 때문이었다. 두 사람은 7년간 교제하면서도 서로 멀리 떨어져 있었기 때문에 만날 기회가 별로 없었다.

강태국이 평양에 있을 때는 강인숙은 광주에 있었고, 일본 고베에 있을 때는 그의 약혼자는 동경에 여대생으로 공부하였고, 대학을 졸업하고 황해도 재령명신학교에 선생님으로 취직이 되었을 때 강태국은 광주에 취직이 되었기 때문이었다.

아무튼, 1936년 4월 16일 제주도에서 김정복 목사의 주례로 결혼식을 올렸다. 결혼식에는 가마도 말도 없었으며, 신랑은 한복차림에 무명옷을 입었고, 신부는 한복차림에 너울을 썼다. 신혼여행도 없었으며 결혼 다음 날 신랑은 광주로, 신부는 황해도로 직장 관계로 따로따로 떠나게 되었다. 결혼 1년 후 강인숙은 학교를 사직하고 광주로 왔지만, 강태국은 신사참배 반대로 인해 감옥에 투옥되어 있었다.

강태국은 일본에서 돌아온 후 자신을 후원하였던 남대리 선교사와 함께 지방 순회를 하며 복음을 전파하고 '천국운동 50년 계획'을 위한 동지 약 20여 명을 모아 정기적으로 기도회를 하며 '천국운동 50년 계획'을 실행에 옮겼다. 이때는 신사참배를 교육기관뿐만 아니라 교회에서도 강요하던 시기였다.

기도회에서는 신사참배반대운동 기도회를 함께 드렸다. 하지만 이 기도회가 일경에 발각되어 1937년에 이 모임에 참여한 사람들과 함께 연행되어 2년간의 재판을 통해 8개월 구형을 받고 80원의 벌금을 받게 된다. 1938년 9월 10일 평양 서문교회에서 대한예수교장로회 제27회 총회에 참석한 193명의 총대가 신사참배를 가결했다.

하지만 끝까지 신사참배를 반대하였던 강태국은 여러 번 체포되어 유치장에 감금되기도 하였다. 강태국이 일본 경찰을 피해 도피 생활을 하던 중 이 사정을 알게 된 유한양행의 사장 유명한 씨가 그에게 은신처로서 유한양행에 중요한 부서에 일자리를 제공하여 주었다.

그는 서울에서 유한양행에서 근무하게 되나, 일본 경찰은 종로경찰서를 통해 그의 은신처를 찾아내고 매일 감시하였다. 그러므로 유한양행이라는 도피성은 그에게 위안을 주지 못하였고 도리어 날이 갈수록 그의 마음이 괴로웠다.

유한양행 초창기 건물

어느 날, 열렬한 기독인이었던 일본인 모리다라는 여성이 그러한 그의 마음을 꿰뚫듯이 충고를 하였다

"당신은 대학과 신학을 공부한 우수한 교역자로서 회사에 은신하여 있다니, 이는 말도 안 되는 처사요."

강태국은 이 책망을 받고 엎드려 기도하였다.

> 주여 내 갈 길을 보여 주시옵소서. 그것이 사막이라도 신사참배를 강요하지 않는 곳이라면 이제라도 당장 떠나겠습니다. 주여 나의 길을 열어 주시옵소서.

그의 간절한 기도는 만주 봉천에서 사역하는 최성곤 선배에게서 온 편지로 응답을 받았다. 그 편지는 신사참배가 없는 만주 봉천으로 오라는 초청 편지였다. 강태국은 유한양행을 근무한 지 3개월(1940년 4월~6월까지)만에 회사를 떠났다.

10. 신사참배를 피해 만주로 도피하다

그리고 신사참배 반대로 인해 감옥이 아니면 마음 놓고 잘 곳도 없던 그는 신사참배를 강요하지 않는 만주로 가족과 함께 피신을 결심하게 되었다.

만주개원교회

『종합사복음연구』

그가 만주로 떠난 것은 1940년 7월이었다. 서울에서 만주 신경으로 가는 열차를 타고 일본 경찰을 피해 압록강을 넘어 피신하였다. 그리고 그는 1940년 만주 봉천노회에서 목사 안수를 받고 교인 수가 약 250여 명 되는 만주개원교회의 담임목사가 되었다.

한 달 동안 교인들을 심방하고 광주에 있는 가족을 데리고 서울에 왔을 때, 일본 경찰은 강태국을 체포하려고 혈안이 되어 있었다. 이들은 신사참배에 반대하는 극렬분자 수십 명을 극형에 처하려고 리스트를 가지고 있었고 그 명단에는 강태국이 포함되어 있었다.

강태국이 국경을 넘을 때 일본 이동경관이 한 사람 한 사람을 조사하였는데 이때 강태국이 할 수 있는 것은 "하나님, 저 경관의 눈을 가려 주시옵소서"라는 기도밖에 할 수 없었다. 그는 하나님의 은혜로 압록강 철교를 무사히 건널 수 있게 되었다.

일본 강점기의 만주는 신사참배 거부자들의 도피성이었다. 강태국은 만주 개원에서 세상과 접촉하지 않고 목회를 하였다. 이때 신사참배를 반대하여 도피 중이던 박형룡 박사와 동료였던 박윤선 박사와 함께 봉천신학교를 섬기며 매 학기에 한 달씩 강의하였다. 이 기간에 『종합사복음연구』, 『신약단권주석』을 출간하였다.

11. 박해받던 698명의 만주 동포를 인솔하여 귀국하다

강태국은 그리스도인은 성서에서 출발하여 성서로 돌아와야 한다고 굳게 믿었다. 그는 한국 교회의 부흥과 신앙생활을 실천하기 위해서 가정 복음화를 통한 조국의 복음화를 위해 신구약 전체를 강해한 『성서강해』 원고를 기록하였는데 이 책은 훗날 총 12권으로 출판되었다.

그 후 1945년 8월 15일 조국이 해방을 맞이하자 일제는 만주에서 물러갔다. 그동안 일본의 박해를 받았던 만주인들은 이번에 한국 교포들을 박해하기 시작하였다. 이는 당시 일부 친일적인 교포들이 일본인 행세를 하며 만주인들을 멸시하고 박해하였기 때문이었다. 그러자 만주인의 박해를 피해 귀국하려는 피난민 교포들이 개원교회로 몰려들기 시작하였다.

이에 강태국은 교회당과 유치원을 개방하여 도피하여 오는 이들을 수용하였고 그 인원이 날로 증가하였다. 강태국은 천신만고 끝에 귀국을 희망하는 698명의 동포를 데리고 압록강을 건너 다시 고국으로 돌아왔다. 당시 서울은 정치적으로 교회적으로 혼란한 와중에 있었다.

그는 땅속에 묻힌 한 알의 밀알처럼 동흥중고등학교를 잠시 섬기면서 한국의 슈바이처로 알려진 이일선 전도사가 개척한 신일교회에서 무보수로 섬겼다.

한국의 슈바이처로 불리는 이일선 목사와 신일교회 성도

12. 미국 유학을 가다

어린 시절 하나님께 기도하였던 미국 유학을 위해 1947년 12월 27일 도미하였다. 그때 그는 이미 5남매의 자녀를 양육해야 하는 가장이었다. 가정을 두고 미국을 간다는 것은 사실 상상도 할 수 없는 상황이었다. 그는 단순히 공부하기 위한 목적이 아닌 '천국운동 50년 계획'을 실현하기 위함이었다. 사모인 강인숙 여사도 가족 걱정을 말고 도미의 길을 찾으라고 하였다.

강태국은 아내의 조언을 듣고 웨스트민스터신학교에 편지를 써서 입학을 요청하였고 몇 개월 후에 입학 허가를 받고 영어 시험에 합격하였다.

당시 미국에 갈 수 있는 길은 군함을 이용하는 것이었다. 강태국은 운임비가 없었는데 광주의 낙스 선교사가 미국의 친구들에게 편지를 써서 500불을 마련하여 주었다. 그는 입을 양복이 없었는데 허름한 구제품 양복이 그에게 전달되었고 강인숙 사모는 이를 뒤집어서 수선하였고 이 양복을 입고 미 군함을 타고 서울을 떠나 미국으로 가게 되었다.

그가 미국으로 유학을 떠났을 때 그의 영어 실력은 형편이 없었다. 간단한 미국인들의 영어도 알아듣지 못할 정도로 언어의 장벽을 느꼈다.

그는 샌프란시스코에 도착하였고 그레이하운드 고속버스를 타고 조지아주의 유니언포인트에 거주하는 남대리 선교사를 만났다. 남대리 선교사 부부는 그를 반갑게 맞아 주었다. 강태국이 입고 간 양복이 너무나 보기가 흉하였던지 남대리 선교사 부부는 나가서 즉시 양복 한 벌을 사 주었다. 강태국은 그레이하운드를 타고 필라델피아에 도착하였다.

그는 꿈에도 그리던 웨스트민스터신학교에서 반년을 수학하였다. 웨스트민스터신학교는 그레섬 메이천이 인본주의와 자유주의 신학이 프린스턴에 침투하자 이를 막지 못하고 프린스턴대학교를 떠나 세운 학교였다.

미국 웨스트민스터신학교 메이첸 홀

그는 그곳에서 첫 강의로 코넬리우스 반틸의 변증학 강의를 들었으나 하나도 알아듣지 못하였다고 하였다. 첫 학기에 여섯 과목을 시험을 쳤는데 세 과목은 점수 미달이었다.

웨스트민스터에서 등록금을 면제받았지만, 식비를 마련해야 하는 어려움에 봉착하여 있을 때 훼이스신학교(Faith Theological Seminary)에 가면 이 둘 다 해결할 수 있다는 소식을 듣고 장로교 신학교인 훼이스신학교로 옮겼다. 훼이스신학교는 로버트 새뮤얼 매클레이(Robert Samuel Maclay)와 칼 매킨타이어(Carl McIntire) 박사가 설립한 성경장로교회에 소속된 신학교였다. 이 학교는 신앙과 생활을 실천하고자 애쓰는 학교였으나 가난한 학교였다.

훼이스신학교

강태국은 이곳에서 한 학기를 수학한 후 미국 남부 조지아주에 위치한 콜롬비아신학교에 입학하였다. 콜롬비아신학교는 그에게 1년에 1000불의 장학금을 주선하여 주었다. 이 학교는 미국남장로교의 소속으로 보수적이라고 하였지만, 신학생들이 댄싱을 하는 것을 자신의 신앙과 맞지 않다고 보았다.

그는 이 학교에 있을 동안에 조지아주에 있는 뤠번갭니쿠치에 위치한 니쿠치학교를 방문하였고 이 학교에 보모로 일하는 스탁하우스를 만나 많은 이야기를 주고받은 후 그녀가 자신에게 4불을 건네며 점심을 먹든지 아니면 버스비로 사용하든지 마음대로 쓰라고 하였다. 강태국은 성서학교를 세우겠다는 의지를 밝히고 그녀에게 4불을 그 기금으로 쓰겠다고 하였다.

그 후 3년 8개월 동안 미국에서 활동하면서 모금해 모든 돈은 라우랜드에게 전달하고 천국운동의 기금으로 사용하고자 하였다. 이 돈은 나중에 3000불이 되었고 한국복음주의학원을 설립하는 기금이 되었다.

그가 교회에서 간증 설교를 하고 받아 모든 돈은 회계에게 보냈고 영수증을 교회에 보내 주었다. 그러다 보니 그의 교통비나 식대 비용은 그가 받은 장학금에서 사용할 수밖에 없었고 시장할 때는 껌을 사서 씹으며 시장기를 면하기도 하였다.

강태국은 콜럼비아신학교에서 "Calvin's View of the Church as the Extension of the Suffering of Christ"[4]란 제목으로 예수 그리스도의 고난 연장선상에서의 칼빈의 교회론을 연구하여 신학 석사(Th.M) 학위를 받았다.

이 논문은 구약성서에서 교회의 역사적 배경, 구약성서에 나타난 예수 그리스도의 고난, 신약 교회의 역사적 배경, 초대 교회의 고난, 그리고 칼빈의 『기독교 강요』에 나타난 교회의 본질과 그리스도인의 삶 등을 다루었다. 참된 교회는 예수 그리스도의 고난의 연장선에 있으므로, 그리스도인의 삶의 방식은 자기부정(self-denial)과 십자가를 지는 것 (cross-bearing)이어야 함을 강조하였다.

콜럼비아신학교 신학 석사 학위기(Th.M)

콜럼비아신학교

---

[4] Kang, Tai Kook, "Calvin's View of the Church as the Extension of the Suffering of Christ", (Th. M. diss., Columbia Theological Seminary, 1949).

콜럼비아신학교에서 5명의 좋은 학생들을 만났다. 이들은 밥존스대학교(Bob Jones University) 출신자들로, 모두 경건한 신앙생활과 기도로 무장된 이들이었다. 강태국은 이들에게서 밥존스대학교를 소개받고 이들의 추천으로 입학 허가서와 학교등록금과 기숙사비를 면제받는 혜택을 받게 되었다. 그래서 콜롬비아신학교를 졸업 후 밥존스대학교 철학 박사(Ph.D.) 과정에 입학하였다.

강태국은 박사 학위를 받기 위하여 잠자는 시간, 식사 시간, 그리고 교회에 가서 예배드리는 시간을 제외한 모든 시간을 책과 씨름하였다. 서툰

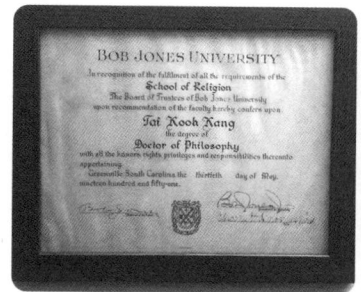
밥존스대학교 철학 박사 학위기

밥존스대학교 설립자 기념관

밥존스대학교 전경

영어에 하루에 읽어야 할 책들은 수백 페이지가 주어지고 손에서 책이 떠날 날이 없을 만큼 학업에 매진하였다. 그는 마침내 1951년 5월 30일 밥존스대학교에서 동양인으로서는 최초로 박사 학위를 받았다. 동 대학원에 수학하면서 학위를 취득하는 것보다 더 귀한 일을 하게 된다.

13. 한국복음주의운동(Korean Evangelical Movement) 법인을 설립하다

강태국은 6.25 동란 중에 "한국에 건너와 우리를 도우라"(Come over into Korea and help us)라는 호소를 미국 교회들에 하였다. 그의 복음의 열정에 감명을 받은 학생들과 신실한 기독인들이 함께 모여 한국을 위해 기도하던 중에 한국복음주의선교회(Korean Evangelical Movement)를 1950년 10월 설립하게 된다.

총 11명으로 구성된 KEM에서 강태국은 회장직을 맡았으며 불 카밍스(Buhl Cummings)는 부회장, 그리고 라오랜드 (C. A Rowland)가 회계를 맡고 윌리암 호프만(William Hoffman)이 총무로 선임되었다. 초창기에 KEM은

한국복음주의선교회 이사들

총 11명으로 구성되었고 미국 조지아주에 위치한 클라크고등법원에서 사단법인 허가를 받아 법적인 행사를 할 수 있게 되었다.

이 선교회의 목적은 3천만 명의 고난 받는 한국인들에게 예수 그리스도를 증거하고, 복음의 수단을 통해 한국을 영적으로 깨우며, 새로운 기독교 국가로 세우기 위해 복음적인 기독교 대학을 대한민국 서울에 설립하는 것이었다. KEM에서 미국 교회에 요청한 것은 "Pray, Give and Go!"였다. 이 선교회는 한국성서대학교가 탄생하게 되는 기반이 되었다.

14. 극동방송국이 설립되도록 하였다

강태국은 극동방송국이 한국에 설립되는 데 기여하였다. 강태국은 1950년 8월 빌리 그래함의 설교를 듣기 위해 노스 캐롤라이나로 가던 차 안에서 탐 왓슨(Tom Watson)에게 한국에 복음방송을 시작해 달라고 부탁한다. 이 부탁을 받은 탐 왓슨은 아무 대답도 하지 않았다.

그러나 강태국이 수양회에서 설교를 통해 외치는 소리를 듣고 탐 왓슨은 밤새도록 울고 한국에 갈 것을 결심하였다. 탐 왓슨은 팀 선교부에 선교사로 모금 활동을 하여 기금을 마련한 후, 1년 후 그는 방송 기자재를 가지고 한국에 들어와 강태국의 집인 인천에 극동방송국을 설치하였다.

극동방송국에서 설교하는 강태국

강태국은 극동방송국을 설치하고, 정부로부터 허가를 받는 것, 방송국 기지를 정하는 것, 매주 설교하는 것을 도맡아 하였으며, 극동방송국의 이사장으로 1968년까지 재직하였다.

15. 새문안교회 목회를 하다

1951년 11월 25일 강태국은 미국 유학을 마친 후 돌아와 서울의 새문안교회에 임시목사로 취임하였다. 새문안교회는 6·25 동란으로 인해 교회는 일부 파괴되었고 교인들은 뿔뿔이 흩어진 상태였고, 새문안교회의 담임목사였던 김영주 목사는 북에 납치되어서 갔고 교회는 총체적 위기였다. 교인들의 다수는 부산에 피난 중이었다.

강태국은 부산 새문안교회와 서울 본 교회당을 오가면 목회를 하였다. 1953년 남북 간에 휴전협정이 맺어지자 부산 피난 교회를 폐쇄하고 53년 10월에 서울 새문안교회 예배당에서 복구 감사예배를 드렸다. 그리고 전쟁으로 손해 입은 건물들을 복원하고 흩어진 교인들과 새로운 교인들을 맞이하며 활기를 띠었다.

하지만 1955년 9월에 강태국은 사임서를 제출하였다. 그 이유는 장로교회의 분열 때문이었다. 1952년 고신파와 분열을 겪은 대한예수교장로회 총회는 김재준 사건을 처리하면서 예장 측과 기장 측 사이에 극렬한 논쟁이 일어나면서 기독교장로교회와 분열을 겪었다.

강태국 목사와 새문안교회 성도

이 과정에서 두 파간에 극심한 논쟁으로 말미암아 아수라장이 되었고 강태국은 분열된 이 총회가 하나가 될 때까지 새문안교회는 아무 편에도 가담하지 않겠다고 독립을 선언하였다. 그 후 강태국이 미국에 기금 마련을 위해 출타 중에 있을 때 한때 중립을 유지하였던 새문안교회가 예장 측에 합류를 결정하자 강태국은 1955년 9월에 교단 분열을 반대했던 새문안교회 목사직을 사임하였다. 그 이유를 이렇게 밝히고 있다.

> 나는 복음을 위하여 일하기도 바쁜 몸, 분열에 분열을 거듭하는 어느 교파에 속하여 싸우는 교파의 노예가 되기를 원치 않으며, 그렇다고 이미 예장에 가입한 새문안교회를 다시 중립으로 회복시키려면 새문안교회도 분열될 수밖에 없기에 따로 교회를 세우자는 일부 교인들의 요구를 뿌리치고 새문안교회를 떠나게 되었다.[5]

일립 강태국은 복음을 위해 일하기를 원했고 분열에 분열을 거듭하면서 싸우는 교파의 노예가 되는 것을 원치 아니하였고, 교파의 소속이나 교회의 의식 또는 신학적 학설이 성서의 가르침보다 앞설 수 없다고 보았다.

강태국은 그 후 새문안교회가 안정되어 가는 것을 보고 난 후에 초교파적 목회 사상을 구상하며, 1956년 3월 2일 종로구 삼청동에 위치한 한국성서학교 강당에서 15명의 성도와 함께 새로운 교회인 삼청교회를 개척하였으며, 1969년에는 중앙성서교회로 개명하였다.

중앙성서교회

---

[5] 윤경로, 『새문안교회 100년사 (1887-1987)』 (서울: 새문안교회 역사편찬위원회, 1995년), 362.

강태국은 교회의 크고 작음이 아닌 성서적인 초교파 독립교회를 세워 교권 투쟁과 분열이 없는 순수한 복음적인 교회를 설립하여 하나님께 영광을 돌리고자 하였고 이와 같은 교회를 전국에 설립하여 민족 복음화를 이루고자 하였다.

16. 한국복음주의선교회를 설립하다

강태국은 또한, 1952년 한국 교회의 농촌 복음화를 꿈꾸고 동지들을 규합하였다. 전국 복음화를 위한 '천국운동 50년 계획'을 계승하기 위하여 김용기와 여운혁, 박대혁 등과 함께 1952년 1월 10일 한국복음주의선교회를 국내에서 발족하였다.

강태국은 이 선교회의 회장을 맡고 선교회의 정관을 초안하여 교육, 산업, 구제, 선교 등의 4개 분야 사업을 하기로 하였는데, 우선 교육과 산업에 관한 것을 먼저 착수키로 하였다.

복음농도원의 학생들

훗날 가나안농군학교를 세운 김용기 장로는 농촌운동 책임을 지고, 교육사업은 강태국이 맡기로 하였다. 강태국은 산업을 통하여 복음 전파를 하기 위하여 복음농도원(용인군 원삼면 사암리소재)와 복음농민전수학교(용인군 원삼면 미평리 소재), 조치원 숭신고등농민학교(1957-1962)를 설립하였다.

그뿐만 아니라 강태국은 1952년 5월 13일에 초교파 기독교대학인 한국성서대학교의 전신인 한국성서학원을 한반도 복음화를 위하여 설립하였다.

1) 교육 목표

(1) 하나님의 뜻에 대한 절대복종과 봉사적 실천생활을 통하여 생동하는 관계를 가지게 한다.
(2) 그리스도를 중심으로 한 모든 봉사에 확고한 신념을 가지게 한다.
(3) 성령의 역사에 의하여 영원한 소망의 비전을 볼 수 있는 영안을 뜨게 한다.
(4) 성서가 영감에 의하여 기록된 하나님의 말씀인 것을 감사와 순종으로 받아들일 수 있는 신앙의 소유자로서 건전한 인격자를 찾는다.
(5) 생활을 통하여 그리스도의 복음을 전파하는 데 영적으로 또한 지적으로 손색이 없는 지도자가 되도록 한다.
(6) 성서적 근본주의 신학에 견고히 서서 모든 이단적 사이비 기독교 학설에 미혹되거나 타협됨이 없이 순수한 성서 중심의 보수 신앙을 수호하는 진리의 파수꾼이 되고 순수한 복음의 등대가 될 수 있는 역군들이 되도록 한다.
(7) 유명한 사람이나 어떠한 교파나 교단이나 재물 따위를 신뢰하지 아니하고 오직 성서에 입각하여 하나님의 부르신 소망을 따라 복음을 들고 걸어 갈 수 있는 그리스도의 인재를 양성한다.
(8) 주어진 직장에서 능동적이요 효율적인 책임감을 가지고 충성되이 봉사하는 지도자를 선출한다.

(9) 성서에 입각한 순수한 복음 진리로 정신무장을 하고 예수의 발자국을 따라 조국의 지역 사회에서 신음하는 모든 겨레를 영적으로 또한 육적으로 봉사함으로써 조국의 백년대계에 이바지할 수 있는 개척자를 찾는다.

(10) 순교의 정신을 가지고 땅끝까지 복음을 전파하여 전세계 인류의 심령에 평화를 수립하는 데 이바지함으로써 하나님께 영광을 돌리고자 하는 소명받은 한 알의 밀을 찾는다.

이러한 교육 목표를 가지고 밀알정신을 갖춘 한반도 복음화을 위한 복음 전도자를 양성하고자 하였다.

한국성서학원의 교수진(1953)

2) 학훈

당년에 거두려거든 곡초를 심고
십 년에 거두려거든 나무를 심으라
백 년에 거두려거든 사람을 심고
영원히 거두려거든 복음을 심으라

강태국은 이 학훈처럼 가난한 조국을 위해 곡초를 심고, 나무를 심었으며, 인재를 양성하기 위하여 사람을 교육하는 일에 그리고 영원한 가치를 위해 궁극적으로 복음을 심는 일에 전념하였다.

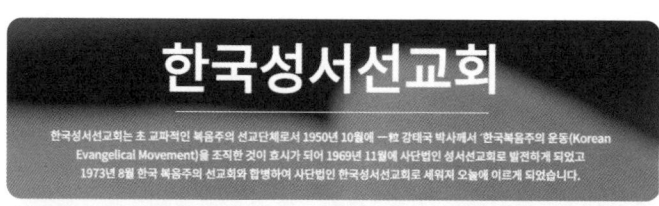

채플에서 설교하시는 모습

17. 성서선교회를 설립하다

1969년에는 초교파선교운동 기관인 한국성서선교회를 창설하고 초교파적인 전도 활동과 선교운동을 하였다. 선교회는 복음을 전파하고 개척교회가 자립할 수 있을 때까지 물심양면으로 돕기 위해 세워진 기관으로서, 교파적인 차별을 두지 않고 누구든지 선교회 신조에 동의하는 교회나 개인이면 가입할 수 있게 하였다.

이처럼 강태국은 교회의 순수성을 지키기 위해 신사참배를 반대하였고, 교파나 교권에 흔들리지 않는 성서적 신학에 근거한 바른 교회를 추구하기 위해 초교파 독립교회인 중앙성서교회를 설립함으로써 우리나라 독립교회의 효시가 되게 하였다. 성서선교회를 창설하여 복음 전도와 교회를 개척함으로써 한반도의 복음화에 이바지하고 초교파적 목회관을 실천하는 등 뛰어난 업적을 이루었다.

또한, '천국운동 50년 계획'을 통해 한국성서대학교를 설립하여 복음 전파를 위한 목회자들과 학자들을 많이 배출하였다. 그리고 저술가로서 『기도 수첩』, 『성서강해』 12권, 『성서의 종교』 8권, 『종합사복음연구』, 『신약단권주석』, 강태국, 『나의 증언』 등 25권의 중요한 저서를 남겼다. 강태국은 나의 나 된 것은 하나님의 은혜이며, 자신에게 주어진 시간과 물질을 오직 하나님의 나라만을 위해서 쓰게 된 것을 감사하였다.

강태국은 한국성서대학교를 설립한 이래로 그의 생애를 하루같이 오전 8시 30분에 출근하여 오후 5시까지 근무하는 일관성과 지속성을 가지고 사셨으며, 기도하는 것과 책을 읽고 쓰는 한편, 펜을 들어 한국 교회에 필요한 복음의 메시지를 책으로 기록하였다.

그는 형극의 길을 걸어가면서도 낙심치 않고 하늘 가는 밝은 길을 바라보며 찬송하며 그의 고난의 길을 걸어갔고, 94세의 일기로 가족이 지켜보는 가운데 1998년 7월 25일에 이 땅의 삶을 마치고 천국에 입성하였다.

그는 하나님의 은혜 가운데 한반도 복음화를 위하여 주어진 십자가의 길을 묵묵히 걸으며 밀알의 정신으로 사명을 감당한 믿음의 사람이었다.

제2부

일립(一粒) 강태국의 신학사상

제2장 ◆ 일립 강태국의 신학사상

제3장 ◆ 성서

제4장 ◆ 하나님

제5장 ◆ 교회

제2장

일립 강태국의 신학사상

　일립의 신학사상은 그의 삶에 비하여 알려진 바가 미미하다. 그러나 최근 들어 일립의 신학을 연구하는 학자들에 의해 활발한 연구가 지속되고 있다.

　본 장에서는 일립의 저서 『성서의 종교』 8권, 『성서강해』 12권, 『신약단권주석』, 『종합사복음연구』 등에 나타난 신학사상을 종합하고자 하였다. 특히, 그의 저서 중에 전체 8권으로 되어 있는 『성서의 종교』는 로마서, 갈라디아서, 그리고 그의 신학사상을 알아볼 수 있는 조직신학을 다루고 있다. 『성서강해』 또한 그의 신학을 알아볼 수 있는 좋은 자료가 된다. 이러한 자료들을 중심으로 그의 신학을 교리적, 성서 원리적, 그리고 은혜의 방편 면에서 살펴보고자 한다.

I. 기독교 교리적 측면

　강태국의 신학은 하나님의 주권을 강조하는 신학이다. 하나님 자신이 그 존재의 유일한 근원으로서 그 자신 외에는 다른 아무것도 의존하지 아니하시는 독립 자존자이신 분임을 말하고 있다.

　하나님이 자신의 의지를 나타내실 때도 오직 하나님만이 하실 수 있는 그 위대한 의지의 활동에 있어서 독립 자존적이시다. 강태국은 하나님의 본체와 속성이 완전하고 그분의 목적과 약속이 불변함을 강조한다. 이러한 독립 자존하시는 무한하시고 불변하시고 단일하신 하나님은 절대주권을 가진 하나님이심을 그는 분명히 하고 있다.

하나님은 전 우주의 주권자로서 절대적 주권으로 창조와 보존과 운행을 하시며, 우주의 대자연계를 통치하실 뿐만 아니라 모든 인류의 생명과 호흡과 그 역사의 흥망성쇠를 주관하며 통치하시는 분임을 그는 강조한다.

> 하나님의 뜻에 의하여 정해진 일은 영원히 변함이 없는, 즉 영원불변의 사실로서 하나님의 뜻이 진행되고 있는 실천과정에 있어서 인간이나 그 밖의 어떠한 장애물에서도 제재를 받거나 방해받지 아니한다. 이러한 의미에서 하나님의 뜻은 절대적이요 주권적이다.[1]

더 나아가 강태국은 인류 구원도 전적으로 하나님의 의지적 주권에 속한 것이라고 보았다. 하나님의 주권에 의해 만세 전에 섭리하신 인간을 향한 구원의 계획이 역사상 실현되었을 뿐만 아니라 기독자의 구원의 길도 하나님의 절대적 주권에 의해서 이루어지는 결정이라고 보았다.

그는 그리스도 안에서 택함을 받은 것은 우리에게 어떠한 공로가 있어서가 아니라 오직 하나님의 기쁘신 뜻대로 이루어진 것이고 아무 공로 없이 이루어진 것이라고 말했다.

강태국의 기독론은 하나님이신 그리스도로부터 출발하고 있다. 즉, 땅에서 시작하는 기독론이 아니라 영원하신 하나님의 아들로부터 출발하는 그리스도를 말하고 있다.

그가 제시하는 그리스도 예수는 구약에 예언된 메시아로서, 동정녀 마리아의 몸에 성령으로 잉태하사 완전한 인성으로 탄생하시고 죄가 없으신 분으로서, 모든 생명의 근원이 되실 뿐 아니라, 범죄로 인하여 사망 아래 있는 전 인류를 재창조하신 생명의 하나님이다.

---

1 강태국, 『성서의 종교』 (성광문화사, 1986), 44.

그의 기독론의 특징을 살펴보면, 칼케돈 신조에 충실한 정통교리로부터 시작한다. 즉, 예수 그리스도는 신성에 있어서 완전하며 참 하나님이요 참 사람이시다. 그리스도는 이성이 있는 마음과 신체를 가지셨으며 신성은 하나님과 동질이요 인성은 우리와 동질하다는 점을 강조한다. 그리고 이 양성은 혼합되지 않고 변치 않으며 떠나지 않고 합함으로서 성의 구별을 상실하지 않고 각 성의 성질이 보존되어 한 인격을 이루셨다는 점을 받아들인다.

또한, 강태국은 예수 그리스도의 삼중직분을 강조한다. 즉 예수 그리스도의 인격과 사역을 선지자 직분, 왕의 직분 그리고 제사장의 직분과 연결시킨다. 선지자로서 예수 그리스도는 구원에 관한 모든 일에 있어서 하나님의 온전한 뜻을 나타내시고, 왕으로서 예수 그리스도는 자기 백성(교회)을 세상으로부터 불러내시고 지키시고 통치하실 뿐만 아니라 우주의 왕권을 가지고 개인과 국가 그리고 전 세계, 우주의 운명을 지배하고 통치하신다.

제사장으로서 예수 그리스도는 잃어버린 죄인을 구원하기 위하여 스스로 대속의 번제물이 되셨다. 그러므로 성서는 예수를 십자가의 번제단에서 속죄의 제물이 되신 대속주로 증거한다.

그러므로 예수 그리스도는 자유주의 신학자들이 주장하는 예수, 즉 사회 개혁자로서 사회를 개혁함도 아니요, 도덕론자로서 윤리를 가르치기 위함도 아니고, 병자를 고치기 위해 오신 의사도 아니며, 기적을 일으키기 위해 오신 분이 아니라, 자기 자신이 전 인류의 대속의 제물이 되어 죄의 대가를 십자가에서 지불하고 사망 아래 있는 인류에게 영원한 생명을 주기 위해 오신 분이다.

따라서 강태국은 오직 그리스도 한 분만이 유일한 소망이며, 인생에 참 자유를 주시는 구세주이심을 강조한다.

강태국은 인간의 전적 타락과 구원에 있어서 하나님의 절대적 주권을 강조한다.

첫째, 그는 인간의 전적 타락을 강조한다.

그는 인간의 원죄, 즉 아담의 범죄가 전 인류에게 전가되어 아담의 범죄는 전 인류의 범죄가 되었고, 그 죄는 전 인류에게 본질적으로 유전되므로 전 인류는 죄악 중에서 출생하여 죄악 중에 사망하는 것으로서 보았다.

그러므로 강태국은 그리스도를 제외한 이외의 모든 인간은 다 죄인이요 의인이 하나도 없다고 단언한다. 그 결과 모든 인간은 원죄와 자범죄로 인해 하나님과 원수가 되어 영원한 멸망의 자리에 놓여 있다고 보았다.

강태국은 인간의 완전부패성을 강조하고 있다. 인간은 악을 행하는 것밖에는 선이라고는 행할 수가 없게 되었으니 이는 인간이 완전히 부패하였기 때문이다.

따라서 강태국은 원죄를 믿지 아니하는, 즉 "모든 사람이 가지고 있는 원죄의 보편성"을 부정하는 펠라기우스파나 "원죄는 초자연적으로 받은 원래의 근본 의를 결례하는 소극적 상태"라고 보는 로마가톨릭의 죄관이나 "죄는 도덕적 존재로서 인간이 더욱 고상한 고차원적 열망을 버리고 오히려 저속한 감정적 욕망과 정욕에 그 자신을 투신할 때 생기는 것"이라고 보는 진화론의 죄관을 비성서적이라고 비판한다.

더 나아가 인간의 전적 무능을 강조하고 있다. 그는 인간이 인간은 스스로 죄의 사슬을 끊고 죄에서 해방될 수 있는 능력이 전혀 없다고 보았다. 이러한 전적 무능을 강태국은 로마서 6장에 기록된 말씀에 근거하여 설명하고 있다. 사도 바울의 예를 들어 설명하고 있다. 바울은 "자신을 사망으로 끌고 가는 것밖에는 아무것도 발견하지 못하였다. 여기에서 그 자신은 그 자신의 구원에 대하여 아무것도 할 수 없는 자임을 발견하였다"고 하였다.

강태국은 로마서 7장 강해를 통해 죄의 노예된 자아, 곤고한 자아, 죄의 온상인 자아, 영육의 자아, 영육의 싸움터를 이루는 자아, 곤고한 자아, 즉 절망의 자아를 발견하고 인간의 철저한 무능을 바울을 통해 소개하고 있다. 즉, 선악을 구별하여 악을 버리고 선을 행하려고 하나 그 선을 실천할 수 없는 무능한 인간을 나타내고 있다.

그러므로 강태국은 인간의 전적 무능으로 인해 인간의 노력으로는 구원을 이룰 수 없고 구원은 다만 그리스도 안에서만 발견된다고 보았다. 인간의 전적 부패 무능 교리야말로 기독교의 존폐 운명을 가르는 것이라고 보았다.

둘째, 구원은 하나님의 불변적 예정에 근거하고 있다고 보았다.

그는 그의 글 "하나님의 성역"에서 예정에 대해 이렇게 말한다.

> 도덕적 창조물에 관한 하나님의 계획이요 목적이다. … 영원한 생명의 구원은 보편적인 것이 아니요. 하나님께서 예정하신 사람에 국한되어 있는 것을 확실히 알게 된다.

그는 구원은 우리 기독자 개인의 원하는 것이나 혹 개인의 생각에 의하여 주어지거나 얻어지는 것이 아니요, 오직 전능하신 하나님의 기쁘신 뜻에 의한 주권으로써 만세 전에 예정된 것임을 강조한다.

그는 사람의 구원에 관한 하나님의 예정은 인간의 이성으로는 이해할 수 없으나 선택과 유기로 되어 있다고 보았다. 즉, 선택과 유기로 되어 있다고 말한다. 선택에 대해서 강태국은 "구원은 자신의 원함이나 자신의 의사에 있는 것이 아니요, 다만 하나님의 선택에"의해서 하나님의 택한 자만이 구원의 자리에 들어갈 것을 가르친다.

또한, 유기에 대하여서는 이렇게 말한다.

> 하나님의 영원한 목적에 의하여 어떠한 사람은 그분의 특별한 은총으로써 그들의 죄를 허물치 아니하사 그저 지나가시고, 어떠한 이들은 그들의 죄의 대가로서 형벌받은 것을 그대로 내버려 두신다는 것이다. 그러므로 여기에는 하나님의 이중 목적이 필연적으로 성립된다.

이러한 하나님의 선택과 유기는 오직 하나님의 기쁘신 뜻대로 이루어진다.

> 흙을 빚어 토기를 만드는 토기장이가 자기의 자유대로 토기를 만드는 것처럼 창조주이신 하나님은 피조물인 그릇과 같은 인간들의 멸망과 구원도, 즉 그 진노와 긍휼도 그 주권에 의하여 행사하시나니 그 목적은 다만 그의 영광을 나타내시기 위함이다.

셋째, 강태국은 무조건적인 선택을 강조한다.

구원에 있어서 인간의 어떠한 공로나, 선이나, 의가 결코 이 선택의 조건이 되지 못한다. 왜냐하면, 인간은 그 조상 아담과 이브의 범죄 이후 그 후손 전체가 죄 아래 있게 되었기 때문에 죄인은 아무런 선을 이룩할 수가 없게 되었다. 강태국은 이에 대하여 다음과 같이 진술한다.

> 구원은 자신의 원이나 자신의 의사에 있는 것이 아니고 다만 하나님의 선택에 있다. …그리스도 안에 있는 믿음으로 인하여 구원 얻는 것이 철두철미하게 하나님의 선택에 있다고 하는 것은 누가 뭐라고 해도 성서의 일반적인 진리요 교리이다.[2]

> 이 선택은 하나님 편에서 하신 것이다. 그리고 그 선택에는 인간의 아무런 조건도 주어진 것이 없다. 다만 하나님의 기쁘신 뜻대로 이룩된 것이다. 이 선택은 우리가 범한 죄로 인해서 사망 안에 있을 때 하나님은 무조건적으로 택하신 것이다.[3]

---

2 강태국, "하나님의 성역", 『성서의 종교』 3권, 46-47.
3 강태국, "바울이 전한 복음", 『성서의 종교』 2권, 227.

하나님께서 택하사 예수께로 이끈 사람을 예수 그리스도는 하나라도 잃어버리지 아니하시고 찾으실 것이다. 찾으실 뿐만 아니라 그에게 영원한 생명을 주시고 마지막 날에는 생명의 부활로 인도할 것이다. 그 이유는 그리스도의 사랑이 강력하여서 아무도 성도를 그 사랑에서 끊을 자가 없기 때문이다.

강태국은 성도의 견인, 즉 하나님께서 성령에 의하여 부르신 자들은 최종적으로 은혜의 상태에서 떨어지지 않고 끝까지 견인하여 구원을 받을 것을 분명히 하고 있다.

따라서 성도는 그리스도의 음성을 듣게 되고 그리스도를 앎으로 밀접한 사랑의 관계를 맺게 됨으로써 주님은 그들에게 영원한 생명을 주사 아무도 그들을 빼앗지 못하게 할 것이라고 하였다.

더 나아가 성도는 구원이 완성되는 날까지 성령으로 말미암아 그리스도의 소유가 되는 인치심을 받았으며 성령이 구원의 보증이 됨을 증거하고 있다. 그러므로 잠시 동안 처해진 현실에서 고난을 받을지라도 하나님은 우리를 온전하게 굳게 하시고 강하게 하시며 터를 견고케 하신다.

그는 성서 중심의 교회론을 강조한다. 그리고 성서의 권위를 교회에 예속시키는 가톨릭이나, 성서 외에 인간의 내적 광명, 즉 그리스도인의 마음속에 말씀하시는 성령의 말씀을 시인하는 재침례파의 교회 사상을 배격한다.

강태국은 이렇게 고백한다.

> 종교개혁자들의 취한 태도를 나의 태도로 하여 "모든 성경은 하나님의 감동으로 된 것으로 교훈과 책망과 바르게 함과 의로 교육하기에 유익하니 이는 하나님의 사람으로 온전케 하며 모든 선한 일을 행하기에 온전케 하려 함이니라" 하신 말씀을 그대로 믿고 전한다.

그는 성서에 입각하여 성서의 진리를 그대로 전파하는 것이 교회의 목적으로 보았다. 교회로서의 기독자는, 성서를 자기의 영의 양식으로 삼고 또한, 남에게 전파하며 성서를 통하여 하나님께 나아가고 또한 하나님의 계시이며 영감으로 기록된 그 말씀인 성서를 주야로 묵상하며 실천하는 자라고 보았다.

참된 교회의 회복은 오직 성서 말씀의 바른 선포를 통해 이루어진다고 보았다. 강태국은 성서의 영감과 무오에 대한 그의 확신을 바탕으로의 바탕 위에 성서적 설교의 중요성을 매우 강조하였다. 강태국은 오늘날 한국 교계에 광신적이거나 또는 미신적 신앙의 소유자가 많은 이유는 설교자가 성서에 기초를 둔 설교를 하지 않았기 때문이라고 비판한다.

또한, 비성서적인 예화 중심이나 흥미 위주의 설교는 사람의 시선을 집중케 할 수는 있으나 바른 신앙으로 이끌지는 못한다고 보았다. 그러므로 강태국은 성서 말씀의 바른 선포가 예수 그리스도 안에서 믿음을 통하여 구원의 자리에 이르게 하는 지혜를 갖게 하고, 사람의 마음을 변화시켜 새 마음을 갖게 한다고 보았다.

2. 성서 원리적 측면

강태국은 성서 원리적 측면에서 성서무오에 근거한 보수주의 노선, 즉 성서적 근본주의를 따른다. 그는 한국성서대학교의 교육 목표 중 하나를 "성서적인 근본주의 신학에 견고히 서서 … 순수한 성서 중심의 보수 신앙을 수호하는 진리의 파수꾼이 되고 순수한 복음의 등대가 될 역군들을"[4] 길러내기 위해서라고 기술하고 있다.

4 　강태국, 『나의 증언』, 204.

그는 근본교리를 믿는 신앙고백을 좀더 구체적으로 사단법인 성서선교회의 신조에서 다음과 같이 밝히고 있다.

> 신구약 성서가 하나님의 영감으로 기록된 것과 인생이 하나님이 직접 행동으로 창조된 것과 우리 주 예수 그리스도의 성육신과 동정녀 탄생 그리고 하나님의 아들이신 것과 인류의 죄를 위하여 십자가에 흘리신 그 피로 얻으신 승리의 속죄와 인생을 죄에서 구원하시는 능력과 무덤에서 살아나신 그 육체의 부활과 그의 재림하실 것과 성령으로 인한 중생의 신성과 하나님의 은혜로서 주어진 선물인 영생을 믿습니다.[5]

위의 신앙고백은 성서의 객관적 계시와 성서의 영감, 성서의 절대적 권위, 그리스도의 동정녀 탄생, 그리스도의 신성, 그리스도의 대속의 죽음, 그리스도의 육체적 부활, 그리스도의 재림, 그리스도인의 중생과 영생 등 기독교의 근본교리를 그 바탕으로 하고 있다.

강태국이 말하는 성서적인 근본주의를 이해하기 위해서는 강태국이 신학 교육을 받았던 시대를 살펴볼 필요가 있다. 그가 신학을 공부하던 시기는 미국장로교의 근본주의 대 자유주의의 논쟁이 격렬하였던 시대였다.

200년 이상 미국 기독교를 지배하여 온 보수정통주의 신학이 무너지고 계몽주의를 바탕으로 하여 고등비평과 진화론, 세속화와 물질주의가 기독교를 위협하고 있었다.

이러한 영향 속에 성서의 무오성과 그리스도의 동정녀 탄생, 그리스도의 대속의 죽음, 그리스도의 육체적 부활, 이적의 초자연성 등 기독교의 핵심교리를 부정하고 전통적 신앙을 위협하던 때였다.

그리고 한국 교회가 그 영향을 받아 신학의 자유주의화가 스며드는 시기였다. 1920년대에 한국 교회에 성서의 고등비평이 소개되었고, 1934년

---

5 강태국, 『나의 증언』, 204.

에는 고등비평을 수용한 『아빙돈 단권주석』이 번역 출판되었다. 1935년에 기독교조선감리회가 창설될 때에 채택한 '교리적 선언'은 자유주의적 입장을 표명한 것으로 보인다.

그뿐만 아니라 장로교에서도 성서의 기적을 실제 일어난 기적이 아닌 자연적 현상으로 해석함으로 이단 시비가 붙어서 면직 제명되는 사건이 일어났다. 또한, 외국에서 자유주의적 신학을 한 신학자들이 고등비평적 글을 발표하면서 심각한 문제를 가져왔다.[6] 일부는 창세기의 모세 저작권을 부인하는 일이 일어났으며 서구에서 시작된 자유주의 신학, 신정통주의 신학사상 등이 소개되는 시점이었다.

이렇게 보수 신학에 대한 자유주의 신학자의 위협을 강태국은 잘 알고 있었다. 당시 자유주의 신학에 정면 대응하여 설립되었던 웨스트민스터신학교와 훼이스신학교, 그리고 밥존스대학교를 졸업한 그는 성서 중심의 보수 신학, 순수한 복음을 증거하기 위해 성서적 근본주의 신학을 추구하였다.

강태국에 있어 성서적 근본주의란 기독교 그 자체이며 역사적 전통적 신앙을 그대로 믿고 지키는 보수 신학과 일맥상통한다. 그는 성서를 부정하는 신학 사조와 비타협적이었고 비성서적인 모든 불건전한 신학 사조와는 더불어 싸워야 할 것을 말한다.[7]

이와 같은 사유로 신앙과 신조를 중심이 아닌 인본주의적 연합을 추구하는 세계 교회협의회(WCC.)를 배척하였는데, 그 이유는 그들 가운데 기독교의 중심교리를 부인하고 인본주의적 화해를 이룩하고자 하는 현대의 인본주의자와 신신학자도 있고 신정통파가 있기 때문이라고 하였다.

---

6   그중에 대표적 학자가 성서의 유오설을 주장하는 김재준 목사이다. 김재준은 『신학지남』에 발표한 이사야의 임마누엘 예언 연구에서 "엘마"라는 단어가 동정녀일 수도 있으나 아닐 수도 있다고 하는 논문을 한국 신학계에 발표함으로써 한국 교계에 동정녀 탄생을 부인하는 것이라는 문제로 이단적 시비가 붙었다.
7   강태국, "갈멜산 상의 거룩한 싸움", 『성서의 종교』 7권, 232-3.

반면에 기독교의 핵심교리를 변호하고 받아들이는 교회와 단체와는 연합하였고, 부차적인 교리는 서로 관용하였다. 강태국이 미국을 순회하면서 전도한 일정표를 살펴보면 장로교, 침례교, 감리교 등 그가 교파를 초월하여 활동한 것이 여실히 드러난다.[8]

3. 은혜의 방편 측면

강태국은 은혜의 방편 측면에서 순수한 복음주의자이다. 강태국이 말하는 복음주의자란 복음의 진리, 즉 복음서에 기록된 예수 그리스도와 그의 십자가를 통한 구원의 진리는 그대로 믿고 전하는 신앙을 의미한다.

즉, 사도 바울이나 종교개혁자들이 가르치고 수호했던 복음을 따르는 교회운동으로서 성서의 무오성과 예수 그리스도의 대속의 죽음, 부활 교리 등을 강조하고 성서가 가르치는 대로 믿고 그 신앙을 그대로 세워 나가며, 특별히 복음 전파와 선교를 강조한다.

강태국은 선교사들에게서 당시 복음주의자의 신학과 신앙적 특성인 복음 전파에 대한 구령운동, 성서에 대한 전적인 신뢰, 개인윤리(술, 담배금지)를 통한 사회 개혁, 기독교와 애국심의 혼합, 교단과 교파를 초월한 교회관 등을 물려받았다.

---

8 강태국, 『나의 증언』, 253-267. 그의 전도 여행표를 보면 장로교단 (Piedment Presbytery Young Conference, Atlanta Presbytery, Pee Dee Presbytery, Winston -Salem Presbytery, Bible Presbyterian Church, East Ridge Presbyterian Church), 독립교단 (Community Bible Church, Gibson city Bible Church, Trinity Seminary and Bible College, Mountain Home Bible Church) 회중교회 (Congregational Christian Church) 침례교단 (Calvary Baptist Church, First Baptist Church, Woodland Baptist Church, Bible Baptist Church) 감리교단 (Jacobs Creek Methodist Chruch, Central Methodist Church) 초교파적 단체 (Youth for Christ at YMCA, Carolina Baptist Fellowship)등을 포함하는 초교파적 사역을 하였다.

첫째, 강태국은 "영원히 거두려거든 복음을 심어라"는 학훈에서 보여주듯이 복음을 전파하는 것을 최우선 순위로 삼았다. 이러한 그의 사상은 1934년 고베중앙신학교에서 민족 복음화 50년 계획을 세우게 되고, 마침내 밥존스대학교에 수학 중이던 1950년 한국복음주의선교회(Korean Evangelical Movement)를 설립한다.

이어서 예수 그리스도의 명령을 따라 땅끝까지 복음 전할 일꾼을 양성하기 위해서[9] 복음농민전수학교, 복음농도원 등을 설립하여 복음 전파에 대한 열정을 보여 주고 있다.

그가 1952년에 극동방송국을 설립한 목적도 중앙성서교회를 개척한 이유도 "교권 투쟁과 분열이 없는 순수한 복음적인 교회를 이 땅에 심어 하나님께 영광 돌리는 교회 상을 보여 주기 위함이며 … 이와 같이 교회가 전국방방곡곡에 세워져 우리 민족이 복음화 되는 길"[10]이기 때문이라고 증언한다.

둘째, 개인윤리를 통한 사회 개혁과 애국심이었다.

강태국은 설립 목적 중 하나를 다음과 같이 명시하고 있다.

> 그리스도의 인재를 양성하여 주어진 직장에서 능동적이고 효율적인 책임감을 느끼고 충성되어 봉사하는 지도자를 산출하려고, 예수의 발자국을 따라 조국의 지역사회에 신음하는 모든 겨레의 영적으로 또한 육적으로 봉사함으로써 조국의 백년대계에 이바지할 수 있는 개척자를 찾으려고….[11]

---

9   강태국,『나의 증언』, 170. 강태국은 한국성서대학교의 근본 사명을 다음과 같이 강조하고 있다. "나는 우리나라의 위대한 정치가도, 위대한 학자도, 위대한 실업가도 이 학교에서 배출되기를 바란다. 그러나 그 모든 것이 그리스도 안에서 실천되기를 바란다. 왜 그런고 하니 한국성서대학교의 사명은 우리 주님께서 마지막에 명령하신 대로 땅끝까지 천국운동을 확장하기 위하여 우선 전국 복음화 하는 데 없어서는 안 될 역군들을 훈련하는 그것이다." 즉, 그가 학교를 설립한 목적은 오직 복음 전파를 위한 일꾼을 길러내는 데 있었다.
10 강태국,『나의 증언』, 167.
11 강태국,『나의 증언』, 204.

강태국은 이러한 인재를 양성하는 길은 한 알의 밀알정신으로만 가능하다고 보았다. 요한복음 12:24 말씀에 근거한다.

> 내가 진실로 진실로 이르노니 한 알의 밀이 땅에 떨어져 죽지 아니하면 한 알 그대로 있고 죽으면 많은 열매를 맺느니라(요 12:24).

한 알의 밀은 곧 예수 그리스도 자신을 가리키는 것으로 하늘 영광을 버리시고 세상에 오셔서 모든 인생이 가지는 물질과 명예와 권력의 욕망을 다 버리고 전 인류를 사망의 자리에서 건지시기 위하여 땅속에 묻히신 것을 말한다.

이 밀알정신은 이론이 아닌 삶을 강조한다. 실천방법은 자기 자신을 비우는 일과 경건의 삶을 사는 것이다. 그는 이러한 실천적인 밀알정신을 그의 "최후의 증언"에서 잘 말하고 있다.

> 하나님은 나를 노예로 삼으시고 일할 수 있는 두 가지 달란트를 주셨다. 첫째는 시간이요, 둘째는 금전이다(마 25:14-30).
> 나는 85세가 되는 오늘까지 나에게 주어진 시간을, 그리고 나에게 주어진 재물을 나의 인간적 향락을 위하여 도둑질하지 않고, 다만 그의 나라와 그의 의를 위하여(마 6:33) 쓰게 된 것을 감사한다. 예를 들면, 하나님께서 나에게 맡기신 평당 3백만 원씩 하는 학교 대지 6000평과 포천 조림지 산야 150만 평과 그 밖의 모든 법인 명의로 되어 있는 재산들을 영원히 그 나라와 그의 의를 위하여 사용되기 바라는 것이다.[12]

그는 이러한 밀알정신이 오직 그리스도의 정신으로 개인이 변화될 때만 가능하다고 보았다. 그의 책에서 일관적으로 말하고 있는 것처럼 우상 숭

---

[12] 강태국, 『나의 증언』, 324

배와 미신, 그리고 봉건주의, 양반 사상에 사로잡혀 있는 우리 민족이 개혁되어 조국을 근대화할 수 있는 유일한 길은 복음을 통해 민족정신을 그리스도의 정신, 곧 밀알정신으로 변화시키므로 사회를 개혁할 수 있다고 믿었다.

셋째, 복음주의적 관점에서 초교파적 교회관을 가지고 있다.

그는 어떤 인간적인 권위나 집단에 구속받지 아니하는 교회, 다만 그리스도 위에 터를 닦고 교회를 세우고 그리스도께서 인도하시는 교회를 설립하는 초교파적 독립교회를 지향하고 있다.

그러므로 국내에서 교단이 분열되어 나갈 때 그는 교권과 교단에 얽매이지 않고 교육, 신앙, 선교 활동을 오직 그리스도를 중심으로 초교파적으로 했다.

이러한 복음주의적 관점에서 한국 교회가 지닌 문제점을 교파의 노예가 되는 것, 교권 투쟁 등으로 보았다. 그는 다음과 같이 기술하고 있다.

> 현대 교회는 교파가 중심이 되었고 교권이 지상명령이 되어 제2의 법황청을 이루고 있다. 그리스도는 교파를 세우신 일도 없고 교권을 행사하신 일도 없다. 그러나 현대 교회는 교파의 노예가 되어 있고 교권의 노예가 되어 있다. 교파와 교권이 중심이 된 현대 교회의 기도는 예수 그리스도를 추방하였다. 현대 교회는 예수 그리스도께서 계시지 아니하는 예수교회이다. 예수 그리스도를 중심으로 하지 아니한 교회는 필연적으로 무너질 것이다.[13]

강태국은 교회의 본질적인 사명이 예수 그리스도의 복음 전파임을 강조한다. 즉, 그리스도를 믿지 아니하는 세계 인류는 영적인 기갈을 당하고 있고 무거운 죄의 짐을 지고 그 죄의 멍에 아래서 신음하고 있기에, 교회

---

[13] 강태국, "내 안에 있으라", 『성서의종교』 3권, 323.

는 기쁜 소식인 예수 그리스도의 복음 전파를 위해서 존재한다.

이러한 복음 전파의 사명의식은 그가 세운 한국성서대학교의 학훈에서도 드러난다.

> 당년에 거두려거든 곡초를 심고
> 십 년에 거두려거든 나무를 심고
> 백 년에 거두려거든 사람을 심고
> 영원히 거두려거든 복음을 심으라.

이 학훈에서 보여 주듯이 강태국은 복음을 전파하는 것이 교회의 가장 중요한 사명이라는 것을 분명히 하고 있다.

그는 한국 기독교의 역사가 외국 선교사에 의해 시작되고 확장된 것을 보고, 한국인에 의한 독자적인 복음화운동에 대해 갈망했으며, 이를 실천하기 위해서 구체적인 계획을 세우고 1934년을 기점으로 하여 제1차 전국복음화운동을 펼쳤으며, 이를 실현하기 위해서 복음농도원, 용인 복음농민전수학교, 조치원 숭신고등농민학교들을 설립하였고 성서선교회를 통해 여러 교회를 개척하였다.[14]

그는 전국복음화운동을 위해 농촌 계몽과 더불어 복음 전파를 통한 그리스도의 증인된 삶을 일관성 있게 강조하였고, 자신의 전 생애를 통해 삶으로 그것을 증거하였다.

> 기독자들이여, 오늘날 이 민족이 시급하게 요구하는 것이 무엇인가?

---

14 '성서선교회'를 설립한 목적이 선교사를 파송하여 전도함에 있었다. 안디옥 교회가 성령의 지시를 받아 안수하고 파송하여 전도하며 개척한 것처럼, 성서대학교 졸업생 중에 성령이 원하시는 사람을 파송하여 전도하고 교회를 개척케 하는 데 그 목적이 있다. 선교회는 독립교회를 지향하며 교권이나 교파적인 차별을 없는 것을 특징으로 하였다.

> 이 민족이 요구하는 것은 복음의 증인이다. 자기 안일과 향락과 세속적인 현실에 급급한 이기주의적 기독자가 아니요, 감람나무처럼 그 열매가 바스러져서 기름을 내고, 그 기름으로써 불을 켜 겨레의 가슴속에 영원한 광명의 불을 켜 주는 진리의 등대로서의 복음의 증인을 요구한다.[15]

그는 또한, 이러한 복음 전파는 목회자에게만 주어진 것이 아닌 모든 기독자들에게 주어진 사명임을 강조한다. 그리고 이 복음이 전파되는 것을 아무도 막을 수가 없으며 이러한 복음이 하나님의 능력에 의해서 전파된다고 보았다. '성서선교회'를 설립한 목적이 선교사를 파송하여 복음 전파하게 하는 목적이었다.

안디옥 교회가 성령의 지시를 받아 안수하고 파송하여 전도하며 개척한 것처럼 강태국은 신학교 졸업생 중에 성령이 원하시는 사람을 지역에 파송하여 전도하고 교회를 개척케 하여 복음을 전파하고자 하였다.

초교파적 사역을 강조한다. 강태국은 교단이나 교파를 부정하지 않았다. 앞에서 살펴본 대로 그는 장로교회에 속했었다. 그러나 국내에서 교단이 분열되어 나갈 때 그는 교권과 교단에 얽매이지 않고 순수한 복음적 교회를 전국에 세워 우리 민족을 복음화하는 것을 목표로 하였기에 교파를 초월하여 활동하였다.

그가 일생 추구한 전국 복음화를 위한 '천국운동 50년 계획'에서 나타난 것처럼, 교회의 교파나 교권보다는 예수 그리스도께서 중심이 되는 하나님의 나라에 초점을 맞추고 있다.

강태국은 오늘날 많은 교회가 교파와 교권의 노예가 되는 현실을 목도하면서 그리스도께서 교파를 세우신 일도 없고 교권을 행사한 일도 없다는 점을 강조한다. 그는 교회란 언제나 그리스도를 중심으로 하고, 그리스도에게 복종하며, 그리스도를 위하여 있어야 함을 강조한다. 이러한 그리

---

15 강태국, "복음의 증인", 『성서의 종교』 4권, 263.

스도 중심적 교회, 하나님의 나라를 실현하기 위하여 한국성서대학교를 비롯하여 중앙성서교회, 한국성서선교회 등을 설립하였다.

그리고 역사적 기독교 신앙의 근본적인 진리들, 즉 신구약 성서가 하나님의 영감된 정확무오한 말씀이며, 예수 그리스도의 성육신, 동정녀 탄생, 예수 그리스도의 대속적 속죄, 육체적 부활과 영광스러운 승천, 및 재림, 성령의 거듭나게 하심으로 말미암은 중생, 성도들의 부활과 영생을 믿는 교단이나 교파와는 늘 함께하였다.

실제 미국을 순회하면서 전도한 일정표를 보면 장로교단, 독립교단, 회중교회, 감리교, 침례교, 초교파적 단체를 아우르는 활동을 하였다. 그는 성서의 가르침에 충실한 교회, 교파 투쟁과 교권주의를 배격하는 교회, 주님의 십자가만을 중심으로 하는 교회를 강조하였다.

지금까지 살펴본 것과 같이, 강태국은 민족적으로 어려울 때 태어나 민족을 위해, 교회를 위해, 오직 복음을 위해 자신을 던진 분이다. 선교사들의 영향력 아래 교육을 받은 그는 교리적인 면에서 성서의 절대적 권위와 하나님의 주권과 예정, 오직 그리스도, 그리고 인간의 전적 부패와 무능, 예정, 무조건적 선택, 성도의 견인을 중심으로 하는 개혁주의 신학 체계를 따르고 있다.

또한, 성서의 원리 면에서는 성서무오 사상에 근거한 비타협적인 보수주의, 그리고 은혜의 방편 면에서는 그리스도의 복음 전파를 가장 최우선 가치를 두는 복음주의자이다. 강태국에 있어서 개혁 신학, 성서적 근본주의, 복음주의는 근본적으로 다른 신학이 아닌 성서무오 중심으로 하는 보수 신학 노선이라고 요약할 수 있을 것으로 사료된다. 개혁 신학과 성서적 근본주의와 복음주의는 각각 다른 강조점을 가지고 있지만 사실상 보수 신학이라는 인식을 한국 교회는 가지고 있다.[16]

---

16 전호진, "복음주의 개혁주의 및 근본주의는 본질적으로 다른가?", 『신학지남』 2002 (총신대학교 개교 100주년 학술세미나), 45-71.

그러므로 혹자는 강태국의 신학을 칭할 때 한국의 정통보수주의라고 칭한다.[17] 보수 신학을 추구하는 강태국이 초교파적 독립교회를 선언한 것은 [18] 오직 비진리 사상과 타협하지 아니하며 교권 투쟁을[19] 배격하고 오직 성서의 가르침을 통해 그리스도의 복음만을 증거하고자 하는 성서 중심적 신앙 때문이었다.

---

17 정통 신학이란 종교개혁 이후 한 두세대가 흐른 후에 유럽의 교회들이 발전하면서 후기 종교개혁자들이 발전시킨 신학 체계를 지칭하는 말로서 성서의 바른 교리를 가르침을 정립한 신학적 체계를 지칭할 때 쓰이는 용어이다. 이에 비해 보수주의란 19세기 유럽에서 발전한 자유주의 신학에 대응하는 말로서 생겨난 말로서 기존의 개혁주의 신앙과 정통 신학을 옹호하는 신학을 보수주의라고 칭한다. 아래의 글은 개혁아카데미에서 "보수 신학이란?"에서 인용한 글이다. 개혁주의 신학의 대표적 신학자로서 박형룡 박사와 그의 아들인 박아론 박사가 '한국 보수 신학'을 대표해 왔고 이들을 도와 '한국 보수 신학'의 발전을 위하여 크게 힘쓰고 공헌한 동역자인 원로신학자들로서 김치선, 강태국, 명신홍, 차남진, 한철하 박사 등이 있다. 이들 외에도 "한국 보수 신학 발전에 지대한 공헌을 한 신학자로서 고신 계열의 한상동 박사, 조남선 박사가 있고 일제에 맞서 굿굿하게 신앙을 지킨 길선주 목사 그리고 박형룡 박사를 도운 주경신학자 박윤선 박사, 명신홍 박사 등 여러 분이 있다 (https://shoppingm.tv/Skin/3/Run.php?Domain=happy&MAIN=BasicItem&SUBMAIN=Custom&Itemno=411&Menu_catg=49. 2008. 9. 29. 개혁아카데미. "보수 신학이란?".)

18 강태국, "구원의 과정", 『성서의 종교』 1권, 420. 강태국이 장로교파를 떠나 초교파 독립노선을 걸어간 이유 중 하나는 한국장로교회가 WCC에 가맹함으로써 비성서적이 되었기 때문이다. "WCC는 친공적이여 인본적이며 자유주의적이다. 저들은 신본주의를 떠나 인간적이요 세속적이며 유물주의적인 인간중심의 교회를 이룩하고 있다."

19 한국장로교회의 분열은 재건의 과정에서 교회의 정치적인 주도권과 파벌 싸움으로 심각한 분열상을 자초하였다. 한국장로교회는 신사참배 반대로 인한 자복의 문제 그리고 고려신학교 문제 등으로 1952년에 분열하고 조선신학교의 문제로 인해 분열하며 사분오열한다. 한국 교회의 분열 과정에 대해서 다음의 문헌을 참고하라. 양낙홍, 『한국장로교회사: 형성과 분열과정. 화해와 일치의 모색』 (서울: 생명의말씀사, 2008); 박용규, 『한국 기독교회사』 제2권 (서울: 생명의 말씀사, 2004); 김인수, 『간추린 한국 교회의 역사』 (서울: 한국장로교출판사, 1998).

제3장
◆◆◆
성서

성서는 하나님에 관한 것을 가르치기보다는 오히려 절대타자로 살아 계신 하나님 그 자체를 예수 그리스도 안에 있는 신앙을 통해 죄인인 우리에게 체험케 하시는 하나님의 계시이며 소명이다.

한국성서대학교의 중심되는 교과서는 신구약 성서이다. 물론 그 밖에도 허다한 교과서들이 있으나 이 모든 교과서는 신구약 성서를 해석하고 또 전파하는 데 필요한 보조 역할을 하기 위한 학문이다. 그러므로 어떠한 시기에 이 학교에서 다른 교과서들은 다 제거되는 일이 있을지라도 신구약 성서는 제거할 수 없다. 다른 교과서들은 인간의 사색에서 나온 학설이기 때문에 변하기 쉬우나 신구약 성서는 만고불변의 진리요 복음이다. 그러기에 이 진리 곧 하나님 말씀이신 신구약 성서는 한국성서신학교의 초석이요 생명이다.

강태국의 신학사상을 연구함에서 가장 중심되는 것은 성서이다. 그는 전 생애를 통해 "오직 성서"를 부르짖었고, 신구약 성서가 만고불변의 진리이며 복음이라는 확신을 하고 있었다. 그가 설립한 한국성서대학교의 태동과 발전의 뿌리도 성서이며, 그의 신학 정신과 교육도 오직 성서에 근거한다. 그는 오직 성서가 한국성서대학교의 초석이며 생명이며, 그 정체성임을 강조한다.

그러므로 그의 오직 성서 사상이 의미하는 바가 무엇인지 이해하는 것이 중요하다. 그뿐만 아니라 그리스도인의 경우 누구를 막론하고 성서를 어떻게 설정하였는가에 따라 그의 신앙생활을 판가름할 수 있는 기준이 된다는 면에서 이해할 때, 강태국의 성서관을 살펴보는 것은 중요하다.

강태국은 기독교의 근본과 기초는 수많은 서적에서 나오는 사상이 아니라 오직 성서에서 나오므로, 성서야말로 가장 고귀한 책이요 위대한 유일무이의 책임을 강조한다.

1. 성서로 돌아가자

강태국은 먼저 우리가 성서로 돌아가야 함을 호소한다. 강태국은 성서가 이 시대에 수많은 각계각층의 사람들에게 버림을 당한 책이라고 일갈한다.

> 성서는 무신론자에는 박멸을 당하고, 유물론자에게는 멸시를 받으며, 자본주의자들에게는 조소를 받고, 인본주의자들에게는 의심을 받으며, 인문주의자들에게는 천대를 받는 책이다.[1]

미션스쿨에서 성서를 가르치는 교사들이나 목사들에 대한 대우도 세상 학문을 가르치는 교사들에 비교하면 빈약하다고 보았으며, 심지어는 성서를 교실에서 가르쳤다는 죄로 법정에 서게 하는 경우도 있다. 그뿐만 아니라 신학교와 교회에서조차 예배를 드리려고 나온 성도들이 성서를 듣는 것보다 일반 세상 이야기를 듣는 것을 더 좋아하는 이들도 있음을 지적한다. 심지어는 성서를 증거해야 하는 의무를 지닌 목자 중에도 성서가 오류를 가지고 있다고 하는 이들도 있다. 이처럼 각계각층에서 성서는 멸시와 천대를 받아 매장되고 버림을 당하고 있다고 보았다.

---

1 강태국, "성서로 돌아가자", 『성서의 종교』 2권, 379-380.

1) 성서의 위대성

강태국은 오늘날 이 시대의 수많은 사람이 성서를 버렸지만, 성서야말로 가장 위대한 불멸의 능력을 소유하고 있다고 보았다. 과거에 폭군들이 성서 읽는 것을 금지하며 불사르기도 하고, 무신론적 유물론자들은 성서를 매장하기도 하였으며 모든 악행을 다 했으나, 여전히 성서는 살아 있는 구원의 원동력이 되어 전 세계에 전파되는 위대한 책임을 강조한다.

그리고 성서는 위대한 역사적 사실을 기록하지만 역사책이 아니며, 인생의 중요한 문제를 다루고 있지만 윤리나 철학의 안내서도 아니다. 또한, 성서는 위대한 능력을 갖추고 있기에 한 민족에게 국한되지 아니하며 그리스도 안에서 전 세계 민족을 구원의 대상으로 하는 '유일무이'의 책임을 강조한다.

2) 성서의 권위

일립의 성서

강태국은 성서는 세계의 모든 책보다 절대 권위를 가진 책이며 이 세상에서 가장 오래되고 신비한 말씀이 더욱 확증되는 책으로 보았다. 강태국은 다음과 같이 말하고 있다.

성서는 우리에게 무엇을 말하는가?
하나님은 성서에 무엇을 말씀하셨는가?
성서가 우리에게 주는 가장 중요한 것은 무엇인가?
그것은 사람의 마음을 쪼개어 변화를 일으키는 생동력이다.[2]

성서는 말라빠진 법전도, 어떤 종교의 경전처럼 죽은 의문도 아니요, 생명이 약동하는 살아 있는 말씀이며, 생명이 있기 때문에 약동하며 삶의 변화를 가져온다. 그러므로 우리는 성서로 돌아가야 하며 성서로 돌아가서 우리 마음에 성서를 믿음으로 받아들일 때 약동하는 변화를 얻게 된다고 하였다.[3]

2. 하나님 말씀으로서 성서의 역할

강태국은 성서에는 두 가지 요소가 있다고 보았다.

첫째, 생활에 관한 것, 즉 인간관계에 필요한 윤리와 도덕에 관한 것
둘째, 신앙에 관한 것, 즉 하나님과 인간과의 관계

1) 생활에 관하여

강태국이 강조하는 성구 중 하나이다.

---

[2] 강태국, "성서로 돌아가자", 385.
[3] 강태국, "성서로 돌아가자", 385.

> 모든 성경은 하나님의 감동으로 된 것으로 교훈과 책망과 바르게 함과 의로 교육하기에 유익하니 이는 하나님의 사람으로 온전케하며 모든 선한 일을 행하기에 온전케 하려 함이니라(딤후 3:16-17).

즉, 성서는 인간의 창작물이 아니며 하나님의 영감된 말씀이므로 정확 무오하고 교훈과 책망과 바르게 함과 의로 교육하기에 가장 유익하며 절대적으로 신뢰할 수 있는 책이다. 따라서 강태국은 성서를 읽고 공부하는 그 자체가 참된 교육이라고 보았다.[4]

강태국은 오늘날 사람들이 삶에서 부조화를 이루는 근본 원인은 의식주의 결핍, 과학 문명의 퇴보, 또는 물질문명의 부족이 아닌 오직 성서의 교훈을 멸시하고 배격하므로 일어난 비참한 결과라고 보았다.

성서는 생활에 관한 고귀한 정신을 가르치고 있기에 수많은 사람이 성서를 통해 그들 자신이 새롭게 창조함을 받고 하나님을 발견하며 자유와 평화와 평등, 그리고 능력과 희망을 터득하게 된다.

강태국은 성서를 통한 삶의 변화를 말하고 있다. 예를 들면, 성 어거스틴의 『하나님의 은혜에 대한 재발견』, 마틴 루터의 『이신칭의』, 칼빈의 『기독교 강요』, 요한 웨슬리의 『성결 운동』, 이와하시 씨의 『흑암에서 발견한 신광명』, 순교의 길을 걸어간 주기철, 손양원 목사, 그리고 아메리카의 흑인 해방, 우리나라의 사회개혁운동 등 헤아릴 수 없는 정신 등이 모두 성서에 바탕을 두고 있다는 점을 강조한다.

그러므로 성서는 개인의 삶을 바꾸고, 사회제도를 개혁하며 새 역사를 이루어 가는 위대한 능력을 가지고 있다고 보았다. 그러나 이것이 성서가 말하고 있는 전부도 아니며 중심 사상도 아니라고 보았다.

---

4 강태국, "성서로 돌아가자", 388.

2) 신앙에 관하여

강태국은 성서의 중심적인 주제가 신앙에 관한 것임을 분명히 한다. 생활에 관련된 것은 인간과 인간 사이의 수평적 관계를 말하는 것이라면 신앙과 관련된 것은 하나님과 인간 사이의 수직적 관계를 말하고 있다.

그는 사람이 하나님과의 신앙의 관계를 올바르게 유지하려면 그것을 정확하게 알리고 있는 교재, 즉 책이 필요한데, 그것이 바로 성서라는 것이다. 이는 성서야말로 믿은 자들에게 신앙을 위한 유일한 책(딤후 3:16)임을 강조한다.

강태국은 성서를 통하여 그리스도인의 신앙의 대상은 오직 여호와 하나님을 바로 알고, 성서를 통해서 하나님을 찾고 하나님 앞에 예배한다는 점을 강조한다. 신앙은 하나님과 인간 사이에 종적 관계를 유지하면서 형성된다고 하였는데, 이는 하나님을 경외하는 삶 속에서 가능하기 때문이다. 그런 의미에서 그가 하나님을 경외하는 것이 신앙의 열매라고 한 것은 사려 깊은 연구와 삶 속에서 얻은 것이라고 할 수 있다.[5]

강태국이 말하는 신앙이란, 예수 그리스도를 구원자로 믿는 것을 말한다. 성서는 이 진리를 분명하게 알려 주고 있다고 보았다. 그가 말하는 신앙은 예수를 구원자로 믿는 것을 의미한다. 이것을 분명하게 인간에게 알려 주는 것이 성서이기에, 그의 성서관은 단순하면서도 정확하게 접근하고 있다. 그것은 성서가 하나님의 말씀으로서 신앙과 생활의 원리라는 것이다.

성서는 우주를 창조하신 전능하신 하나님, 예수 그리스도에게 있어서 계시된 하나님, 인간의 심령에 살아 역사하며 지도하시는 성령 하나님, 이 삼위일체 하나님이 성서의 중심 사상으로 보았다.[6]

5 　강태국, "성서로 돌아가자", 391.
6 　강태국, "성서로 돌아가자", 391.

따라서 성서의 주인공은 하나님이시며, 우리가 살아 계신 하나님 그 자체를 직면케 하고 그 실체 앞에 접촉케 하는 것이 바로 성서이다.

강태국은 범죄로 말미암아 하나님과 원수 되었던 우리들을 그리스도 예수 안에 있는 믿음을 통하여 하나님과 접촉할 수 있는 길을 주시며, 우리 자체를 살아 계신 실제의 하나님 앞에 직면케 한다고 보았다.[7]

강태국은 성서야말로 "하나님에 관한 것을 가르치기보다는 오히려 절대타자로 살아 계신 하나님 그 자체를 예수 그리스도 안에 있는 신앙을 통해 죄인인 우리에게 체험케 하시는 하나님의 계시이며 소명이다"[8]라고 하였다.

그러므로 우리가 성서에 대해야 할 태도를 두 가지로 보았다.

첫째, 성서는 영의 양식이라는 점이다.

사람들이 선호하는 황금이나, 명예나 권력이나 기적으로도 우리 영혼의 양식이 되지 못하지만, 성서만이 우리 영혼을 소생케 하고, 지혜를 얻게 하고, 심령의 평강을 누리게 하며, 기쁨을 준다고 확신하였다.

둘째, 성서는 생활의 법도이므로, 교육할 때 가장 유용한 교재이다.

자녀 교육뿐만 아니라 국가를 경영하는 데도 가장 중요한 것이 성서이므로, 우리가 성서의 포로가 되고 또 성서를 전하는 자들이 되어야 하는 사명이 있다는 점을 강조한다.

---

7 강태국, "성서로 돌아가자", 391-92.
8 강태국, "성서로 돌아가자", 392.

3. 계시로서의 성서

이처럼 하나님의 말씀으로서의 성서의 역할을 강조한 강태국은 성서야말로 하나님의 계시임을 강조한다. 그는 기독교는 계시로부터 시작하고 계시 없이는 기독교가 존재할 수 없고 오직 계시를 통해서만 인간이 하나님을 발견할 수 있다고 보았다. 따라서 하나님의 계시 없이는 인간이 하나님에 대하여 알 수 없기에 하나님이 우리에게 계시를 주셨다고 하였다.

성서가 말하는 계시라는 단어는 헬라어 '아포칼룹시스'(Αποκάλυψις)란 단어로서, 이는 감추어진 어떤 것을 분명하게 드러내 보이는 것을 의미한다. 즉, 이것은 감추어진 하나님의 뜻이 성서라는 계시를 통해 세상에 알려지게 됨을 말한다.

특별히 강태국의 설교를 연구하면, 그의 설교가 하나의 일관성을 가지고 있는 것을 찾을 수가 있는데, 그것은 계시를 의존하는 사상으로, 성서의 가르침을 제일로 삼는 설교자라는 사실이다.

오늘날 많은 사람은 철학(哲學)이라는 사상적 도구를 사용하여 학문적인 작업을 추구하는데, 세상 철학과 일반 종교 서적이 있을 경우에는 이성에 근거하여 종교 서적은 거의 무시하거나 비판 그리고 제외하려는 생각을 가진다.

하지만, 강태국은 이성을 앞세우기 전에 하나님의 영인 성령을 의지하면서 성서를 연구하는 자세를 취하여 계시 의존 사상을 유지하는 길을 철저히 걸었다. 이처럼 철저한 계시 의존 사상을 강조한 강태국은 하나님이 인간에게 주신 계시는 두 가지로 구분할 수 있다고 보았다.

1) 보편계시

이 보편계시는 일반계시라고 하며 자연계시라 한다. 이 계시는 전 인류에게 주신 보편적인 계시로 모든 사람은 이 계시를 통해 하나님을 알 수 있다고 보았다. 이 계시를 통해 자연에 드러난 자연법칙의 실제를 통해 하나님의 영광을 나타내고 찬양하는 창조의 능력을 알 수 있고, 또한 하나님을 알 수 있도록 인간의 마음속에서 양심이 있다는 것은 위대한 사실이라고 보았다.

그러나 이러한 자연계시가 하나님의 영적 섭리를 알리는 데는 불충분하고, 우리가 하나님을 신뢰할 만큼의 충분한 지식과 영적인 것을 전달하지 못할 뿐만 아니라 우리의 영원한 미래를 준비하는 데 유효하지 못하기 때문에 우리 인생에 필연적으로 요청되는 것이 바로 특별계시이다.

2) 특별계시

특별계시는 죄가 이 세상에 침입함으로 말미암아 필요하게 되었다. 자연계시에 기록된 하나님의 계시는 인간의 범죄로 인해 흐려졌으며 인간의 마음속에 새겨진 양심률 또한 부패했으며, 따라서 인간은 영적 소경이 되었다.

이러한 영적 암흑 속에서 묻힌 인간은 하나님의 자연계시를 이해하기 어렵게 되었다. 그래서 하나님은 "자연계의 진리를 다시 밝히시고 속죄를 위한 새로운 계시서를 준비하시며 또한, 인간의 심령에 비추시고 그 심령을 죄악의 능력에서 구출하기 위하여 특별계시를 준비하셨으니 이것이 곧 성서이다."[9] 따라서 강태국에 있어서 특별계시인 성서가 하나님을 알 수 있는 가장 중요한 계시에 해당한다.

특별계시의 방법으로는 먼저 하나님의 표상적 현현(왕상 19:12-13)으로 하나님은 불꽃 가운데 임재하시며(출 3:1-4), 구름 속에 계시며(출 33:9), 폭풍 속에서도 계시며, 미풍 속에도(욥 38:1) 나타나신다. 그리고 직접적인 교제의 현현으로는 하나님이 직접 대면하여 말씀하시며(신 5:4), 꿈이나 환상 그리

---

9   강태국, "계시로서의 성서", 『성서의 종교』 2권, 398-399.

고 우림이나 둠밈과 같은 표상으로 현현하셔서 그 뜻을 전하기도 하신다(민 12:6). 특별계시의 가장 중요한 것은 예수 그리스도의 현현이다. 말씀이 육신이 되어 우리 가운데 거하시는 독생하신 하나님이 바로 그리스도이시다.

> 하나님이 인간들 사이에 나타나시되 하나님 자신이 인간이 되셔서 나타나셨으니 이는 하나님의 인격적 현현의 최고봉이며 최고의 계시이다.[10]

또 다른 특별계시의 방법은 기적이다. 기적은 "하나님의 특별한 능력을 표시할 뿐만 아니라 그의 특별한 임재를 나타내는 것이다. 성서에 나타난 기적들은 장차 하나님 나라와 하나님의 구원의 능력의 표징이다."[11] 이 기적중에 최고의 기적은 바로 하나님의 아들이 육신으로 오신 것이다.

특별계시는 구속의 계시이며 죄인을 위한 하나님의 계획을 보여 준다. 이 특별계시는 "인간의 영을 소생케 하는 도구의 역할을 하여 인간의 마음을 개발하고 그 의지로 하여금 선을 향하게 하며 그로 하여금 거룩한 감정에 충만케 하고 또한, 그의 하늘나라의 영원한 집을 준비하게 한다."

뿐만 아니라 이 계시는 구속의 소식을 가져오고, 구속의 사실을 알게 하고 우리의 영적 지식을 풍성하게 하며, 죄인을 성자로 변화하게 하여 삶이 바뀌는 역사를 가져온다.

특별계시는 구속의 계시가 점진적이어서 처음에는 희미하게 보이나 점진적으로 명료하여졌고 최후에는 신약성서를 통해 충만하여졌으며 완성되었다. 그러므로 예수 그리스도의 십자가를 통하여 주어진 속죄의 진리, 즉 그리스도의 십자가의 비밀을 계시한 신약 계시는 우리가 직접 목격하고 또 맛보며 만져볼 수 있는 최고의 계시가 됨을 강조한다.

---

10 강태국, "하나님의 말씀으로서의 성서의 역할", 『성서의 종교』 2권, 401.
11 강태국, "하나님의 말씀으로서의 성서의 역할", 402.

4. 성서의 영감

강태국은 성서가 하나님의 말씀이라는 것은 성서가 하나님의 영감에 의해서 기록된 책이라는 확신에서 출발한다. 그는 "성서가 정확무오한 하나님의 영감에 의하여 기록되었다는 사실은 성서의 권위가 인간의 사고에 의지하지 아니하고 '그 권위가' 오직 성서 그 자체"[12]에 있음을 말하고 강조한다.

구약성서의 저자들은 성서가 자신의 생각이나 사상을 쓴 것이 아닌 하나님의 명령에 의하여 기록되었음을 증거한다(출 17:14, 34:27, 민 33:2, 사 8:1, 30:8, 레 25:12-13, 30:2, 겔 24:12, 단 12:4). 구약의 선지자들이 기록한 말씀들은 자신들이 임의대로 쓴 것이 아닌 하나님께서 명령하신 것을 그대로 기록한 말씀임을 강조한다.

신약성서도 마찬가지다. 신약성서의 저자 중 하나인 바울도 자신의 말을 기록한 것이 아닌 성령의 가르치는 대로 기록하였음을 증거하고 있다(고전 2:13, 살전 2:13).

특히, 바울에 의하면, 성서는 하나님의 영감에 의해 기록되었던 책이라고 하였는데(딤후 3:16), 여기서 하나님의 영감이란 단어는 '데오푸뉴스토스'($θεοπνεύστος$)이다. 이것을 분석하면, '하나님'($θεός$)이란 단어와 '입김'($πνεύτος$)이란 단어가 합성을 이뤄진 것으로서, 그 의미는 하나님의 입김, 또는 하나님의 불어낸 말씀에 따라 기록하였다는 뜻이다.[13] 즉, 신구약성서 전체가 다만 유일하신 하나님의 영광을 위하여 기록된 사실임을 잘 알게 된다고 증언한다.

---

12 이종경, "일립 강태국의 선교운동에 관한 역사적 고찰" (한국성서대학교 대학원 박사학위 논문, 2002), 63.
13 이종경, "일립 강태국의 선교운동에 관한 역사적 고찰" 65. cf., 김호식, 『조직신학 일반서론』 (한국성서대학교 강의안, 2003), 95.

강태국은 모든 성서가 하나님의 말씀으로서 진리의 말씀인 동시에 인간 삶에 있어서 유일한 독본(讀本)이라고 강조하였다.[14] 그리고 자유주의 신학자들이 성서가 하나님의 영감된 말씀임을 부인하면서 주장하는 고등비평과 문서편집설은 인간의 거짓이론이라고 보았다.

강태국은 성서가 하나님의 영감된 말씀임을 강조하면서 축자영감설을 받아들인다. '축자영감'이란 성서에 기록된 말씀 하나하나의 낱말까지 하나님의 영감으로 기록되었다는 말이다.

성서가 축자적으로 영감되었으나 성서의 저자들이 단순히 받아쓰기를 하였다는 기계적 영감설이 아님을 강조한다. 그리고 '유기적 영감', 즉 성서는 하나님이 성서 기자들의 성품과 기질은 물론 그들의 사상과 문체를 사용하시되 오류가 없도록 인도하셔서 기록하였음을 강조한다.

5. 성서의 무오성

성서의 영감을 강조한 강태국은 성서무오성에 대한 확고한 자세를 취하였다. 그는 종교개혁 정신을 그대로 이어서 성서는 하나님의 계시이며, 영감된 하나님의 말씀으로서 정확무오하며 따라서 절대적 권위를 가지고 있다고 보았다.

성서는 하나님의 말씀이요 능력의 말씀이기 때문에 지극히 작은 오류도 있을 수가 없기에 성서에 기록된 개개의 낱말까지 영감되었을 뿐만 아니라 성서를 기록한 필자들의 문체, 사상, 지식, 그 밖에 그들이 가진 재료들을 사용하여 기록하게 하였으므로 그 말씀에는 오류가 없다고 보았다.

무오한 성서는 순전하고 깨끗하고 거룩한 능력의 말씀이다. 이 성서를 읽고 그 말씀을 의지하는 자는 위대한 하나님의 능력의 방패에 들어가는

---

14 강태국, 『성서의 종교』 2권, 388.

것으로 보았다.

따라서 성서의 내용은 신적 권위를 가지고 있으므로 성서의 권위를 교회에 예속시키는 것이나, 성서 외에 인간의 내적 광명, 즉 기독자의 마음속에 말씀하시는 성령의 직접 계시를 시인하는 재세례파 등의 사상을 배격할 뿐만 아니라 새로운 어떠한 환상도 불필요하다고 보았다.

왜냐하면, 성서를 통해서 전능하시고 살아 계신 하나님을 발견하고 십자가에 달리신 그리스도를 믿음으로 말미암아 구원 얻는 길을 명료하게 보여 주기 때문이다.

그러므로 성서만이 최고의 권위요 기독자의 신앙과 생활의 원리임을 천명한다. 강태국은 성서가 기독자의 참된 신앙의 지침이요, 기독자의 신앙생활의 원리일 뿐만 아니라 우리에게 기독자의 사명과 기독자의 걸어갈 길을 잘 보여 주고 있기에, 성서는 우리 기독자에게 주어진 사명을 보여 주고 그 사명의 실천을 요청한다고 보았다.

이러한 성서무오사상을 강조한 강태국은 철저한 보수주의 노선을 걸었다. 그가 신학을 공부하던 시기는 미국장로교의 근본주의 대 자유주의의 논쟁이 격렬하던 시대였다. 200년 이상 미국기독교를 지배하여 온 보수정통주의 신학이 무너지고 계몽주의를 바탕으로 하여 고등비평과 진화론, 세속화와 물질주의가 기독교를 위협하고 있었다.

이러한 영향 속에 성서의 무오성과 그리스도의 동정녀 탄생, 그리스도의 대속의 죽음, 그리스도의 육체적 부활, 이적의 초자연성 등 기독교의 핵심교리를 부정하고 전통적 신앙을 위협하던 때였다.

그리고 한국 교회가 그 영향을 받아 신학의 자유주의화가 스며드는 시기였다. 1920년대에 한국 교회에 성서의 고등비평이 소개되었고, 1934년에는 고등비평을 수용한 『아빙돈 단권주석』이 번역 출판되었다. 1935년에 기독교조선감리회가 창설될 때에 채택한 '교리적 선언'은 자유주의적 입장을 표명한 것으로 보인 시기였다. 그뿐만 아니라 장로교에서도 성서의 기적을 실제 일어난 기적이 아닌 자연적 현상으로 해석함으로 이단 시비가 붙어서 면직 제명되는 사건이 일어났다.

또한, 외국에서 자유주의적 신학을 공부한 신학자들이 고등비평적 글을 발표하면서 심각한 문제를 가져왔다. 일부는 창세기의 모세 저작권을 부인하는 일이 일어났으며 서구에서 시작된 자유주의 신학, 신정통주의 신학사상 등이 소개되는 시점이었다. 이렇게 보수 신학에 대한 자유주의 신학자의 위협을 강태국은 잘 알고 있었다.

그는 성서를 부정하는 신학 사조와 비타협적이었고 비성서적인 모든 불건전한 신학 사조와는 더불어 싸워야 할 것을 말한다. 이와 같은 사유로 신앙과 신조를 중심이 아닌 인본주의적 연합을 추구하는 세계 교회협의회(WCC)를 배척하였는데 그 이유는 그들 가운데 기독교의 중심교리를 부인하고 인본주의적 화해를 이룩하고자 하는 현대의 인본주의자와 신신학자도 있고 신정통파가 있기 때문이라고 하였다.

그와 반면에 기독교의 핵심교리를 변호하고 받아들이는 교회와 단체와는 연합하였고, 부차적인 교리는 서로 관용하였다. 강태국이 미국을 순회하면서 전도한 일정표를 살펴보면 장로교, 침례교, 감리교 등 그가 교파를 초월하여 활동한 것이 여실히 드러난다.

결론적으로 강태국은 하나님의 말씀인 성서를 토대로 하여 세워진 것이 기독교임을 강조한다. 그러므로 성서가 하나님의 말씀임을 부정하거나 의심하는 교회는 사이비 기독교회이며 참된 교회가 아니며, 성서가 부정되는 곳에 참된 교회가 존재할 수 없다고 보았다. 그러한 의미에서 기독교는 성서의 종교라고 보았다.

제4장

하나님

> 성서는 우리에게 어제나 오늘이나 영원히 변함이 없으신 하나님이 우주와 인류의 생명을 창조하시고 또한 하나님의 창조하신 모든 것을 보존하시며 지배하시는 사실을 잘 가르치고 있다(『성서의 종교』 3권, 76).
>
> 예수의 죽으심으로 말미암아 기독자는 외로이 불안 상태에 놓인 것이 아닌 성령의 내재, 예수의 내재, 하나님의 내재, 즉 삼위일체 하나님이 우리가운데 임재하시는 그것이다.

강태국에 관한 다양한 연구가 있었지만 강태국이 믿는 하나님이 누구신 가에 관한 구체적 연구가 없었다. 그 이유 중의 하나는 그는 많은 저서를 저술하였음에도 불구하고 전문적인 조직신학 저서를 기술하지는 않았다는 것이다. 그런데도 강태국의 저서들 가운데, 그의 신론을 살펴볼 수 있는 내용을 담고 있는 것들이 있다.

예를 들면, 『성서의 종교』 2권과 3권에 성서에 입각한 신학적 소론을 담고 있는데 5개의 논설(성서적 성서관, 신관, 인생관, 기독관, 그리고 성령관)로 다루고 있다.[1] 그가 쓴 '신관'은 일곱 가지 주제, '성서의 하나님,' '하나님의 전할 수 없는 속성,' '하나님의 전할 수 있는 속성,' '하나님의 성

---

[1] 강태국의 『성서의 종교』 2권과 3권은 총 256 페이지 분량으로 조직신학 주제를 다루고 있다.

역,' '창조의 역사,' '생명의 창조,' '하나님의 섭리'로 구성되어 있다. 또한, 12신조의 '우리의 신앙고백서'에서도 삼위일체 하나님을 제시하고 있다.[2]

본 연구에서는 『성서의 종교』, 『성서강해』, 강태국, 『나의 증언』을 중심으로 하여 하나님을 아는 지식, 하나님의 속성, 삼위일체, 하나님의 성역 등의 주제로 그의 신론을 살펴보고자 한다. 그리고 그의 신론에 나타난 특징과 평가를 하고자 한다.

1. 하나님을 아는 지식

강태국은 인간의 이성을 통한 포괄적인 지식으로는 창조주이신 유일의 하나님을 완전히 알 수 없다고 보았다. 인간이 일반계시, 즉 자연과 자기 마음속에 주어진 양심을 통해서 하나님을 어느 정도 알 수 있지만, 일반계시가 하나님을 신뢰할 만큼의 충분한 지식과 영적인 것을 전달하지 못하기 때문에 하나님의 특별계시인 성서에 의존하여야 함을 강조한다.

강태국은 오직 성서를 통해서만 기독교의 유일한 신앙의 대상인 하나님을 알 수 있으므로, 기독자는 오직 성서를 통해서만 하나님을 찾을 것을 강조한다. 그리고 성서를 통해서 알려지는 하나님은 관념적인 하나님이나 도덕적 이상으로서의 하나님을 인식하는 것이 아니라고 보았다.

---

[2] 여기서 12조항이라 함은 강태국이 기록한 '우리의 신앙고백서'에 제시된 신앙고백을 말한다. 이 조항은 다음과 같은 순서로 구성되어 되어 있다. 1. 하나님의 말씀으로서의 성서, 2. 성부로서의 하나님 3. 성자로서의 하나님, 4. 성령으로서의 하나님 5. 인간론(인생의 기원, 인생의 타락) 6. 성육신하신 예수 그리스도, 7. 십자가의 번제단에서 속죄의 제물이 되신 예수 그리스도 8. 부활하신 예수 그리스도, 9. 승천하신 예수 그리스도, 10. 재림하실 예수 그리스도, 11.예수 그리스도의 최후의 명령, 12. 그리스도의 몸된 교회. 강태국, 『나의 증언』 (서울: 성광문화사, 1988), 218-223을 참고하시오.

도리어 성서는 인간이 "살아 계신 하나님 그 자체를 직면케 하고 그 실재 앞에 접촉게"[3] 함으로 하나님을 아는 지식에 이르게 하는 책이라고 보았다.

그러므로 성서는 하나님에 관한 것을 가르치는 것보다는 "절대타자로 생존하신 하나님 그 자체를 그리스도 안에서 신앙을 통해 죄인인 우리에게 체험케 하시는 하나님의 계시"[4]라는 점을 강조한다. 그리고 성서를 통해 우주를 창조하신 전능하신 하나님, 예수에게 계시하신 하나님, 인간의 심령에 역사하시고 지도하시는 보혜사의 하나님, 즉 삼위일체 하나님을 성서를 통해서 알 수 있다고 보았다.[5]

그러므로 강태국은 하나님을 아는 지식이 성서에서 나오므로 "성서의 하나님"을 강조한다.[6]

2. 하나님의 속성

강태국은 형상을 가진 인간이 영이신 하나님의 측량할 수 없는 속성을 완전히 알 길이 없다고 보았다. 그러나 신학자들은 성서에 근거하여 인간의 언어로 '전할 수 없는 속성'과 '전할 수 있는 속성'으로 구분하였는

---

3 강태국, "하나님의 말씀으로서의 성서의 역할", 『성서의 종교』 2권 (서울: 성광문화사, 1988), 391.
4 강태국, "하나님의 말씀으로서의 성서의 역할", 392.
5 강태국, "하나님의 말씀으로서의 성서의 역할", 391.
6 강태국은 성서에 반하는 여러 신관을 비판하였다. 예를 들면, 고대 헬라인은 자신들의 생각에서 신을 만들어 섬겼으며, 그들의 신관은 범신론적이라고 보았다. 범신론은 세계가 곧 신이요 신이 곧 세계라고 보았다. 강태국은 일본인의 신은 태양신이며 이것은 자연숭배의 유물이며, 그들의 천황을 "반신반인"으로 믿었기에 천황을 죄가 없는 존재라고 보았다. 이에 반하여 중국인의 신관은 다신교로서 조상숭배, 의예주의이다. 한국인의 신관은 만유신관으로 보았다. 즉, 만유에는 신들이 있어 만유를 지배하는 관계로 그들에게 복을 달라고 비는 신관을 가지고 있었다고 보았다.

데 강태국도 이 두 속성을 따라 구분하였다.[7]

강태국은 성서에 나타난 하나님의 속성을 소개하면서 먼저 웨스트민스터 소요리문답의 제4문, "하나님은 신이신데 그의 존재하심과 지혜와 권능과 거룩하심과 공의와 인자하심과 진실하심이 무한하시며 불변하시느니라"를 제시하고, 자신도 이 신조를 그대로 믿으며 소요리 문답이 말하는 하나님의 속성을 중심으로 설명하였다.[8]

1) 전달할 수 없는 하나님의 속성

이 속성은 피조물인 인간에게는 발견되지 않는 속성이며 오직 하나님만이 가진 절대 특이의 속성으로, 하나님의 자존성, 불변성, 무한성, 단일성 등으로 구분하였다.

첫째, 하나님은 자존자이시다.

하나님은 스스로 존재하는 분이시며(출 3:14) 존재의 유일한 근원이 되시는 분이다. 즉, 하나님은 그 자신 외에 다른 아무것도 의존하지 않으신다. 모든 피조물이 그분에게서 나오고 그분으로 말미암아 보존되며 또한 그분에게만 귀의할 수 있다.

둘째, 하나님은 불변하신 분이다.

하나님은 그 존재에 있어서 영원히 변함이 없으신 분으로 영원히 동일하신 분이다. 강태국은 야고보서 1:17에 근거하여, 특별히 하나님은 변하기 쉬운 인간과는 달리 영원히 불변함을 강조한다. 하나님의 존재하심과 그 완전성과 그 목적과 그의 약속은 영원불변하신 분임을 강조한다.

---

[7] 일반 조직신학자가 사용하는 하나님의 속성의 분류에 있어서 보편적인 용어인 비공유적 속성과 공유적 속성이나, 절대적 속성과 상대적인 속성으로 구분하지 않고 강태국은 전달할 수 없는 속성과 전달할 수 있는 속성으로 구분하고 있다.

[8] 강태국, "하나님의 (전달 수 없는) 속성", 『성서의 종교』 3권, 20.

또한, 성서에서 하나님이 왕래하시며, 숨기도 하시고 나타나시기도 하시고, 후회도 하시는 분으로 나타나고 있는 부분에 대하여, 강태국은 이러한 표현들은 "하나님과 인간과의 관계에 대한 인간적 표현"[9]임을 강조하고 있다.

하나님의 불변성은 하나님이 활동하지 않으신다는 것이 아니다. 하나님은 정적인(static) 분이 아닌 견고히 흔들림이 없는 분임을 강조한다. 그러므로 하나님의 영원히 변치 아니하시는 영원불변성은 우리 인간에게 절대적인 신뢰감을 줄 수 있다고 보았다.

셋째, 하나님은 무한하신 분이다.

하나님은 그 지식과 지혜와 그의 선하심과 의와 거룩함에 있어서 무한하신 분이다. 하나님은 아무런 제한을 받지 아니하는 분이시며 제한받으실 수 없는 분이시라는 것을 의미한다.

강태국은 시간적인 측면에서의 무한성을 "영원히"(시 90:2)라는 용어를 사용하여 설명한다. 하나님은 시간을 초월하여 존재하심으로 유한의 대상이 되지 아니하며 영원한 존재시다.

또한, 하나님은 공간의 제재를 전혀 받지 아니하시는 무한의 존재자로 존재하신다. 즉, 하나님은 무소부재하시며 모든 피조물 중에 임재하시며 모든 공간에 충만하시므로 어떤 공간의 제재를 받지 아니하고 영원히 존재하는 분이시다.

넷째, 하나님은 단일하신 분이다.

하나님은 사람과 달리 몸과 영으로 구성된 분이 아니다. 하나님은 영이시므로 분리될 수가 없고, 그 신성에 있어서 이질적인 여러 부분이 결합함으로 삼위일체를 이루는 것이 아닌, 그분의 본질과 그분의 속성은 결코 구별되어 있을 수 있는 성질이 아니다. 절대타자로서 자존하신 하나님은 다

---

9 강태국, "하나님의 (전할 수 없는) 속성", 22.

른 어떤 이질적인 요소로 구성될 수가 없다.[10]

강태국은 하나님은 그 존재에 있어서 자존하시고 불변하시며 무한하시고 또한, 단일하신 속성을 사람의 생각으로 이해할 수도 없고 과학으로나 심지어 사람의 언어로 전달할 수 없는 속성으로 이해하였다.

2) 전할 수 있는 하나님의 속성

하나님의 '전할 수 있는 속성'이란 사람의 언어를 통해 전달할 수 있는 속성으로 그 속성의 유사점이 인간에게도 발견되는 속성이다. 이 속성은 인간 마음의 소산으로서 인간에게는 유한하고 불완전하나, 하나님에게 있어서는 무한하고 완전한 속성이다.

강태국은 하나님의 전할 수 있는 속성을 하나님의 지식, 하나님의 지혜, 하나님의 선하심, 하나님의 사랑(하나님의 은총, 긍휼, 인내), 하나님의 거룩하심, 하나님의 공의(통치적 공의, 보응적 공의, 인과응보적 공의), 하나님의 신실성, 하나님의 주권으로 제시하였다.

첫째, 하나님은 그분의 지식에 있어서 무한하고 영원하며 불변하시다.

하나님의 지식은 철저히 독립적인 지식이며 외부로부터 획득한 지식이 아니다. 또한, 이 지식은 완전한 지식으로 하나님은 그 자신과 모든 사물에 대하여 완전한 지식을 가지고 계시므로 모든 것을 완전히 아시는 전지하신 분이다(히 4:13).

즉, 하나님은 전지하시므로 모든 것, 과거 현재 미래의 것을 완전히 아시고 계시며 모든 피조물이 심지어는 창조되기 전부터 그 종말까지의 모든 것을 다 아시는 분이다.

---

10 강태국, "하나님의 (전할 수 없는) 속성", 24.

그러므로 하나님은 모든 인류 전체의 생각과 삶, 그리고 그 마음의 모든 것을 아실 뿐 아니라(왕상 8:39) 인류 역사의 흥망성쇠를 영원 전부터 홀로 아시는 분이시다.

강태국은 이사야 46:10에 근거하여 하나님은 "종말을 처음부터 고하며 아직 이루지 아니한 일을 옛적부터 보이시는 분(사 46:10)임을 강조한다.

그리고 하나님은 인간을 아시기에 인생의 모든 비밀이 하나님 앞에 드러나지 않는 것이 없고 우주의 모든 피조물이 전지하신 하나님 앞에 벌거벗은 것같이 그 하나님의 눈앞에 드러난다고 말한다.

인간의 생각하는 것, 모든 비밀과 인간이 계획하는 모든 음모와 인간이 경영하는 모든 것은 하나님 앞에 숨길 수가 없고 인간이 범하는 모든 불의와 죄악 또한 하나도 남김없이 다 하나님의 존전에 드러나는 것이다.

둘째, 하나님의 지혜는 하나님의 지식의 외형이라고 할 수 있고 하나님의 미덕의 한 부분이다.

하나님의 지혜는 "하나님이 하고자 하시는 일에 유효한 결과를 초래할 수 있는 선택과 그 경과의 실현을 위한 최선의 선택으로 나타나는 것이다."[11] 하나님의 지혜의 궁극적인 목적은 하나님을 영화롭게 하는 것이다.

강태국은 이러한 하나님의 지혜와 지식의 부요함을 헤아리거나 측량할 수 없으며(롬 11:39) 역사의 흥망성쇠 또한, 하나님의 섭리에 대한 결과로서 나온 것이기에 그 지혜를 감히 인간이 측량할 수 없다(시 33:10-11)고 보았다.

셋째, 하나님은 완전히 선한 분으로 그 선한 것이 하나님의 창조하심에 드러난다.

모든 피조물이 하나님의 인자하심과 보존과 보호로 그들의 삶이 진행되며, 죄악에 빠져 멸망 받을 수밖에 없는 자라 할지라도 하나님은 심지어 방종의 길을 걸어가는 자라도 여전히 선하게 대하는 분이며(행 14:16-17), "은

---

11 강태국, "하나님의 (전할 수 없는) 속성", 25-26.

혜로우시며 자비하시며 노하시기를 더디 하시며 인자하심이"(시 145:8-9) 크신 분이다.

넷째, 하나님의 사랑은 하나님의 모든 속성 중에서 중심적인 것이다.

전 인류에게 나타나는 하나님의 속성은 세 가지 방면으로 나타난다고 보았다. 먼저, 하나님의 은총 또는 은혜로서 인간의 노력이나 공로나 소원 등 어떤 조건도 이유도 없이 다만 그리스도 안에서 값없이 주어지는 것이다(엡 1:6-7). 이 하나님의 은총에는 예수 그리스도 안에서 주어지는 사죄가 포함되어 있다. 그리스도 안에 있는 성도는 누구든지 죄사함을 받는다.

마지막으로 하나님의 인내이다. 하나님은 죄인 한 사람이라도 멸망당하지 않고 회개하고 돌아오기를 기다리시는 분이다(롬 2:4). 하나님은 인류를 벌하실 것을 참으시되 그냥 참으시는 것은 아니다. 여러 가지 모양으로 경고하시면서 인내하신다.

다섯째, 하나님은 거룩하신 분이다.

거룩이란 "하나님이 그의 창조하신 모든 피조물과 완전히 구별되어 계시고 또한, 그의 무한대의 주권으로서 그가 창조하신 모든 피조물을 초월하심으로 그의 신적 존엄성과 완전성을 나타내는 것이다."[12]

또한, 모든 도덕적 불결, 다시 말하면 죄악에 대하여 절대 무관하므로 윤리적 도덕적 완전무결하신 분으로 보았다. 하나님은 자신이 거룩하실 뿐만 아니라 그 백성들도 거룩한 삶을 살기를 원하셨다.

하나님이 아브라함을 선택하시고 그 후손을 통해 한 민족을 이룩하기 위해 부르셨을 때, 그 민족을 거룩하게 구별하기 위함이며 이스라엘이 광야 40년간 유리하며 방황한 것도 구별된 새 민족으로 이룩하시기 위함이다. 하나님이 가나안 7족을 멸하게 하신 것도 그들이 도덕적으로 윤리적으로 부패되었기 때문이었다.

---

[12] 강태국, "하나님의 (전할 수 없는) 속성", 31.

여섯째, 하나님은 공의의 하나님이시다.

하나님은 사람과의 관계에서 사람을 판단하실 때 항상 공의롭게 판단하신다. 강태국은 공의가 없이는 거룩함이 없다고 보았다. 그 이유는 거룩하심에 반대되는 모든 불결을 제거하고 그 자신을 보호하려는 것이 공의이기 때문이다.[13] 하나님의 공의에는 통치적 공의와 보응적 공의 그리고 인과응보적 공의가 있다.

통치적 공의는 이사야 33:22 말씀에 근거하여 설명하였는데, 하나님은 입법자인 동시에 그 법을 가지고 통치하시는 사법권을 가진 통치자이시다.

하나님은 두 가지 율법, 곧 성문 율법과 양심 율법을 통해 통치하신다.

보응적 공의는 하나님께서 인간이나 천사들에게 상을 베푸시되 그 약속에 의하여 실행하시는 것이다(신 7:9). 그러나 인간이 하나님의 명령을 완전하게 수행할 수 없는 고로 인간은 보상을 받을 자격이 없으나 하나님이 자비를 베푸시므로 보응하시는 것이다.

하나님이 그 공의에 의해서 권선징악 하시는 것을 인과응보적 공의라고 한다. 사람은 편협되어 권선징악을 바르게 구별하지 못하지만, 공의의 하나님은 그 공의에 의하여 실행하신다(롬 2:9).

일곱째, 하나님의 신실성이란 하나님은 참되시다는 말이다.

하나님의 신실하심은 "그분의 내적 존재와 계시에 나타나 있을 뿐만 아니라 그분의 백성에게 나타내시는 계시"[14]에 있어서도 그러하다.

강태국은 이교도가 섬기는 모든 신은 다 허위요, 관념이며 우상이어서 거기에는 참되거나 신실한 것이 존재하지 않는다고 보았다. 그리고 이 세상의 존재하는 모든 인간은 다 불의하여 진실하지 못하지만, 하나님은 참되시고 진실하심을 강조한다. 또한, 하나님은 그의 백성들에게 주신 언약의 역사적 실현(민 23:19)과 예수 그리스도 안에서 인류의 구원에 관한 언

---

13 강태국, "하나님의 (전할 수 없는) 속성", 33.
14 강태국, 『성서의 종교』 2권, 36.

약에서도 신실하시다.

여덟째, 하나님은 전 우주의 주권자로 우주를 지배하신다.

강태국은 여호수아 10:12을 예를 들어, 하나님은 절대주권으로 태양을 멈추시기도 하고 달을 멈추기도 하시며 우주를 홀로 지배하시며, 인류의 역사를 지배하시는 주권자이심을 강조한다.

시편 2편 강해를 통해 세상의 영웅들이 경영하는 모든 일이 허사며, 시대와 영웅에 대한 하나님의 진노, 평화로운 시대와 참된 영웅은 하나님의 주권 안에서 주어짐을 강조한다.

> 역사는 흐르는 것이다. 그러나 흐르는 그 역사 속에 하나님의 무한대의 주권이 역사하고 있다.[15]

인간의 구원도 하나님의 절대주권에 있다. 강태국은 이 일에 대하여 매우 분명한 어조로 강조한다.

> 우리의 구원은 절대로 우리의 노력이나 우리의 선이나 우리의 공로에 있지 아니하고 오직 하나님의 절대주권에 있다. 우리의 구원은 우리의 행위가 선하거나 악하였거나 아무 관계가 없다. 만일 우리의 구원이 우리 각 개인의 선행에 따른다고 한다면, 나 같은 죄인은 도저히 구원 얻을 수 없다. 그러나 하나님께서는 구원의 표준을 인간의 행위에 두지 않으셨기 때문에 나 같은 부족한 인간이 구원 얻게 된 것이다.[16]

하나님의 주권에 인간이 힐문할 수 없는 이유는 하나님은 창조주이시며 인간은 피조물이기 때문이다. 창조주는 자의에 의해 피조물을 창조하시고,

---

15 강태국, "다만 주권에 의하여", 『성서의 종교』 2권, 31.
16 강태국, "다만 주권에 의하여", 32-33.

창조주는 자의에 의해 능력을 보이기도 하신다. 하나님은 그 하고자 하시는 일을 자유로이 하시며 하나님의 절대주권을 가지고 행사하신다. 이러한 하나님의 주권을 침해하거나 항거할 자는 없다. 인생은 이에 대하여 할 말이 아무것도 없다.

애굽의 바로왕 바로가 모세를 반대하고 이스라엘에 극심한 박해를 하는 것도 하나님이 목적을 성취하기 위하여 하시는 사역의 일환이었다. 하나님은 바로왕의 강퍅한 마음을 사용하여 하나님의 위대한 능력을 보이시고 자신의 이름을 만방에 전하시는 분이다.

3. 삼위일체 하나님

강태국은 그의 저서에서 삼위일체를[17] 구체적으로 논하지는 않았다. 그러나 그는 "우리의 신앙고백"에서 유일한 한 분 하나님은 삼위일체로 존재하심, 즉 창조주이신 유일하신 하나님은 성부와 성자와 성령의 구별된 인격체로 존재하시는 분임을 강조한다.

교리문답 제6문은 이렇게 되어 있다.

> 하나님의 신격에는 3위가 계시나니 성부와 성자와 성령이신데, 이 삼위는 한 하나님이다. 본체는 하나이요 권능과 영광은 동등이니라.

강태국은 이 신앙고백서를 그대로 받아들인다.[18]

17　강태국은 삼위일체의 본체와 위에 대한 구체적인 원어 설명, 예를 들면, 호모우시아, 휘포스타시스, 휘포타시스 등의 헬라어 용어에 대한 신학적인 이슈에 대하여 다루지는 않았다.
18　강태국, "내가 나 된 것은", 강태국, 『나의 증언』, 218.

강태국은 "성부로서의 하나님"에서 성부라는 이름은 이 삼위일체의 하나님의 제일위이심을 표시하는 동시에 "모든 피조물의 하나님"(고전 8:6, 엡 3:14-15, 히 2:8, 골 1:17)이시며, 성부는 "전 인류 생명의 시작이시며 축복의 근원이실 뿐 아니라, 특히, 하나님의 영적 자녀들인 참된 기독교인의 아버지로 계시"(마 5:45, 6:6-15, 요 1:14, 18, 5:17-26, 8:54, 14:12-13, 롬 8:15, 요일 1:3)되었음을 강조한다.[19]

성자는 곧 예수 그리스도로서 삼위일체의 제이위로서, 우주의 창조주시오 우주의 보존자이시며 빛이시며 생명이시며 전 인류의 구속주이시다(요 1:20-30, 롬 9:5, 빌 2:6, 요일 5:20).[20]

그에게는 신적 이름(렘 23:5-6, 사 9:6)과 신적 속성이 부여되었다(사 9:6, 마 18:20, 요 2:24-25, 21:7, 빌 3:21, 계 1:8). 따라서 그의 행하시는 능력의 역사는 신적이었다(마 9:2-8, 눅 10:22, 요 3:35, 엡 1:22, 빌 3:21, 골 1:17, 히 1:10-12). 그러기에 그에게는 신적 영광이 부여되었다.

성령도 성부와 성자와 꼭 같이 인격적인 하나님이시오(요 14:16-17, 26, 15:26, 16:7-15, 롬 8:26, 엡 4:30, 행 16:7, 고전 12:11, 창 1:2, 6:3, 행 8:29, 13:2, 고전 2:10-11, 눅 1:35, 4:14, 행 10:38, 롬 8:11, 15:13, 고전 2:4), 그리스도의 영이시며(롬 8:9, 갈 4:6), 그리스도에 의하여 파송되었으나(요 16:7), 그리스도와 동일하시며(고전 2:10-11, 고후 3:17), 신적 이름(행 5:3-4, 고전 3:16, 딤후 3:16)과 신적 완전성이 부여되어 있다(시 139:7-10, 사 40:13, 15, 17, 히 9:14). 그리고 그에게 부여된 특별한 사업은 곧 창조와 구속의 완성이다(창 1:3, 욥 26:13, 시 33:6).[21]

---

19 강태국, "내가 나 된 것은", 218.
20 강태국, "내가 나 된 것은", 219.
21 강태국, "내가 나 된 것은", 219.

강태국은 역사적 관점에서 교부들에 의해 '우시아'와 구별된 '휘포스타시스'의 개념을 명확히 용어상으로 구분하지 않았지만, 삼위일체 하나님이란 결코 그 신적 본질이 여러 부분으로 구성되어 있다는 것이 아니라 하나님의 전체적 존재가 각 인격적 존재 즉 각 위에 속해 있다는 점을 강조한다.

예를 들면, 강태국은 "이 말씀이 하나님과 함께 계셨으니"(요 1:1)의 강해에서 단순히 말씀(성자)이 하나님과 병행하고 있는 것만 가리키는 것이 아니라, 말씀이 단순히 하나님의 속성 일부분을 의미하는 것도 아니며, 오히려 "별개의 개성적 인격을 의미"[22]하는 것으로 이해하여야 한다고 보았다. 즉, 단순히 하나님의 성질을 가진 것이 아닌 그 자신(말씀)이 하나님이신 것을 증거한다.

강태국은 요한복음 1:1-2에 나타난 "로고스" 즉 말씀은 "말씀의 영원성", "말씀의 독립적 인격과 하나님과의 관계" 그리고 예수 그리스도의 "신성을 명료히 표기" 한 것으로 보았다.

예수 그리스도는 신성의 모든 충만이 육체로 거하시는 분으로 모든 신성이 하나가 되어 구체적으로 그리스도 안에서 거한다. 그리스도는 하나님의 본질을 본뜬 것이나 한 부분을 받으신 것이 아닌 오직 한 몸을 이룬 그 전체를 받으신 것이다.[23]

또한, 강태국은 삼위일체의 한 위격을 소유하신 절대타자로 생존하신 성령 하나님과 성자의 관계에 있어서 다음과 같이 언급하고 있다.

"예수와 성령은 두 분이시면서 한 분이다."

이 말은 예수와 성령은 각각 독립적인 인격을 가지고 있으나 하나님의 본질에서는 한 분임을 말한다. 그러므로 성령은 진리의 영으로 하나님 그 자체이다. [24] 강태국은 요한복음 15:26에 근거하여 성령은 인격적인 존재

22　강태국, "말씀", 『성서강해』 4권 (서울: 성서교재간행사, 1990), 3.
23　강태국, "그리스도의 신성", 『성서강해』 4권 (서울: 성서교재간행사, 1990), 271.
24　강태국, "성령의 내재", 『성서강해』 4권, 178.

로 예수의 영(행 16:7)이시며, 요한복음 15:26절 근거하여 성령을 가르쳐 진리의 영으로서 이성을 가지신 인격적인 존재로 보았다.

강태국은 삼위일체 교리는 오직 믿음으로만 이해되는 진리이며, 삼위일체 하나님이 우리 가운데 임재하심을 강조한다.

> 예수의 죽으심으로 말미암아 기독자는 외로이 불안 상태에 놓인 것이 아닌 성령의 내재, 예수의 내재, 하나님의 내재, 즉 삼위일체 하나님이 우리 가운데 임재하시는 그것이다.[25]

삼위일체 하나님이 함께 계심을 믿는 신앙이 기독자를 견고히 세우는 초석이 됨을 강조한다.

4. 하나님의 성역(聖役)

1) 신의(神意)

신의란 "하나님의 영원한 계획 또는 하나님의 영원한 목적"[26]을 뜻한다. 신의(神意)는 "모든 우주의 창조 전, 인류의 구원 및 모든 개인의 행위를 포함하고 있다"[27]고 보았다. 이 신의는 하나님의 지혜를 기초로 하고 있으며, 예수 그리스도 안에서 이루어지는 것이며, 또한 영원한 것으로 하나님의 가슴속에 감추어진 경륜의 신비이며, 지금은 예수 그리스도의 몸 된 교회의 알려진 하나님의 지혜로 보았다.

---

25 강태국, "성령의 내재", 180.
26 강태국, "하나님의 사역", 『성서강해』 4권, 42.
27 강태국, 『성서의 종교』 3권, 42.

강태국은 과거, 현재 그리고 미래의 모든 사물은 오직 하나님의 뜻에 따라 실제로 나타남을 강조하고 있다. 이것이 성서의 증거임을 강조한다.

> 내가 종말을 처음부터 고하며 아직 이루지 아니한 일을 옛적부터 보이고 이르기를 나의 모략이 설 것이니 내가 나의 모든 기뻐하는 것을 이루리라(사 46:10).

이 말씀을 강조하여 하나님은 아직 나타나지 않은 미래의 일까지도 완전히 아시는 지혜로운 하나님이심을 강조한다.

이러한 하나님의 신의는 하나님이 신실하므로 영원히 불변하며(욥 23:13), 절대적이고 무조건적이라고 보았다. 이 신의는 인간의 우연한 사건을 통해서도, 그리고 인간의 생명과 호흡의 연장에서도 나타난다(창 50:20).

이 하나님의 성역은 "하나님의 뜻에 의한 역사적 진행으로 아무도 하나님의 계획과 설계와 그 진행을 먹거나 거스르거나 방해할 수 없다."

그 예로, 하나님은 그의 행위에 의해서 야곱을 이스라엘의 조상으로 삼으신 것이 아니라, 그들이 모태에 있을 때 아직 선악을 구별하지 못하였을 그들의 행위를 보지 아니하고 오직 하나님의 뜻 가운데서 야곱을 사랑하시고 에서는 그대로 내버리셨다.[28]

이것은 하나님의 신의가 영원히 변치 아니하며 그대로 성취됨을 강조하는 것이다.

이러한 그의 관점은 전통적으로 칼빈주의에서 강조하는 하나님의 작정과 동일한 개념으로 볼 수 있다.

---

28 강태국, "하나님의 불변의 약속", 『성서의 종교』 2권, 22.

2) 예정

강태국은 성서에 나타난 예정이라는 말이 "도덕적 창조물에 대한 하나님의 계획이며 목적"임을 밝히며,[29] 그 범위는 인간의 삶, 그리고 인간의 선악, 천사와 마귀, 나아가 중보자이신 예수 그리스도를 포함하는 것으로 이해하였다.

강태국은 '선택' 교리가 성서에 명백하게 제시된 진리이며, 이스라엘 민족의 선택(신 4:37, 7:6-7), 개인적인 선택(삼상 10:24), 구원을 위한 개인적 선택(엡 1:4)을 요약하여 설명한다. 이러한 선택은 다만 하나님의 기쁘신 뜻대로 이루어지는 것이다. 예수 그리스도 안에서 믿음으로 말미암아 구원 얻는 것은 "철두철미하게 하나님의 선택"[30]에 있고 누가 뭐라고 해도 성서의 일반적인 진리이며 교리임을 강조한다.

강태국은 또한, 거절 혹은 유기 교리를 로마서 9:18을 인용하여 인정한다.

> 그런즉 하나님께서 하시고자 하시는 자를 긍휼히 여기시고 하고자 하시는 자를 강팍케 하시느니라(롬 9:18).

강태국은 유기에 대하여 다음과 같이 언급하고 있다.

---

29 강태국, "하나님의 성역", 『성서의 종교』 3권, 45. 강태국은 에베소서 1:4 강해를 통해서 우리를 택하시되 영원전에 선택하셨고, 이는 우주가 창조되기 이전에 우리를 택하시되 그리스도를 통하여 하나님께 나아가도록 선택하신 것이다. 하나님의 예정 표준은 오직 하나님의 기쁘신 뜻대로 하심이고, 인간의 편에서는 아무런 공로가 없다. 하나님의 은혜 선택은 은혜로 되었음을 말하며 "은혜로 되었다는 말은 거기에는 행위라고 하는 것이 있을 수 없다. 공로를 강조하면 순수한 은혜가 은혜되지 못한다"고 하였다.
30 강태국, "하나님의 성역", 47.

하나님은 영원한 목적에 의하여 어떤 사람은 그의 특별한 은총으로 그들의 죄를 허물치 아니하사 그저 지나가시고, 어떠한 이들은 그들의 죄의 댓가로 형벌받는 것을 그대로 버리신 것이다. 그러므로 여기에는 하나님의 2중의 목적이 필연적으로 성립된다.

(1) 하나님께서 어떠한 사람은 구원을 은총의 선물로 주시며 그의 죄를 간과하신다.
(2) 하나님께서 어떠한 사람들은 그들의 죄의 댓가로 인한 영원의 형벌을 내리시나니 이는 저들의 범죄의 필연적인 결과이다.[31]

여기에 대하여 인간이 하나님을 불공평하다고 원망할 수 없다고 보았다. 왜냐하면, 하나님께서 죄 아래 있는 멸망당할 전 인류 중에서 어떤 사람을 구원으로 선택하였다고 해서 불공평이라고 할 수 없다고 보았다. 강태국은 이 교리에 대하여 불공평하다고 말하는 이들에게 질문을 던진다.

만일 어떤 사람을 구원으로 택하신 것이 불공평이라고 한다면, 그러면 전 인류를 멸망으로 버려두는 것이 공평이라고 하겠는가?
그러면 무엇을 표준으로 하고, 누구는 택하시고 누구는 버리셨는가?[32]

강태국은 "이 사람아 네가 뉘기에 감히 하나님을 힐문하느뇨 지음을 받은 물건이 지은 자에게 어찌 나를 이같이 만들었느냐 말하겠느뇨 토기장이가 진흙 한 덩이로 하나는 귀히 쓸 그릇을 하나는 천히 쓸 그릇을 만들 권이 없느냐"(롬 9:20-21)는 말씀을 제시하여 신학적인 토론보다는 성서에 제시된 말씀을 통하여 유기 교리가 성서적임을 강조한다.

---

31 강태국, "하나님의 성역", 47.
32 강태국, "하나님의 성역", 48.

강태국은 선택이 하나님의 주권적 의지와 특별한 자비에 근거하고 있다고 본 것이다. 이는 하나님의 선택이 전적으로 하나님의 주권과 하나님의 은혜와 자비에 근거한 일이라고 본 칼빈의 견해와 일치하는 것이며, 하나님께서 자신의 전지로 어떤 죄인들이 믿을 것을 미리 아시고 또한 미리 아심에 근거하여 구원하신다는 알미니안주의 신학과는 다름을 볼 수 있다.

3) 하나님의 창조

강태국은 하나님은 창조주이시며, 영적 세계와 물질 세계를 창조하셨음을 강조한다. 강태국은 창조론을 반대하는 이론들, 우주가 형성되기 전에 두 개의 원인인 신과 물질이 영원 전에 공존하고 있다는 이원론이나, 신과 우주는 본질적으로 하나였으며 어느 시기에 우주는 신으로부터 흘러나왔다는 유출설이나, 기존 물질의 발전을 뜻하는 진화론은 받아들일 수 없는 비성서적인 이론임을 강조한다.

(1) 창조의 기원
강태국은 우주 창조의 가장 분명한 기원을 창세기 1:1, "태초에 하나님이 천지를 창조하시느니라"에 근거한다고 보았다. 그는 우주 창조에 대한 기원을 과학자, 철학자, 종교가들이 연구하였으나 아무도 명확하게 답을 주지 못했으며, 오직 창세기 1:1이 가장 명료하고 확실한 답안을 준다고 보았다.

창조의 시기는 아무도 알 수 없는데, 그 이유는 우주 창조가 시간 속에서 창조된 것이 아니기 때문이다. 하나님의 창조가 있은 후에 시간이 시작되었기 때문이다.

창조의 목적은 하나님의 영광을 위함이며, 모든 피조물인 대자연이 하나님을 찬양하며 그분께 영광을 돌리는 것이다. 그런 까닭에 인간이 이 창조주 하나님을 부인하는 순간 하나님 대신에 피조물을 숭배하므로 우상

숭배에 빠지게 된다.[33]

(2) 생명의 창조

강태국은 하나님이 생명의 근원이며 호흡의 시작이 되심을 강조한다. 창세기 2:7에 근거하여 인간은 자연 발생이나 진화의 산물이 아닌 하나님으로부터 지음을 받은 피조물이다.

강태국은 인간의 존엄성을, 하나님의 형상으로 창조된 것과 하나님의 거룩한 손을 들어 인간을 만드시고 그 코에 하나님의 생기를 넣으므로 인간은 영혼을 가진 존재가 된 것에서 찾고 있다.[34]

(3) 영계의 창조

영의 세계, 곧 천사의 세계는 하나님의 창조물임을 강조한다. 강태국은 천사를 인격적인 존재로 천사의 세계가 있음을 마태복음 24:36과 사무엘하 14:20을 근거로 제시한다.

> 하늘의 천사도 아들도 모르고 오직 아버지만이 아시느니라 (마 24:36).

> 내주 왕의 지혜는 하나님의 사자의 지혜 같아서 땅에 있는 일을 다 아시나이다 (삼하 14:20).

---

[33] 강태국은 하나님의 창조를 부인하는 순간 세속적인 인본주의 철학에 관련될 수밖에 없다고 로마서 1:22-25에 근거하여 경고하고 있다. "바울 당시의 로마인들의 부패한 종교 현상을 보면서 … 그들의 종교가 허위였던 것처럼 현대의 무신론적 기독자들의 기독교도 또한 허위이다. 그들은 하나님의 진리를 허위로 변하여 숭배하였던 것처럼, 이 시대의 사신론적 기초 위에 서 있는 신학자들도 또한 그러하다. 바울 당시의 사람들이 창조의 하나님을 허위의 신으로 우상화하여 섬긴 것처럼, 현대의 무신론적 신학자들도 또한 그러하다. 강태국, "하나님의 성역", 54.

[34] 강태국, 『성서강해』 8권, 23.

천사는 영적인 존재로 지혜와 지성의 소유자라고 보았다. 따라서 천사는 뼈와 살을 가지지 않고 있기에 인간의 육안으로 볼 수 없는 영적 존재이다. 그럼에도 때로는 천사가 형상으로 나타날 때가 있음을 기억해야 한다.

천사는 선한 천사와 악한 천사로 나눌 수 있다고 보았다. 다만 악한 천사는 원래는 선하게 창조되었지만 타락함으로 악한 천사가 되었다(벧후 2:4). 천사들의 지위는 그룹(창 3:24), 스랍(사 6:2-3,6) 천사로 나누어진다. 그룹은 하나님의 능력과 위엄과 영광을 나타내며, 에덴, 성전, 성막에 나타나신 하나님의 거룩하심을 수호한다.[35]

스랍들은 하나님을 찬양하며 봉사하며, 사람들을 준비하여 하나님께 나오게 하는 직분을 가졌다. 가브리엘 천사는(단 8:16) 하나님의 사자로서 하나님의 거룩한 계시를 전달하며 이를 해석하여 준다. 미가엘 천사장(계 12:7)은 하나님의 백성을 대적하는 자들을 상대로 영적 전쟁을 치르고 영적 세계의 악한 세력들을 상대로 싸운다.

선한 천사들의 가장 중요한 역할은 하나님과 어린양 예수 그리스도를 찬양하며, 죄를 회개하고 돌아오는 기독자를 기쁨으로 환영하며, 모든 기독자들을 수호하고(시 34:7), 어린아이들을 지키며(마 18:10), 교회 안에서 성도들이 하는 일을 지켜보며, 증인 역할을 하고, 기독자를 하나님께로 인도하는 일을 한다.

그리고 하나님의 특별계시를 전달하는 역할(단9:23-24), 하나님의 백성을 축복하는 역할(시 91:11-12), 예수 그리스도를 대신하여 불의한 세상을 심판하는 일(마 13:41-42)을 한다.[36]

이에 반하여 악한 천사는 원래 하나님의 선한 천사로 창조되었음에도 범죄로 악한 천사가 되었고, 하나님을 대적하는 일(살후 2:4)들을 한다.

---

35 강태국, "생명의 창조", 『성서의 종교』 3권, 61.
36 강태국, "생명의 창조", 63.

악한 천사 중의 괴수는 사탄이며 사탄은 초자연적인 능력을 발휘하여 하나님의 일을 파괴하며 하나님의 백성을 불의의 길로 인도한다. 하지만 그들의 최후는 파멸과 영원한 심판이 기다리고 있다고 보았다.

4) 하나님의 섭리

하나님의 창조로 이루어진 우주는 하나님의 섭리에 의하여 진행된다. 강태국은 하나님의 섭리를 이렇게 정의한다.

> 하나님께서 창조하신 모든 피조물을 보존하시며 전 세계를 통하여 일어나는 모든 일을 통찰하시며 또한 그 모든 피조물이 저들에게 주어진 최종의 목적을 향하여 가도록 방향을 제시하시는 하나님의 과업이다.[37]

하나님의 섭리 요소를 보존과 협력 그리고 통치로 이해하였다.

하나님의 보존은 하나님의 영원하신 과업으로 그 창조하신 우주와 모든 것을 지지하고 보존하는 것으로 보았다.[38] 우주의 모든 피조물은 하나님의 보존 섭리에 의해서만 존속되며 운행된다. 하나님은 우주 대자연을 창조하시고 보존하시며 인류의 역사를 지배하시는 분이다.

하나님의 협력은 모든 창조물 진행의 근원이 되고 또한 그 진행에 협조하심을 말한다. 다시 말하면 "하나님은 그가 창조하신 모든 피조물을 늘 격려하시며 또한 계속 그 진행을 동반하시면서 그 결과가 유효하도록 협력하신다."[39]

모든 피조물은 제2의 원인, 즉 자연계의 모든 세력과 인간의 자유의지 등을 통해서 움직이게 된다. 그런데 제2의 원인조차도 하나님의 계속되는

---

37 강태국, "언약에 나타난 하나님의 섭리", 『성서의 종교』 4권, 30.
38 강태국, "하나님의 섭리", 『성서의 종교』 3권, 68.
39 강태국, "하나님의 섭리", 68.

역사에 의하여 진행된다. 기독자의 구원에 관한 것도 하나님의 협력하심의 결과이며, 심지어는 불신자라도 버리지 아니하시고 전 인류의 생존을 위하여 협조하신다.[40]

그리고 하나님의 통치는 하나님의 계속적인 활동의 한 부분으로서, 모든 피조물을 지배하고 통치하신다(시 103:19). 하나님은 생명(행 17:26), 인류 역사와 개인의 역사, 자연계(수 10:12)를 지배하신다. 하나님은 초자연적인 기적(요 2:11)을 통해서도 주관하시고 일하신다.[41]

5. 강태국의 신론 특징과 평가

1) 신론의 특징

(1) 성서 중심이다

강태국은 신론을 제시할 때 사색이나 철학적 사상에 근거한 것이 아닌 성서에 바탕을 둔다. 예를 들면, 하나님의 속성을 철저하게 성서를 바탕으로 제시하고 있다.

하나님의 자존성(출 3:14, 롬 11:36, 요 5:26, 단 4:35), 하나님의 불변성(히 6:17, 13:8, 약 1:17, 출 32:14), 하나님의 무한성(욥 22:7-9, 시 90:2, 102:12, 139:7-10), 하나님의 지식(왕상 8:39, 사 46:10, 히 4:13), 하나님의 지혜(롬 11:33, 시 19:1-6, 33:10-11, 고전 2:7), 하나님의 선하심(시 145:8-9, 마 5:44-45,

---

40 강태국, "하나님의 섭리", 69.
41 강태국 박사는 하나님의 섭리에 대한 두 가지 학설, 자연신교와 범신론은 철저히 비성서적이며 오류라고 보았다. 하나님이 우주를 창조하였으나 최후에는 멀리 떠나 계시므로 지금은 더 이상 우주를 간섭하지 아니한다는 자연신교나 하나님과 우주를 구별하지 않고 동일시하여 인간의 모든 행동이 직접 하나님의 행동이 되어 버리는 오류를 범하는 범신론을 비판한다. 이러한 이론의 결과는, 인간이 저지르는 모든 도덕적인 범죄라도 그 원인이 인간이 아니고 하나님께 있다는 오류를 범하게 된다.

행 14:16-17), 하나님의 은총(엡 1:6-7), 하나님의 긍휼(엡 2:4-5), 하나님의 인내(롬 2:4, 벧전 3:20), 하나님의 거룩(출 15:11, 사 57:15, 히 1:13), 하나님의 신실성(창 12:1-8, 17:4-8)을 제시한다.

삼위일체에 대한 구체적인 논증을 신학자들의 용어 논쟁으로 하지 않고 성부, 성자, 성령을 성서에 근거하여 설명하고 필요시 구체적인 성서주석 통해 신적 본질과 위격을 설명하는 방식을 택한다. 하나님의 성역에서도 학자들의 논증을 제시하지 않고 오직 성서에 근거하고 있다.

이러한 측면에서 볼 때 강태국은 성서가 가는 곳까지 가며 성서가 멈추는 곳에 멈추며 성서가 말하는 것만 말하는 신학을 펼친 것을 볼 수 있다.

(2) 개혁주의 신학이다

강태국은 무엇보다 하나님의 절대주권을 강조한다. 하나님의 사랑과 은혜 그리고 인간의 운명과 자연법칙들을 다스리는 하나님의 주권을 강조한다. 하나님의 주권적 의지로 만물을 창조하고 섭리하시고 통치하신다.

그리고 하나님이 계획하시고 목적하시는 것이 영원하며, 이는 전 우주의 창조와 전 인류의 구원 그리고 모든 인류의 행위를 포함하는 하나님의 뜻을 강조한다. 하나님의 뜻은 신실하며 영원히 불변하며 절대적이며 무조건적임을 강조한다.

인간을 비롯하여 모든 피조물은 오직 하나님으로 말미암아 존재함을 말하는데, 이는 하나님의 창조에서도 하나님의 주권적 사역을 강조한 것이다. 강태국은 주권적 창조, 즉 "이는 만물이 주에게서 나오고 주로 말미암고 주에게로 돌아감이라"(롬11:36)는 것을 강조해 주권적 하나님을 가르치고 있다.

하나님의 섭리에서도 자신의 피조물을 주권적으로 섭리하심을 강조하며, 이 모든 것이 하나님의 측량할 수 없는 지혜로 이루어짐을 가르친다. 구원에서도 삼위일체 하나님의 주권적 사역을 강조하며, 예수 그리스도 안에서 믿음으로 말미암아 구원을 얻는 것은 오직 하나님의 선택에 있음을 강조한다.

그가 개혁주의 신학을 가지고 있음을 증거하는 것 중의 하나는 웨스트민스터 신앙고백서를 자신의 신앙고백으로 받아들이고 있다는 것이다. 그는 자기 신학의 전반에 걸쳐 웨스트민스터 신앙고백서를 중시하며 이를 인용하여 신학적 내용을 설명하고 있으며, 소요리 문답에 나오는 순서를 따라 신학의 내용을 제시하고 있다.

그리고 그가 제시하는 신론을 살펴보면 개혁 신학자의 견해와 같이하고 있음을 볼 수 있다. 일부 용어 사용에 있어서 약간 상이한 부분이 있지만, 전통적인 개혁 신학자들이 제시한 신론의 구조, 하나님을 아는 지식, 하나님의 속성, 삼위일체 하나님, 그리고 하나님의 사역을 제시하고 있다.[42]

(3) 정통 보수 신학이다

강태국은 한국의 보수 정통 신학의 대표자 중 한 사람이다. 그는 성서에 근거한 올바른 교리를 강조하며, 현대 정신의 도전에 직면하여 신학적 응답으로 일어난 현대 신학, 특히, 인간의 경험과 정황에 신학의 근거를 두는 자유주의 신학에 대해서는 매우 비판적이었다. 그는 자유주의 신학을 성서의 권위와 하나님의 절대성을 무너뜨리는 것으로 이해하였고 기독교 신앙에 도전하는 행위로 보았다.

예를 들면, 바하니안(Gabriel Vahanian) 이 제시한 문화적 신관, 알타이져(T. J. Altizer)의 사신신학이나 해밀톤(W.H. Hamilton), 반 뷰런(P.Van Buren)의 신학에 대하여 무신론적 신학자들이라고 보았다.[43] 현대 자유주의 사상을

---

42 강태국, 『성서의 종교』 3권, 223.
43 강태국, "성서의 하나님", 『성서의 종교』 3권, 18. 바하니안의 문화적 신관은, 신이 존재한다면 인간의 문화를 통해서 인간에게 알려지는 것이며, 따라서 신은 근본적으로 우상이라는 관점을 가지고 있다. 이러한 관점은 결국 신은 죽은 것이고, 시대적 요청에 따라서 교회가 세속화되지 않으면, 그 신은 죽은 상태로 세속화되지 않는 신이며, 지금까지의 신 관념은 퇴폐해 가는 서양 문화의 합리적 사고방식의 산물이며, 그와 같은 신 관념은 현대의 학문적 연구 결과 성서에 계시된 하나님과는 완전히 단절된 신관을 보여 준다고 강태국은 비판한다.

비판하는 입장에서 강태국은 자유주의 신학자들의 글에 대해 성서적인 비판을 시도하고 있다.

강태국의 신론은 보수적인 신학적 요소를 배경으로 하고 있다. 앞에서 살펴본 바와 같이 그가 제시한 신론은 동시대의 새로운 관점을 제시하기보다는 기독교가 믿고 있는 핵심적 교리를 성서에 근거하여 제시하였다. 성서를 바탕으로 하는 기독교 보수 정통 신학의 근본적인 교리를 분명하게 제시하여 기독교 보수 신학을 계승하고 있음을 보여 준다.

(4) 하나님과의 인격적인 관계가 중시된다

그의 신론은 단순히 이론적 신지식에 머무는 것이 아니라 성서에 나타난 위대하신 하나님과 인격적 관계성에 초점을 맞춘다. 그는 신론을 통해 살아 계신 하나님 그 자체를 직면케 하며 하나님에 대한 절대적 신뢰성을 갖게 한다. 하나님의 전할 수 없는 속성으로서의 불변성은 우리 인간에게 흔들리지 않는 절대적인 신뢰감을 줄 수 있다고 보았다.

하나님의 지식은, 인생의 모든 비밀이 하나님 앞에 드러나지 않는 것이 없고 우주의 모든 피조물이 전지하신 하나님 앞에 벌거벗은 것같이 그 하나님의 눈앞에 나타나는 것을 강조한다. 삼위일체를 진술할 때도 신학적인 난해성을 진술하기보다는 성서에 제시된 삼위일체의 하나님을 소개하고 삼위일체 하나님의 내재하심을 통한 인격적 관계를 강조한다.

하나님의 성역에서도 창조 역사, 생명 창조, 하나님의 섭리 주제를 통해 명백한 성서의 진리를 제시해 창조주 하나님과 피조물의 관계성, 그리고 인간의 존엄성, 하나님의 보존, 협력, 통치하시는 하나님의 위대한 섭리를 보여 주며 하나님과 그분의 보호를 받는 인간의 인격적 관계를 보여 준다.

일반적으로 신론을 제시할 때 형이상학적인 부분이 강조되어 있으나 강태국은 신론은 성서의 하나님과 인격적인 관계를 강조하고 있는 것을

볼 수 있다.⁴⁴

그러므로 강태국은 신학적 교리를 이론적 지식이 아닌 살아 있는 말씀과 신앙으로 수납하여 인격적인 하나님과의 관계를 강조한다.

(5) 하나님의 위대하심을 드러내는 신학이다

그의 신론의 주된 목적은 하나님을 찬양하고 영광을 돌림에 있다. 강태국은 우주 만물을 창조하신 살아 계신 창조주 하나님이시며 생명의 근원 되시며 유일무이한 하나님을 제시하므로, 타종교에서 제시하는 어떤 신관보다 위대한 성서의 하나님을 보여 주고 있다.

그는 성서에 나타난 자존하시고 불변하시고 무한하시고 단일하신 하나님을 소개하므로, 인간의 언어로 도저히 표현할 수 없는 위대한 속성을 가지신 하나님을 발견케 한다.

---

44 강태국은 1988년 6월 10일 자신의 최후의 증언에서 "하나님은 나를 그리스도의 피로 사셔서 그의 노예로 쓰시려고 내가 출생할 때 기형아도 아니고 불구자도 아닌 건강한 아이로 출생케" 하신 것을, "하나님은 나를 농부(마 21:33-41)로 삼으시고 불교와 유교사상의 유물인 우상 숭배와 불로소득의 정신과 사대주의 그리고 기복주의적인 샤머니즘의 잡초가 우거진 한국 땅에 예수 그리스도의 복음의 씨를 뿌리라고 이 땅에 태어나게 하신" 것, 그리고 "하나님은 나를 어부로 삼으시고(마 4:18-22) 전 인류의 가슴속에 우거진 세속적인 잡초를 제거하고 그리스도의 복음의 씨를 뿌릴 사람을 낚는 어부가 되게 하신 것을 감사한다"고 하였다. 그리고 "하나님은 나를 노예로 삼으시고 일할 수 있는 두 가지 달란트를 주셨다. 첫째는 시간이요 둘째는 금전이다(마 25:14-30). 나는 85세가 되는 이날까지 나에게 주어진 시간을 그리고 나에게 맡겨진 재물을 인간적 향락을 위해서 도둑질하지 않고 다만 그 나라와 그의 의를 위하여(마 6:23) 쓰게 된 것을 감사한다." "마지막으로 나를 창조하신 하나님, 내가 나의 범죄로 인하여 영원한 사망 아래 있을 때 독생성자를 십자가의 번제단에서 나의 죄의 대가를 지불하시려고 번제물로 삼으시고 나를 구속하신 하나님(롬 5:8), 내가 모태에 있을 때부터 85세가 되는 오늘까지 이 생명, 이 호흡을 연장하시고 주관하시며(사 44:2) 주님의 목장(요 21:15-19)에서 주님이 맡기신 양 떼를 돌볼 수 있게 하신 하나님, 이제 나를 위하여 영원한 생명의 면류관을 준비하시고(계 2:10) 기다리시는 하나님께 영광과 찬송과 감사를 드리며 나의 지난날의 증언을 마치려고 한다"라는 이러한 그의 증언은 하나님과 인격적인 관계 속에서 이루어진 신앙고백이다.

하나님의 전할 수 있는 속성(하나님의 지식, 지혜, 선함, 사랑, 거룩, 공의, 진실, 주권)을 통해 우리 가운데 내재하신 하나님의 위대성을 발견케 한다.

그리고 창조주 하나님의 사역을 위대한 창조의 능력과 섭리 앞에 모든 인류는 겸손히 무릎을 꿇고 그분의 성호를 찬양하고 그분께 영광을 돌리게 함이 그 목적이 된다.[45]

> 나 자신의 출생이 나 자신의 의사에 의한 것이 아니오 나 자신의 생존이 나 자신의 원에 있는 것이 아니다.
> 나의 마음이 어찌하여 살같이 부드러워지고 또 예수를 받아들여 구주로 영접하고 구원의 자리에 이르게 되었는가?
> 이는 오직 예수를 죽은자 가운데서 살리신 하나님, 우주를 창조하신 하나님, 전 인류의 생명 호흡을 창조하시고 지배하시는 하나님만이 하시는 일이다![46]

2) 결론적 평가

강태국이 소개한 신론은 '조직신학의 개론' 해당하는 신학적 주제들을 다루었다. 하지만 강태국의 신론은 그 내용에 있어서 분명하고 명쾌하여 기독교인이면 누구나 읽고 이해할 수 있도록 제시되어 있다. 신학에서 이해하기 어려운 용어나 철학적 신학이나, 사변적 논쟁을 피하고 성서의 핵

---

[45] 강태국은 자신이 믿고 있는 하나님에 대하여 다음과 같이 적고 있다. "찬송하리로다 우주의 창조와 그 지배의 능력에 나타난 헤아릴 수 없는 오묘한 섭리의 하나님, 갈보리 언덕 십자가상의 그리스도를 통해서 전 인류에게 나타나신 무한대의 사랑과 은총과 사죄의 하나님! 인생들로 하여금 이 오묘한 진리를 파악하고 예수를 믿어 구원에 이르게 하시기 위하여 인류의 마음속에 역사하시는 성령으로서의 하나님! 나를 티끌 가운데서 취하시고 훈련하시고 또 벙어리와 같은 내 입을 열어 80평생 말씀으로 외치게 하시고 또 막대기와 같은 나의 손으로 이 글을 남기게 하신 하나님을 영원히 찬송하리로다." 『성서의 종교』 1권, 저자 서문, 3을 참조하시오.
[46] 강태국, "오직 하나님으로 말미암아", 『성서의 종교』 2권, 217.

심구절을 중심으로 제시 설명하여 읽는 독자로 하여금 성서적 믿음을 갖도록 하고 있다는 점이다.

그는 철학적, 신학적인 논쟁들을 중심으로 신론을 제시하지 않았다. 기독자라면 꼭 알아야 할 신학적인 내용을 중심으로 하되 성서에 근거하여 제시하므로 신학의 사변적인 것들을 피하고 있다.

예를 들면, 하나님의 존재에 대한 이성적 논증들, 우주론적 논증, 목적적 논증, 도덕적 논증, 인간론 논증에 대하여 신학적인 면으로 소개를 하지 않은 것으로 보인다. 이는 그가 신학자들을 위한 신학이 아닌 목회자나 신학생 그리고 평신도를 위한 신학적 내용을 제시하였다고 볼 수 있다.

무엇보다 그의 신론은 '성서의 하나님'을 핵심으로 제시하였다는 점에서 그 의의가 있다고 본다. 그는 성서의 말씀에 근거하여 신학을 제시함으로 신학의 권위를 철저히 성서에 두고 있다.

그러므로 비록 신학적 소론에 해당하지만, 하나님의 권위 있는 계시인 성서에 바탕을 둠으로써, 누구든지 그의 신론을 대하는 이마다 성서의 하나님과 직면케 한다는 점에서 그 의의가 크다.

…

제5장

교회

참된 기독교회는 그리스도의 피로 사신 것이고 그리스도께서 교회의 머리이시다.

기독자가 된 여러분이여!
그대들이 속한 하나님의 신령한 집터는 베드로도 아니요 바울도 아니며 칼빈이나 루터나 웨슬레도 아니요 공산주의도 아니요 민주주의도 아니며 근본주의도 아니요 신비주의나 인본주의도 아니며 장로교회나 감리교나 성결교회나 침례교회도 아니요 WCC나 ICCC도 아니다. 참된 기독자들이 속해 있는 하나님의 신령한 집터는 오직 예수 그리스도 자신이다.

오늘날 한국 교회는 어느 때보다도 심각한 위기를 겪고 있다. 교회의 안팎에서 비판과 질타의 대상이 되고 있으며 교회의 존립 기반이 흔들리고 있다.

교회가 급속히 인본주의적이고 세속화되며 신앙과 생활의 이원화, 기복주의, 교회의 외형적 대형화와 개교회주의, 상업주의와 실적주의, 물량주의, 교단 우월주의와 파벌주의, 명분 없는 교파 분열, 대형교회의 세습과 재정 운영의 불투명, 교회의 양극화, 교회 내의 윤리적인 문제, 권위주의적 성직자 중심주의 등의 한국 교회의 심각한 문제점들이 나타나고 있다.

이러한 문제들은 복음의 본질을 잃어버리고 교회의 참된 정체성을 상실한 데서 온다. 이러한 상항 속에서 그리스도의 복음의 증인으로서 오직 복음의 본질에 충실하고 성서에 근거한 올바른 교회를 추구한 강태국의 교회론은 특별한 의미가 있다.

그의 교회론과 관련하여 그의 저서들을 중심으로 하여 교회의 기원, 배경과 계승, 교회의 정의와 특성 등을 살펴본 후, 그의 교회론에 나타난 특징들을 중심으로 살펴보고자 한다.

1. 교회의 설립자

기독교회는 누구에 의해 세워졌는가?
이런 물음에 대하여 강태국은 '성서선교회 신조 및 교회 계승'에서 이렇게 명시하고 있다.

> 기독교회의 설립자는 모든 이름 위에 뛰어난 이름을 얻으신 예수 그리스도이시다(빌 2:9-10)[1]

즉, 교회의 설립자는 예수 그리스도 자신이다. 교회는 인간의 어떤 머리에서 산출된 인간의 집회나 단체도 아니고 예수 그리스도께서 교회의 터가 되고 모퉁이 돌이 되는 것이다.

> 참된 기독교회는 그리스도의 피로 사신 것이고 그리스도께서 교회의 머리이시다.[2]

그리스도로 인하여 세워진 교회는 질투나 분쟁이 있을 수 없고 그리스도께서 기초가 되어 있는 교회는 음부의 권세가 이길 수 없다고 하였다. 그러므로 어떤 경우에도 사람이 교회의 주인이 되어서는 안 된다는

---

[1] 강태국, 『나의 증언』 (서울: 성광문화사, 1988), 223.
[2] 강태국, 『나의 증언』, 223.

점을 강조한다.

강태국은 많은 교회가 예수 그리스도 중심이 아니요, 인간이 그 중심에 되어 있는 것은 현대 교회의 비극이라고 보았다.

> 현대의 교회가 교권주의자들로 인하여 … 그 교회가 그리스도로 인하여 세워지지 않고 인간의 본위로 세워진 까닭이며, 현대의 교회가 질투와 분쟁으로써 사탄의 전당을 이룩한 것은 그 교회의 터가 그리스도가 아니요. 인간의 사상, 인간의 신학, 인간적 교파 인간의 신비적 정신 등에 더하여 있기 때문에, 교회는 불건전하고 불순하며 비성서적인 인간 중심으로 달음질하고 있으니 이는 현대 교회의 비극이다.[3]

따라서 예수 그리스도께서 교회의 창설자이시기에 그리스도의 인도하시는 대로 예수 그리스도의 교회를 세워야 함을 강조한다.

2. 교회의 기원과 계승

1) 교회의 기원

강태국은 교회의 기원을 "기독교회의 역사적 뿌리"[4]에서 아담과 하와가 타락한 직후로 보았다. 하나님은 범죄한 아담과 하와를 멸하시는 대신에 하나님의 공의를 만족하기 위해서 한 짐승을 희생하여(창 3:21) 그 가죽으로 의복을 입히셨는데, 이 짐승은 예수 그리스도를 상징하며 그림자로 보았다.

3　강태국, "초대 교회로 돌아가자(1)", 『성서의 종교』 8권 (서울: 성광문화사, 1988), 15.
4　강태국, "초대 교회로 돌아가자(1)", 11.

이것이 하나님의 공의를 만족하는 유일한 길이요, 영원한 멸망을 받을 수밖에 없는 인류를 향한 하나님의 지극한 사랑의 증거임을 강조하고 있다.

즉, 인류의 죄를 가리기 위하여 생명을 희생하고 그 가죽을 제공한 짐승은 "인류의 생명을 구원하기 위해 십자가 선상에서 갈보리 피를 흘리신 예수 그리스도의 그림자이며 교회의 역사적 배경"[5]이라고 설명하고 있다.

그리고 아벨(창세기 4:3-5)이 짐승의 피를 흘려 하나님께 제사를 드렸을 때, "이 피는 곧 예수 그리스도의 피의 그림자"[6]로 보았다.

2) 교회의 계승

강태국은 교회의 계승[7]에 대해서 설명할 때, 구약 교회, 신약 교회, 예루살렘 교회, 안디옥 교회 그리고 세계 교회로 연결하여 교회의 연속성을 강조하고 있다.

첫째, 노아의 방주와 홍수 심판(창 6:1-5)을 통해 구약 교회의 배경을 설명하고 있다.

노아가 신앙으로 방주를 지어 장래의 홍수 심판을 면하고 구원을 얻은 것은 예수 그리스도의 십자가의 피로서 장래의 심판을 면하고 영원한 나라에 들어갈 교회의 모형으로 보았다.[8]

또한, 창세기 11장의 바벨탑 사건은 "자기를 위하여 준비하려고 하는 인간의 노력이요, 지상에 자기를 확립하고자 하는 인생의 계획"[9]으로서

---

5 강태국, "초대 교회로 돌아가자(1)", 15-16.
6 강태국, "기독교회의 역사적 뿌리", 『성서의 종교』 1권, 17.
7 강태국, 『나의 증언』, 223-24.
8 강태국, "홍수 심판", 『성서의 종교』 1권, 28.
9 강태국, "홍수 심판", 36.

인간의 야망과 교만을 말하는 것인데 반하여 하나님의 교회는 하나님의 섭리와 역사에 따라 예수 그리스도를 중심으로 하고 하나님의 이름을 거룩히 빛내며 하나님께 신령과 진정으로 예배하려고 하는 예수 그리스도를 머리로 하는 각 지체의 연합운동이라는 점을 강조하고 있다.

그리고 창세기 22장에서 아브라함이 시험을 받을 때 믿음으로 이삭을 드리고자 했던 모습은 구약에서 말하는 교회의 참된 예배자의 모습이라고 보았다.[10]

이러한 구약 교회의 역사적 배경에는 참된 신이신 여호와 하나님이 존재하며, 하나님이 이스라엘을 그의 백성으로 삼아, 우상 숭배 하는 이방의 땅에서 불러내시고, 애굽의 노예살이로부터 구출하여 내시고, 언약을 맺으시는 하나님에 근거한다.

둘째, 신약 교회는 예수께서 십자가에 달리시기 전날 밤에 예루살렘 다락방에서 세우신 새 언약에서 시작한다고 보았다. 이 새 언약은 창세기 3:15에서 예언된 것같이 여인의 후손이 예수 그리스도이심을 말한다. 또한, 예레미야 31:31-14에 예언된 것같이 "나는 그들의 하나님이 되고 그들은 내 백성이 될 것이라"는 약속이 성취된 것이 바로 신약 교회라고 보았다.

셋째, 예루살렘 교회의 시작은 예수께서 승천하신 후에 예루살렘 다락방에서 주님의 약속을 기다리며 기도하던 120명의 성도에게 성령이 강림하시므로 이루어진 교회이다.

강태국은 초대 예루살렘 교회는 하나님께 순종하며, 기도와 성령 충만, 전도 그리고 기독교의 근본진리를 수호하는 순수한 교회로 소개하고 있다.

넷째, 안디옥 교회는 성령의 지시를 받은 이들이 바울과 바나바에 안수하고 파송하여 선교를 시작된 교회로 외지 전도의 첫 열매이며 이방인을 중심으로 하는 교회였다.

---

10 강태국, 『성서의 종교』 1권, 19.

다섯째, 세계 교회는 안디옥 교회의 본을 받아 모든 초대 교회의 직간접적으로 선교사를 파송하여 복음을 전하고, 또 교회를 설립하여 세계적인 교회를 이룩하였으니 이것은 예수님의 최후의 지상명령이 실현된 것이라고 보았다.[11]

3. 교회의 필요성

강태국은 "Calvin's View of the Church as the Extension of the Suffering of Christ"에서 교회의 필요성을 로마서 3:21에 근거하여, 인간은 하나님을 알지만 하나님께 영광을 돌리지 아니할 뿐 아니라 감사하지도 않고 마음이 허망하여지고 미련한 마음에 어두워진 것을 주목하였다.

그래서 지혜 있다고 하나 어리석으며 영원한 하나님의 영광을 썩어질 사람의 형상과 온갖 동물의 형상으로 바꾸어 버리는 인간의 무지의 상태로 인해, 인간의 육신적 삶과 비극이 있으며, 인간은 영적으로 목마르고 굶주리고 있다고 보았다.

그러므로 하나님의 섭리 방법 외에는 도무지 이 세상의 비극에서 사람을 구출할 수 없다고 보았다.

칼빈은 이렇게 말했다.

> 우리 속에서 신앙으로 낳아, 키워 가며 그 목표에 이를 수 있도록 외부의 도움이 필요하므로 하나님께서는 이러한 도움의 수단들을 더해 주셔서 우리의 연약함을 보살펴 주시는 것이다. 그리고 복음 전파하는 역사가 흥왕하게 하려고, 하나님은 이 보배를 교회 안에서 간직하셨다.[12]

---

11 강태국, 『나의 증언』, 223-24.
12 존 칼빈, 『기독교 강요』, VI, I. 1.

즉, 인간의 타락한 결과, 우리는 아직 천사들의 단계에 이르지 못하였기에 우리의 생애 전체를 통해서 양육과 지원을 받아야만 하는 존재이다. 이를 위하여 하나님께서는 거룩한 교회를 통해 우리의 연약함을 보살피시는 것이다. 그러므로 우리는 그의 거룩한 교회를 통해서 우리의 연약함을 돌보시는 하나님께 나아갈 수 있다.

4. 교회의 정의

강태국은 교회를 건물이나, 교단이나, 교파가 아닌 기독자로 보았다. 즉, 예수를 믿어 구원받은 그리스도인 자체가 교회이다. 그러므로 강태국에 있어서 교회에 대한 태도라는 것은 믿음의 성도 간에 피차 서로 대하는 것을 의미하는 것이 된다.

또한, 디모데전서 3:14-15에 근거하여 교회를 살아 계신 하나님의 교회라고 정의하였다. 왜냐하면, 살아 계신 하나님이 교회에 임재하시기 때문이다.

교회는 진리의 기둥이며 진리의 터이다. 교회에서 진리가 떠나면 더 이상 교회가 아니며 진리가 떠난 교회는 파멸될 수밖에 없다.[13]

강태국은 구체적으로 교회를 잘 이해하게 하려고 그리스도의 몸으로서의 교회, 신자의 어머니로서 교회, 성도의 교통으로서 교회, 그리스도의 고난의 연장선상으로서 교회 등 크게 네 가지로 설명하고 있다.

1) 그리스도의 몸으로서 교회

교회는 몸과 머리가 따로 떨어질 수 없는 불가분의 관계인 것처럼 그리스도와 교회는 하나이다. 교회의 머리는 그리스도이시다. 머리 되신 그리

---

13 강태국, 『성서강해』 5권, 294.

스도는 교회 안에서 성령을 통하여 일하신다.

> 참된 기독교회는 그리스도의 피로 사신 것이다. 그러므로 예수 그리스도는 교회의 머리요, 교회는 그의 몸이 되었으며 참된 기독자들은 그 지체가 된 것이다. 그러므로 그리스도의 몸 된 교회 안에 파쟁이나 교권 투쟁이 있을 수 없으며, 분열될 수도 없으니 이는 한 몸이기 때문이다. 그러므로 참된 기독교회에 속한 기독자들은 오직 성령의 역사에 의하여 사랑과 평화로써 신령한 열매를 맺기에 힘쓸 것이다.[14]

2) 신자의 어머니로서의 교회

강태국은 가시적인 교회가 신자의 어머니임을 강조하는데, 이는 어머니를 통해서 잉태되지 않고는 생명으로 출생할 수 없기 때문이다. 인간은 어머니를 통해서 태어나고 양육 받고 계속 돌봄을 받을 뿐만 아니라, 교육과 훈련은 인간의 삶이 다할 때까지 지속된다.

인간은 영적으로 배고프며 목마르고 벌거벗은 자이므로, 이러한 약함과 영적 무지에서 벗어나서 성장하기 위해서는 외적도움이 필요한데 이것을 위해서 하나님이 주신 것이 바로 신자의 어머니인 교회이다.[15]

따라서 교회인 어머니의 품을 떠나서는 죄 사함이나 구원에 대한 소망을 가질 수 없다.

> 하나님께서는 이 교회의 품속으로 자녀들을 모이시기를 기뻐하셨는데 이는 그들이 유아와 아동일 동안 교회의 도움과 봉사로 양육받을 뿐만 아니라 어

---

14 강태국, 『나의 증언』, 223.
15 Tai Kook Kang, "Calvin's View of the Church as the Extension of the Suffering of Christ" Th.M. (Columbia Theological Seminary, 1950) 138-139.

머니와 같은 교회의 지도를 받아 성인이 되고, 드디어 믿음의 목적지에 도달하게 하시는 것이다.[16]

3) 성도의 교통으로서 교회

성도의 교통으로서 교회란, 그리스도를 주로 고백하는 성도의 공동체이며, 그리스도 안에서 온전한 교제를 이루는 교회이다. 성도의 공동체는 예수 그리스도의 한 몸에 속한 지체로서 동등한 형제자매들이 된다.

강태국은 사도행전 4:32 말씀이 성도의 교통을 나타낸다고 보았다.

> 믿는 무리가 한 마음과 뜻이 되어 모든 물건을 통용하고 제 재물을 조금이라도 제 것이라 하는 이가 없느니라(행 4:32).

성도의 교통의 중심에는 물질이 아니라 주님이 계신다. 이 성도의 교통의 목적은 하나님께 영광을 돌리는 것이다. 그렇기 때문에 교통의 동기 또한 사람으로부터 나오는 것이 아닌 성령으로부터 나온다고 보았다.[17]

에베소 4:4의 말씀을 통해 성령 안에서 성도와 그리스도는 신비적인 연합체임을 강조한다.

> 몸도 하나이며 성령도 한 분이시니 이와 같이 너희가 부르심의 한 소망 안에서 부르심을 받았느니라(엡 4:4).

즉, 교회는 성령의 거룩함과 하나님의 자녀로서 그리스도와의 신비적인 연합을 통해 이루어진 공동체이다. 따라서 성도 각자가 받은 성령의 은사

16　존 칼빈, 『기독교 강요』 IV. I, 1.
17　Tai Kook Kang, "Calvin's View of the Church as the Extension of the Suffering of Christ" Th.M. (Columbia Theological Seminary , 1950), 137.

를 따라 자발적으로 봉사하고 헌신하는 공동체인 것이다.

4) 그리스도 고난의 연장선상으로서의 교회

강태국은 교회를 그리스도의 몸으로서 고난의 연장선상에서 이해하였다. 거룩하고 보편적인 교회는 가시적인 지상 교회와 하나님의 택정함을 입은 모든 산 자와 죽은 자를 포함하는 것이다.

가시적인 교회는 사탄의 박해 아래 놓여 있는데 그 이유는 사탄의 첫째 목적이 교회를 파멸시키는 것이기 때문이다. 하지만 사탄의 박해 아래 놓여 교회가 때로는 사망의 음침한 골짜기를 지난다 할지라도, 주님이 교회와 함께하시며, 지키시고, 보호하시고, 그의 지팡이와 막대기로 위로하신다.

비록 사탄이 교회를 무너뜨리려고 모든 노력을 다한다 하더라도, 교회는 무너질 수 없다. 교회는 그리스도의 고난 연장선상에 있지만 사탄이 교회를 무너뜨릴 수 없는 이유는 어느 것도 교회를 무너뜨릴 수 없다. 그리스도께서 십자가의 죽으심으로 하나님께서 그의 교회를 보존하시기 때문이다.[18]

강태국은 교회의 기초는 예수 그리스도의 십자가에 있음을 강조한다. 기독교는 그리스도의 십자가가 핵심이다. 예수 그리스도의 참된 제자의 표시는 자기를 부인하고 자기 십자가를 지고 예수를 따르는 것이다.

---

18 Tai Kook Kang, "Calvin's View of the Church as the Extension of the Suffering of Christ" Th.M. (Columbia Theological Seminary, 1950), 135-36.

5. 교회의 속성

1) 교회의 거룩성

강태국은 왜 교회가 거룩해야 하는가에 대한 답변으로 에베소서 5:25-27에 근거하여 설명한다.

> 예수 그리스도는 자기 자신이 십자가에 달리심으로 속죄의 구령사업을 성취하셨고, 그를 믿는 교회를 물로 씻은 세례와 하나님의 의(義)의 복음의 말씀으로서 깨끗하게 하고 거룩하게 구별하사 티나 주름 잡힌 것이 없는 교회를 이룩하여 자신 앞에 서게 하셨다.[19]

즉, 그리스도께서 우리를 위하여 십자가에서 속죄하시므로 그리스도 안에서 객관적으로 거룩하여졌다. 그리스도께서 성취하신 중보적인 의(義)가 성령을 통해 기독자에게 전가(imputed)되므로 성부께서 의인으로 선포해 주신다. 그러므로 그리스도인은 성도라 부르심을 받는다.

또한, 주관적인 의미에서 기독교인은 실제적인 죄를 떠나 성별되며 하나님의 형상을 닮아 가는 존재가 되는 것이다.

강태국은 칼빈의 글을 인용하여 이렇게 말했다.

> 교회는 아직 완전하지 못하다. 교회는 매일 전진하지만, 아직 완전하지는 못하다는 의미에서 거룩하다. 즉, 매일매일 전진하지만 거룩이라는 목표에는 도달하지 못한다.

---

19   강태국, 『성서강해』 2권, 257.

하나님은 오직 거룩한 교회, 거룩한 시온산, 거룩한 예루살렘, 거룩한 성전, 그리고 살아 있는 하나님 백성들의 마음에 거하신다. 그리고 "내가 나의 택한 자와 언약을 맺으며" 또한, "내가 네 자손을 영원히 견고히 하며 내 위를 대대에 세우리라"고 하신 말씀을 통해 하나님은 그의 자녀들을 거룩하게 세우실 것을 말씀하신다.

그러므로 우리가 거룩함을 완전히 획득하지 못하였다 하더라도 하나님의 거룩한 속성, 순결함, 완전한 거룩함을 위해 마음을 다해 열망해야 한다.[20]

반면에 강태국은 구약 교회에 속한 이스라엘 백성들이 극도의 타락상을 보인 것도 사실이라는 점을 인정하였다. 그 타락은 모든 백성뿐만 아니라 제사장과 방백들에까지 미쳤음을 강조한다. 그럼에도 선지자들이 이러한 사유 때문에 그들이 새로운 교회를 일으키거나 구분된 새 제물을 드리기 위한 새로운 제단을 쌓지는 않았다. 오히려 하나님은 이스라엘에 그분의 말씀을 맡기고 제사의식을 세워 그를 통해 예배를 받으셨다는 점을 강조한다.

또한, 예수께서도 성전에서 말씀을 증거하셨다. 이것은 근본적으로 교회는 그리스도 안에서 객관적으로 거룩하여지고 원리에서 주관적으로 거룩하다고 간주하기 때문이다.

2) 교회의 일치성

교회의 일치성이란 본질에서 교회가 하나임을 말한다. 강태국은 신앙으로 말미암아 그리스도 안에서 연결된 모든 성도는 인종적 차별이나 사회적 성별적 구별이 없이 나누어지지 않고 하나의 교회로만 존재한다. 교회의 머리로서 그리스도를 중심으로 하여 모든 성도는 그리스도의 지체로 구성되어 동일한 성령 안에서 한 몸을 이루고 있다.

20　Tai Kook Kang, "Calvin's View of the Church as the Extenstion of the Suffering of Christ" Th.M. (Columbia Theological Seminary , 1950) 138-139.

에베소서 4:4-6 강해를 통해 교회의 원리 원칙은 일치, 즉 하나 되는 것임을 강조하는 데, 그 이유는 "몸이 하나요, 성령이 하나이다"에서 몸은 교회를 말하는 것이기 때문이다.

교회는 그리스도의 몸이고 그리스도는 교회의 머리이므로 머리와 몸이 떨어질 수 없는 것처럼 그리스도와 교회는 떨어질 수 없다. 따라서 모든 그리스도인은 유대인이나 이방인이나 차별 없이 그리스도 안에서 한 소망으로 부르심을 받은 자들이다.

그러므로 강태국은 이렇게 주장한다.

> 그리스도를 머리로 하는 한, 그 몸 된 교회는 일치이며 생명이다. 일치가 없는 곳에 교회는 존재할 수가 없다. 모든 기독자는 그리스도의 몸 된 교회의 지체들이다. 그러므로 모든 기독자는 그리스도를 머리로 한 몸 된 교회에 일치해야 할 것이다.[21]

강태국은 그리스도의 몸된 교회는 그리스도에 대한 신앙의 일치와 그리스도에게 대한 지식의 일치에 있다고 보았다. 그리스도에 대한 신앙의 일치란 "마음이 하나 되어 그리스도 예수를 전적으로 신뢰하는"[22] 것이며, 그리스도에 대한 지식의 일치란 "그리스도의 본질과 사명 및 교회에 대한 관계 등에 해당 지식과 그 이해의 일치를 말하는"[23] 것이다.

강태국은 교회에 속한 중생한 그리스도인은 그리스도의 몸의 지체로서 그리스도의 신비한 몸의 일치성을 이루고 있음을 강조한다. 성도가 그리스도와의 신비적인 연합을 통해 머리에서 온몸의 지체가 서로 연결되어

---

21 강태국, 『성서강해』 7권, 117.
22 강태국, 『성서강해』 2권, 243.
23 강태국, 『성서강해』 2권, 243. 강태국은 오늘날 인본주의적 에큐메니칼운동은 그리스도에 대한 신앙과 지식의 일치가 아닌 다만 사업의 일치를 위한 전체주의운동이므로, 비성서적이고 비신앙적인 운동이라고 보았다.

있어 온전한 몸을 이루어 교회를 구성한다.

따라서 각 성도들은 각각 개성은 다르지만, 실상은 그리스도 안에서 서로 연결되어 각각 주어진 책임을 이행함으로써 완전한 교회를 이룩하게 된다.

> 교회는 그리스도의 몸으로서 그 몸에는 여러 가지 지체가 있다. 어떠한 지체는 손이나 눈의 역할을 하는 지체도 있고 또한, 발이나 손의 역할을 하는 지체도 있다. 그러므로 몸의 지체가 다양하나 그 몸 된 교회에서 떠날 수 없기에 교회 안에서도 불평등하게 주시어서 강한 자가 약한 자를 도와주며 애호하여 섬기는 거기에 유기적인 생명이 약동케 하시나니 이러한 상호부조에 의해서 비로소 신의 섭리가 나타나고 신의 지혜가 나타난다. 이것이 하나님이 바라시는 기독자의 조화요 일치이다.
> 교회에는 각계각층의 사람이 있는가 하면 각양각색으로 생활환경이 다른 이들도 있고 사색과 사상이 다른 이들도 허다하다. 그중에서 신앙이 약한 이도 있고 사고방식이 박약한 자도 있다. 그러한 기독자들은 이러한 사람들을 더욱 협조하며 애호하기를 한 지체와 같이할 것이다.[24]

모든 기독자는 한 피 받아 한 몸 이룬 교회 그 자체요 그리스도의 몸이므로, 영적으로 피가 통하고 생명이 하나처럼 약동하는 것이라고 보았다.

> 이 영적 생명이 약동하고 있는 동안 기독자 한 개인의 영광은 전 교회의 영광이 되고 한 기독자의 상처는 온 교회의 고통이 되는 것이다. 그러므로 한 피 받아 한 몸을 이룬 기독자는 아무도 그리스도의 몸을 이룩한 그 교회에서 떨어질 수가 없다.[25]

---

24 강태국, 『성서강해』 7권, 119.
25 강태국, 『성서강해』 7권, 120.

이러한 이유로 기독자는 서로 돕고, 서로 사랑하며, 서로 보호해야 하는 것이 마땅하다.

6. 교회의 표지

강태국은 하나님의 택하심을 입은 사람들이 예수 그리스도의 참된 지체로서 하나님의 은혜로 하나님의 자녀가 되고, 성령으로 거룩함을 입은 자들로 구성되었으므로 참된 교회의 표시가 있다고 보았다.

그러면 참된 교회의 표시는 무엇을 통해서 알 수 있는가?

첫째, 교회의 표지는 하나님 말씀의 올바른 선포가 있고 그 말씀을 참으로 듣는 데 있다.

강태국은 그리스도인은 누가 교회에 속한 자이며 또는 누가 아닌지 구별하는 능력을 허락받지 못하였다 하더라도, 하나님의 말씀이 순전히 전파되고 순전히 경청하는 곳에 교회가 존재한다고 보았다.

둘째, 바른 성례의 시행이 있는 곳에 하나님의 교회가 있다.

강태국은 그리스도께서 제정하신 성례가 바르게 시행되는 곳에 그리스도와 영적 교제를 가질 수 있게 한다고 보았다. 성찬은 주의 죽으심의 표증으로서, 그리스도의 희생을 기념하며, 예수 그리스도의 은혜를 받게 하고, 기독자의 신앙을 유지하게 함으로써 살아 계신 하나님께 더 가까이 나갈 수 있게 하며,[26] 세례는 우리의 중생과 하나님의 자녀로서의 신생에 들어감을 공포하는 성례로서 사람들 앞에 하나님을 믿는 신앙을 증거하는 것이다.[27]

---

26 강태국, 『성서의 종교』 4권, 82-83.
27 강태국, 『성서강해』 1권, 7.

이상에서 살펴본 것처럼 강태국의 교회론은 개혁주의 교회론에 바탕을 두고 있으며, 이러한 그의 교회론의 전개는 그의 신학적 배경과 일치한다.

7. 강태국의 교회론 특징

강태국은 한국 교회의 원로로서 한국 교회에 많은 것을 남겨 주었다. 목회자로서 여러 교회를 개척하고 목양하였으며, 교육자로서 복음의 일꾼을 양성하고, 저술가로서 많은 신학 서적을 기술하였다. 그러나 무엇보다 한국 교회 발전에 큰 영향을 남긴 것은 경건한 신앙운동, 민족복음화운동 그리고 초교파 독립교회운동이라고 할 수 있다.

그가 남긴 교회론의 특징을 살펴본다면 다음과 같다.

1) 성서 중심의 교회

강태국은 그리스도인의 신앙과 생활의 표준에 있어서 성서만이 유일하고 절대적인 권위가 있다고 보았다. 그리고 성서의 권위를 교회에 예속시키는 가톨릭이나, 성서 외에 인간의 내적 광명 즉 그리스도인의 마음속에 말씀하시는 성령의 말씀을 시인하는 재침례파 교회의 사상을 배격한다.

강태국은 이렇게 고백한다.

> 종교개혁자들이 취한 태도를 나의 태도로 하여 '모든 성경은 하나님의 감동으로 된 것으로 교훈과 책망과 바르게 함과 의로 교육하기에 유익하니 이는 하나님의 사람으로 온전케 하며 모든 선한 일을 행하기에 온전케 하려 함이니라' 하신 말씀을 그대로 믿고 전한다.[28]

---

[28] 강태국, 『성서의 종교』 2권, 412.

그는 성서에 입각하여 성서의 진리를 그대로 전파하는 것이 교회의 목적으로 보았다.[29]

교회로서의 기독자는 성서를 영의 양식으로 삼고 또한 남에게 전파하며, 성서를 통하여 하나님께 나아가고, 또한 하나님의 계시이며 영감으로 기록된 그 말씀인 성서를 주야로 묵상하며 실천하는 자라고 보았다.[30]

참된 교회의 회복은 오직 성서 말씀의 바른 선포를 통해 이루어진다고 보았다. 이에 대하여 김현광은 다음과 같이 기술한다.

> 설교자로서 강태국은 성경의 영감과 무오에 대한 그의 확신을 바탕으로 하여 성경적 설교의 중요성을 매우 강조했다.[31]

강태국은 말씀을 바르게 전파하므로 올바른 교회가 될 수 있다고 하였다. 오늘날 한국 교계에 광신적이거나 미신적 신앙의 소유자가 많은 이유는 설교자가 성서에 기초둔 설교를 하지 않았기 때문이라고 비판한다.

또한, 비성서적인 예화 중심이나 흥미 본위의 설교는 사람의 시선을 집중케 할 수는 있으나 바른 신앙으로 이끌지 못한다고 보았다. 그러므로 강태국은 성서 말씀의 바른 선포가 예수 그리스도 안에서 믿음을 통하여 구원의 자리에 이르게 하는 지혜를 갖게 하고, 사람의 마음을 변화시켜 새 마음을 갖게 한다고 보았다.

---

29 강태국이 설립한 기관들인 한국성서대학교, 중앙성서교회, 성서선교회 그리고 신구약 66권 성서를 강해한 강태국, 『성서강해』, 그의 설교집인 『성서의 종교』 등에서 '성서'라는 글자를 명시하고 있는데, 그 이유는 성서에 입각하여 성서의 진리를 가감없이 그대로 전하는 것이 바로 교회의 목적이기 때문이다.
30 강태국, 『성서의 종교』 2권, 412-13.
31 김현광, "강태국 박사의 목회서신 강해가 주는 목회적, 실천적 교훈", 『개혁논총 논문집』 제19권, 89.

2) 복음 전파하는 교회

강태국은 교회의 본질적인 사명이 예수 그리스도의 복음 전파임을 강조한다. 즉, 그리스도를 믿지 아니하는 세계 인류는 영적 기갈을 당하고 있고 무거운 죄의 짐을 지고 그 죄의 멍에 아래서 신음하고 있기에 교회는 기쁜 소식인 예수 그리스도의 복음 전파를 위해서 헌신해야 한다. 이러한 복음 전파의 사명의식은 그가 세운 한국성서대학교의 학훈에서도 드러난다.

"영원히 거두려거던 복음을 심으라"라는 학훈을 통해서 보여 주듯이 강태국은 복음을 전파하는 것이 교회의 가장 중요한 사명이라는 것을 분명히 하고 있다.

그는 한국 기독교의 역사가 외국 선교사에 의해 시작되고 확장된 것을 보고, 한국인에 의한 독자적인 복음화운동에 대해 갈망했으며, 이를 실천하기 위해서 구체적인 계획을 세우고 1934년을 기점으로 하여 제1차 전국복음화운동을 펼쳤으며, 이를 실현하기 위해서 복음농도원, 용인 복음농민전수학교, 조치원 숭신고등농민학교를 설립하였고, 성서선교회를 통해 여러 교회를 개척하였다.[32]

그는 전국복음화운동을 위해 농촌 계몽과 더불어 복음 전파를 통한 그리스도의 증인된 삶을 일관성 있게 강조하였고, 자신의 전 생애를 통해 삶으로 그것을 증거하였다.

> 기독자들이여 오늘날 이 민족이 시급하게 요구하는 것이 무엇인가?

---

32 '성서선교회'를 설립한 목적이 선교사를 파송하여 전도함에 있었다. 안디옥 교회가 성령의 지시를 받아 안수하고 파송하여 전도하며 개척한 것처럼 강태국은 신학교를 졸업생 중에 성령이 원하시는 사람에게 파송하여 전도하고 교회를 개척케 하는 데 그 목적이 있다. 선교회는 독립교회를 지향하며 교권이나 교파적인 차별을 없는 것을 특징으로 하였다.

> 이 민족이 요구하는 것은 복음의 증인이다. 자기 안일과 약략과 세속적인 현실에 급급한 이기주의적 기독자가 아니요 감람나무처럼 그 열매가 바스러져서 기름을 내고 그 기름으로써 불을 켜서 겨레의 가슴속에 영원한 광명의 불을 켜 주는 진리의 등대로서의 복음의 증인을 요구한다.[33]

그는 또한 이러한 복음 전파는 목회자에게만 주어진 것이 아닌 모든 그리스도인이 복음 전도자로서 삶을 살 것을 강조한다. 그리고 이 복음이 전파되는 것을 아무도 막을 수가 없으며 이러한 복음이 하나님의 능력에 의해서 전파된다고 보았다. '성서선교회'를 설립한 목적이 선교사를 파송하여 복음을 전파하는 것이다.

안디옥 교회가 성령의 지시를 받아 안수하고 파송하여 전도하며 개척한 것처럼, 강태국은 신학교 졸업생 중에 성령이 원하시는 사람을 지역에 파송하여 전도하고 교회를 개척케 하여 복음을 전파하고자 하였다.

3) 초교파적 독립 교회관

강태국은 교단이나 교파를 부정하지 않았다. 앞에서 살펴본 대로 그는 장로교회에 소속했었다. 그러나 국내에서 교단이 분열되어 나갈 때 그는 교권과 교단에 얽매이지 않고 "순수한 복음적인 교회"[34]를 전국에 세워 우리 민족을 복음화하는 것을 목표로 하였기에 교파를 초월하여 활동하였다.

그가 일생 추구한 전국 복음화를 위한 '천국운동 50년 계획'에서 나타난 것처럼 지상 교회의 교파나 교권보다는 예수 그리스도 중심의 하나님 나라를 세우고자 하였다.

---

33 강태국, "복음의 증인", 『성서의 종교』 4권, 263.
34 강태국, 『나의 증언』 167.

> 기독자가 된 여러분이여!
> 그대들이 속한 하나님의 신령한 집터는 베드로도 아니요. 바울도 아니며 칼빈이나 루터나 웨슬레도 아니요. 공산주의도 아니요. 민주주의도 아니며 근본주의도 아니요 신비주의나 인본주의도 아니며 장로교회나 감리교나 성결교회나 침례교회도 아니요. WCC나 ICCC도 아니다. 참된 기독자들이 속해 있는 하나님의 신령한 집터는 오직 예수 그리스도 자신이다.[35]

강태국은 오늘날 많은 교회가 교파와 교권의 노예가 되어 있는 현실을 목도하면서 그리스도께서는 교파를 세우신 일도 없고 교권을 행사하신 일도 없다는 점을 강조한다. 그는 교회란 언제나 그리스도를 중심으로 하고 그리스도에게 복종하며 그리스도를 위하여 있어야 함을 강조한다.

이러한 그리스도 중심적 교회, 하나님의 나라를 실현하기 위하여 한국성서대학교를 비롯하여 중앙성서교회, 한국성서선교회 등을 설립하였다.

그리고 역사적 기독교 신앙의 근본적인 진리들, 즉 신구약 성서가 하나님의 영감된 정확무오한 말씀이며, 예수 그리스도의 성육신, 동정녀 탄생, 예수 그리스도의 대속적 속죄, 육체적 부활과 영광스런 승천, 및 재림, 성령의 거듭나게 하심으로 말미암은 중생, 성도들의 부활과 영생을 믿는 교단이나 교파와는 늘 함께하였다.

실제 미국을 순회하면서 전도한 일정표를 보면 장로교단, 독립교단, 회중교회, 감리교, 침례교, 초교파적 단체를 아우르는 활동을 하였다.[36]

---

35 강태국, "기독자란 무엇인가", 『성서의 종교』 5권, 19.
36 강태국, 『성서의 종교』 5권, 253-267. 그의 전도 여행표를 보면 장로교단 (Piedment Presbytery Young Conference, Atlanta Presbytery, Pee Dee Presbytery, Winston-Salem Presbytery, Bible Presbyterian Church, East Ridge Presbyterian Church), 독립교단(Community Bible Church, Gibson City Bible Church, Trinity Seminary and Bible College, Mountain Home Bible Church) 회중교회(Congregational Christian Church) 침례교단 (Calvary Baptist Church, First Baptist Church, Woodland Baptist Church, Bible Baptist Church), 감리교단(Jacobs Creek Methodist Church, Central Methodist Church), 초교파적 단체(Youth for Christ at YMCA, Carolina Baptist Fellowship) 등을 포함하는 초교파

이러한 그의 초교파적 목회관을 "성서의 가르침에 충실한 교회, 교파 투쟁과 교권주의를 배격하는 교회, 주님의 십자가만을 중심으로 하는 교회"라고 요약한 것은 적절하다고 본다.

4) 그리스도의 고난에 동참하는 교회

강태국은 하나님의 교회로서의 기독자의 정로가 자기를 부인하고 하나님이 자신의 주인임을 고백하는 삶이라고 보았다. 그는 다음과 같이 강조한다.

> 우리는 우리의 것이 아니고 하나님의 것이다. 그러므로 우리의 목적, 희망, 비전, 행동이 우리를 주장하도록 해서는 안 되는 것이다. 우리는 우리의 것이 아니다. 그러므로 우리의 죄악 된 육체에 편리한 것을 목표로 삼고 그것을 추구해서는 안 된다.[37]

그래서 우리 자신의 뜻이 아니라 주님의 뜻을 구하며 주님을 영화롭게 하는 일념으로 행동해야 함을 주장하였다.

강태국은 예수를 따르려는 자는 마땅히 예수와 동일한 태도를 취하여 동일한 운명에 봉착할 것을 각오해야 할 뿐만 아니라 자기의 모든 욕망을 지속하면서 예수의 제자가 될 수 없기에 자기를 부정하여야 한다.

그리스도의 고난에 동참하지 않는 사람은 엄밀한 의미에서 참된 교회에 속한 그리스도인의 바른 삶이 아니라고 보았다. 왜냐하면, 참된 기독교회는 진정한 의미에서 그리스도 고난의 연장선상에 있기 때문이다.

적 사역을 하였다.
37 Calvin's view, 156. 재인용, 『기독교 강요』, III. 7. 1.

마음이 이 세상의 편안함과 지위와 부를 바라본다면, 그는 사람의 생명이 되신 그리스도를 보는 마음을 잃게 될 것이다. 그러므로 이 세상을 사는 목적이 단순히 이 세상의 생명, 이 세상의 보화 등일 때는 그는 참된 생명을 잃게 될 것이다.[38]

그리스도인의 삶은 자기를 부정하고 자기 십자가를 지고 난 다음에야 온전히 주님을 따라갈 수 있다고 보았다.[39] 예수 그리스도께서 제자들에게 자신의 고난을 것을 말씀하신 것처럼, 예수님을 따르는 신자들도 예수님과 함께 이 땅에서 그리스도를 따르는 삶이 그리스도의 고난에 동참하는 것이다.

이제 우리의 신앙생활을 검토하자.
우리가 과연 우리 자체를 포기하고 주어진 십자가, 즉 죽음을 향하여 돌진하고 있는가?
현대의 기독자들에게 주어진 커다란 비극이 있으니 이는 곧 하늘나라에 계신 예수를 바라보는 것이다. 우리는 하나님 우편에 앉아 계신 주님을 바라보기 전에 먼저 갈보리 언덕 십자가상에 달리신 주님을 바라보아야 할 것이다. 그리고 그 십자가상에 달리신 주님의 발자국을 따라 자기를 부정하고 주어진 십자가를 지고 가야 할 것이다.[40]

---

[38] Calvin's view, 83.
[39] 예를 들면, 『성서의 종교』 1-8권에 나타난 설교를 분석해 볼 때 "자기를 부정하고 자기 십자가를 지고 나를 따르라"고 하는 예수 그리스도의 말씀을 중심하여 선포되었음을 볼 수 있다. 예를 들면, 『성서의 종교』 '잎사귀 편'에서 "나를 따라 오려거든"(19편), "네 자신을 부정하라"(40편), "주어진 십자가를 지고"(37편), "나를 따르라"(40편) 등 229편의 설교 중 무려 140 편이 그리스도의 증인으로 사는 자의 삶을 원리를 설교하고 있다.
[40] 강태국, 『성서강해』 2권, 93.

강태국은 성도가 예수 그리스도를 믿는 믿음 가운데 그리스도를 위해서 자기를 부인하는 삶이야말로 가장 위대하고 거룩한 자기희생이요, 예수 그리스도의 십자가의 영광을 반영하는 영광과 아름다움이 드러나는 것이라고 보았다.

8. 나가는 말

일립 강태국은 분열을 거듭하면서 싸우는 교파의 노예가 되는 것을 원하지 아니하였다. 그는 교파의 소속이나 교회의 의식이나 학설이 성서의 가르침보다 앞설 수 없다고 보았다.

그는 성서적 독립교회를 개척해서 교권 투쟁과 분열이 없는 순수한 복음적인 교회를 이 땅에 세워 하나님께 영광을 돌리고자 하였다.

강태국은 교회의 순수성을 지키기 위하여 신사참배를 반대하였고 교파나 교권에 흔들리지 않는 성서적 신학에 근거한 바른 교회를 추구하였으며, 성서선교회를 창설하여 복음 전도와 교회를 개척함으로써 한반도의 복음화를 위하여 사역하며 초교파적 목회관을 실천하여 한국 교회에 기여하였다.

제3부

♦♦♦

일립(一粒) 강태국의 실천사상

제6장 ◆ 기도

제7장 ◆ 노동

제8장 ◆ 봉사

제9장 ◆ 애국사상과 민족복음화운동

제6장

기도

기도란 호흡이요 생활이요 생명이다. 호흡이 끊어질 때 생명이 끊어지는 것처럼 기독자에게 있어서 기도가 끊어질 때 하나님과의 교통이 끊어진다. 하나님과의 교통이 끊어진다는 말은 곧 영적 사망을 의미하는 것이다.

기도하는 자는 "무엇이든지 기도하고 구하는 것은 받은 줄로 믿으라 그리하면 너희에게 그대로 되리라"는 말씀대로 해야 한다. 무엇이든지 예수님의 이름으로 구하면 하나님이 주시리라고 확신하는 이 기도는 진실로 신앙과 신뢰의 극치이다.

원수들을 위하여 드리는 기도야말로 모든 기도 가운데 가장 고귀한 극치의 기도이다.

기도에 관하여 뛰어난 연구를 한 자크 엘룰(Jacquew Ellul)은 자신의 책 『기도와 현대인』(*Prayer and Modern Man*)에서 자기 자신에 대한 고백을 다음과 같이 하고 있다.

> 우리 시대 사람은 어떻게 기도해야 하는지 알지 못한다. 그보다 더 심각한 것은 기도에 대한 욕구나 필요성을 지니지 않고 있다는 점이다. 나는 그런 사람 하나를 알고 있다. 나는 그를 잘 알고 있다. 그는 바로 나 자신이다.[1]

1　Jaceques Ellul, *Prayer and Modern Man*, trasn. C. Edward Hopkin (New York: The Seabury

이러한 그의 고백은 마치 거울 앞에서 선 부끄러운 우리 자신을 보는 것 같은 느낌이 들게 한다. 기도가 사라지고 있다는 그의 비판과 분석은 현대인의 심각한 기도의 현주소를 잘 지적하고 있다고 본다.

이와 관련하여 조지아 하크니스(Georgia Harkness)는 그의 저서 『기도와 일상생활』(Prayer and Common Life)에서 현대인의 가장 무서운 장애는 기도의 필요성을 인식하지 못함이라고 말하고 있다.[2]

그 이유는 현대인들이 사업, 집안일, 개인 생활에 시달려 영적 생활보다는 세속적인 생활의 긴급한 요청에 굴복하고 있기 때문이라고 보았다.

건강하고 사회적 지위와 경제적 안정을 가진 사람들은 하나님으로부터 어떤 도움이 필요하다는 것을 심각하게 인식하지 못하고 자기 충족(self-sufficiency)의 늪에 빠져 외식과 교만의 태도를 보인다고 보았다. 사회적으로는 현대인이 조용한 곳을 찾을 수 없는 분주하고 복잡한 생활의 연속이 기도 생활에 장애가 된다고 보았다.

그뿐만 아니라 또한, 기도에 관하여 연구한 박은규 박사는 『기도의 신학과 생활』에서 한국의 상황에 나타나는 기도의 문제점을 다음과 같이 제시하고 있다.[3]

먼저 신자들은 열심히 기도하고 있으나 기도 생활의 큰 문제 중의 하나는 그들의 이기심이며, 영적인 부분보다는 물질적인 면에 더 관심이 많다는 것이다. 그리고 믿음이 없이 중언부언하는 기도를 하고, 성령의 감동으로 기도하기보다는 자기를 과시하는 기도를 하고 있으며, 성 삼위일체 하나님께 인격적으로 기도하지 않고 알지 못하는 신에게 마음을 바치고 정성을 들이는 것이다.

Press, 1970), vi. 박은규, 『기도의 신학과 생활』 (대한기독교서회, 1999), 33 재인용.
2   Georgia Harkness, *Prayer and the Common Life* (New York and Nashville : Abingdon Press, 1948), 28.
3   박은규, 『기도의 신학과 생활』, 39-42.

또 참고 기다리는 태도 없이 기도의 응답을 성급하게 구하며, 책임적 자아의 확립과 윤리적 결단이 결여된 채 자기중심적인 기도와 하나님과 생생한 영적 교제를 기대하지 않은 채 형식적이고 타성에 젖어 기도하고 있으며, 자신의 죄성과 도덕적인 유한성을 망각하고 외식적 또는 독선적인 태도로 기도한다는 점이다. 그리고 지나치게 과열된 감정과 흥분에 싸여 광신적인 기도를 드린다는 것이다.

즉, 기도의 본질을 충분히 이해하지 못하고 성서적 기도에 대한 훈련이 부족하다고 지적한 것은 전적으로 공감할 수 있는 내용이라고 본다. 이와 같은 기도의 문제점을 볼 때 기독교인에게 시급한 일이 있다면 성서적인 기도를 회복하는 길이다.

이러한 측면에서 볼 때 강태국의 기도론을 연구하는 것은 의미 있는 일이라고 여겨진다. 왜냐하면, 강태국 강태국은 복음 전파를 위해서 많은 지도자와 학자를 배출한 교육자요, 초교파적 독립교회 목회관을 제시한 목회자 이전에 성서에 바탕을 둔 기도의 사람이었기 때문이다.

그는 기도함으로써 하루를 시작하였으며 평생 기도하기를 멈추지 아니한 삶으로서 그리스도인의 참 기도와 경건의 삶을 보여 주었다.

그는 기도를 통해 하나님 아버지와 인격적인 사귐을 갖고 하나님의 뜻을 이루어 나갔으며, 자기 자신의 영달을 위하지 않고 오직 주의 영광을 드러내기 위해 살았고, 기도를 통해 이 땅에서 생명력 있는 복음 전도자의 삶을 살았다.

이처럼 강태국에 있어서 기도는 중요한 관심의 대상이었으며 하나님께 기도함으로 하나님의 능력을 받아 하나님이 그에게 허락한 소명을 감당하였기에 오늘날 한국 교회에 귀한 모델이 된다고 생각한다.

기도에 관한 강태국의 가르침의 중요성은 먼저, 강태국의 대표적인 저서인 『성서강해』에 나타나 있다. 『성서강해』는 1940년 만주에서 목회생활을 할 때부터 집필하였으며 37년에 걸쳐 완성된 성서강해서이다.

강태국이 12권의 『성서강해』를 기록한 목적은 오직 조국 복음화와 가정 복음화였으며, 특히, 가정예배를 통해 기도와 성서를 읽는 은혜의 생활을 하기 위함이었다.

강태국은 『성서강해』에서 기도에 관하여 종합적이며 체계적으로 저술하지는 않았으나 성서 본문을 중심으로 성서 강해(Biblical Exposition)를 통해 기도에 관하여 서술하고 있다. 이를 통해 기도가 그리스도의 삶에 얼마나 중요한 것인지를 제시하고 있다.

첫째, 『성서강해』 1권에서 마태복음(5:44, 6:5-13, 31-34, 7:7-12, 11:25-27, 18:18-20, 20:20-23, 21:12-13, 18-22, 24:20, 26:53, 27:46), 2권에서 마가복음(9:16-29, 10:35-40, 11:15-18, 23-25, 12:40, 13:18, 15:34), 3권에서 누가복음(6:28, 10:21-24, 11:2-13, 12:29-31, 18:1-14, 19:46, 20:47, 21:36), 그리고 4권에서 요한복음(14:13-14, 15:16, 16:23-27)을 통해 기도를 취급하고 있고, 그 외 바울서신과 공동서신에 나타난 기도 등을 중요하게 다루고 있다.

둘째, 기도에 관한 부분을 다루고 있는 저서는 1984년에 강태국이 50년간 목회를 하면서 설교하였던 설교 원고를 간추려 집대성한 『성서의 종교』이다.

『성서의 종교』 3권에서는 "깨어 있으라", "구하라, 찾으라, 두드리라", "기도의 교훈", "너를 위하여 먼저 구할 것은 무엇인가" 등의 설교 제목을 통해 하나님 앞에서 참된 기도를 강조하였다.

4권에서는 "기도하는 마음으로"에서 자신과 교회와 조국과 인류 평화를 위해 기도할 것을 강조한다.

6권 "기독자의 생활 3대 요소"에서는 기도의 정의를 다루고 있다.

7권 "다윗의 기도를 배우자"에서는 송축과 감사와 회개에 대한 기도를 가르치고 있다.

> 구하라 그리하면 너희에게 주실 것이요
> 찾으라 그리하면 찾아낼 것이요
> 문을 두드리라 그리하면 너희에게 열릴 것이니
>
> 마태복음 7:7

셋째, 강태국이 1988년에 출판한 강태국, 『나의 증언』에서 실제적인 다수의 기도가 포함되어 있다(p. 13-14, 19-23, 65-67, 79-86, 231-240).

강태국, 『나의 증언』에 나타난 그의 기도는 삶의 구체적인 현실 속에서 그가 실제로 기도했던 내용들과 응답을 기록하고 있다.

또한, 1956년에 강태국이 기독교인의 일상생활에서의 기도의 중요성을 생각하면서 존 베일리(John Baillie)의 『기도 수첩』[4]을 번역하여 한국 교회에 보급함으로서 많은 기독교인의 경건한 삶에 영향을 끼쳤다.

이처럼 강태국은 기도를 강조하였으며 기독교인은 곧 기도하는 사람임을 강조하였다. 그리고 그는 믿음과 하나님의 말씀에 근거하여 기독교인으로서 어떠한 기도의 삶을 살아야 하는가를 보여 준다.

본 연구는 강태국의 일차적 저서를 통해 강태국이 제시한 기도의 정의, 기도의 근거와 필요성, 기도의 대상, 기도의 목적과 내용, 기도의 자세 그리고 강태국의 기도 실례 등을 알아보고 강태국의 기도 특징을 결론에서 살펴보고자 한다.

---

4 존 베일리, 『기도 수첩』, 강태국 역 (대한기독교서회, 1956). 이 책은 한 달을 주기로 하고 있으며, 아침과 저녁에 기도할 수 있도록 실례적인 기도를 수록하고 있어 한국 교회 동역자들에게 도움이 된 책이다.

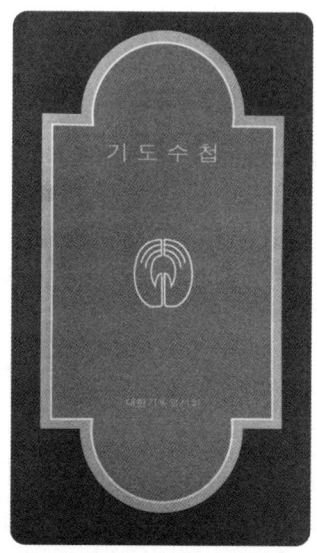

강태국이 번역한 존 베일리(John Baillie)의 『기도 수첩』.
1965년에 초판이 나온 이래 초판 31쇄까지 출판될 정도로 한국 교회 성도들의 호응이 컸다.

1. 기도의 정의

강태국은 먼저 "기도는 인간의 본능적인 요구"라고 보았다.[5] 이 세상에 태어난 모든 사람은 본능적으로 어떤 절대자에게 무엇을 요구하는 생각이 본능적으로 주어졌다.[6]

즉, 아무리 무신론자라 할지라도 또는 종교적인 숭배의 대상이 다를지라도 자신의 능력이 닿지 못하는 것을 당할 때에 자기보다 나은 이상적인 절대자에게 부르짖고 싶어 하는 공통적인 심리가 있다.

5　강태국, "기독자의 생활의 3대 요소", 『성서의 종교』 6권 (서울: 성광문화사, 1988), 293.
6　강태국, "기독자의 생활의 3대 요소", 293.

그러므로 사람들은 여러 종교 앞에 다양한 모양으로 기도하기도 하나 참되신 하나님을 알지 못하므로 헛된 기도를 드리는 경우가 많다고 보았다.

진정한 기도란 하나님과 신자 사이에 실제적인 신앙의 관계에서 하나님께 나아가 구하고 받는 것이라고 보았다. 참되신 하나님 앞에 나아가 간구하는 것이 기독자들의 기도라고 보았다. 즉, 기도는 우리의 부족하고 필요한 것을 살아 계신 하나님께 그리스도 안에서 구하고(ask) 찾고(seek) 두드리는(knock) 것이다.

그리고 하나님은 우리에게 '구하라'고 하시는 분이며 구할 때 응답하시는 분이다. 강태국은 기도를 우리가 삶의 자리에서 곤고하고 어려운 상황을 만났을 때든지 아니면 어떠한 것이 필요할 때 살아 계신 하나님께 달려가서 그분께 구하는 것이라고 보았고, 하나님은 그 기도에 응답하시는 분이라는 것을 강조한다.

즉, 하나님의 자녀가 된 기독자들이 삶의 구체적인 영역에서 자신의 간절한 필요를 솔직하게 아무런 가식 없이 "예수님의 이름으로 구하는 것이 기도이다"[7]라고 했다.

기도는 기독자에 있어서 영혼의 호흡이며 하나님의 축복을 받는 길이다.[8] 즉, 강태국에게 있어서 기도란 다음과 같다.

> 호흡이요 생활이요 생명이다. 호흡이 끊어질 때 생명이 끊어지는 것처럼 기독자에게 있어서 기도가 끊어질 때 하나님과의 교통이 끊어진다. 하나

---

[7] 강태국, 『성서강해』 4권 (서울: 성서교재간행사, 1990), 194. 강태국은 구약 시대에는 대제사장을 통해서 모든 죄를 고하며 사죄의 은혜를 얻었지만 이제는 예수 그리스도의 속죄하심으로 성소와 지성소 사이에 장막이 찢어진 이후로는 더 이상 제사장이 필요하지 않고 기독자는 직접 하나님 앞에 나아가서 그리스도의 이름으로 기도할 것으로 말하고 있다.

[8] 강태국, 『성서강해』 2권, 16.

님과의 교통이 끊어진다는 말은 곧 영적 사망을 의미하는 것이다.[9]

그뿐만 아니라 기도는 하나님과 대화이다. 하나님은 우주를 창조하시고 또한 우주를 지배하시며 인간의 호흡과 생명을 주장하시는 분일 뿐만 아니라 인간의 역사를 지배하며 우리의 기도를 들으시는 인격적인 하나님이시다.[10] 기도를 통해 관념적인 하나님이 아닌 살아 계신 하나님 앞에 나아가 신령한 교제를 하며, 자기의 사정을 아뢰고 대화하는 것이다.[11]

다시 말해 강태국에 있어서 기도란 하나님 앞에 자신의 필요한 것을 예수님의 이름으로 하나님께 나아가 간구하는 것이며, 이는 하나님과의 호흡이요, 영적 교통이요, 하나님과 대화였다.

2. 기도의 근거와 필요성

강태국은 기도의 근거와 기초를 하나님이 기독자의 영적 아버지라는 사실에 두고 있다. 아버지는 자녀의 필요를 아시고 공급하시고 양육하시는 분이며 자녀가 아버지께 필요한 것을 구할 때 응답하시는 분이다.

즉, 기독자가 하나님의 자녀이며 자녀로서의 특권으로 하나님 아버지께 기도한다는 것이다. 그 이유는 아버지가 기도하라고 명령하신 것(마 7:7)만이 아니라 하나님께서 우리의 기도를 들어 주신다는 약속에 있다.

강태국은 하늘에 계신 하나님은 구하는 자에게 좋은 것을 주시는 아버지이심을 설명하면서 하나님을 기도의 근거로 삼고 있다.

또한, 하나님의 섭리도 기도를 할 수 있도록 하는 근거가 된다. 하나님은 섭리로서 이 세상에 일어나는 일을 다스리시고 보존하시는 분이다. 하

9 　강태국, 『성서강해』 2권, 104.
10 　강태국, "기독자의 생활의 3대 요소", 『성서의 종교』 6권, 294.
11 　강태국, "기독자의 생활의 3대 요소", 294.

나님은 한 마리의 참새도 보호하시며 우리 모든 개인의 머리털까지도 세시는 분으로서 우리 전체의 삶을 이끄시는 분이기 때문에 하나님께 우리 자신을 기도함으로 맡기는 근거가 된다.[12]

그뿐만 아니라 하나님의 속성도 기도를 촉진하는 데 근거가 된다. 예를 들면, 하나님은 그 지혜와 지식의 부요함과 무궁무진함을 헤아리거나 측량할 길이 없는 분이시다.

하나님은 선하신 분이시기에 그 지은 모든 것에 긍휼과 자비를 베푸시는 분이시며, 또한 거룩하신 분이시기에 하나님 앞에 나아갈 때 거룩하게 구별된 마음으로 하나님께 기도해야 하는 것이다.

그리고 하나님은 사랑이시기 때문에 우리의 구원의 원천이 되시며 구원의 창조자로서 우리의 삶을 위하여 자기 아들까지 아끼지 아니하시고 내어주시는 분이시다.[13]

그뿐만 아니라 예수 그리스도의 중보하심도 기도의 근거가 된다. 즉, 그리스도께서 친히 기독자들을 위해서 십자가에서 대속의 번제물이 되셔서 죄를 대속하셨다. 그리고 부활 승천하여 하나님의 우편에 앉아 계셔서 우리를 위하여 중보 기도를 하시기 때문에 우리가 기도할 수 있는 근거를 얻는다.[14]

또한, 성령 하나님이 말할 수 없는 탄식 가운데 우리의 연약함을 도우시는 중보의 기도를 하시므로 우리 기도의 근거가 된다. 성령은 우리를 돕기 위하여 우리의 무거운 짐을 분담하여 지고 가실 뿐만 아니라 우리와 함께 신음하시며 우리를 대신하여 중보의 기도를 하시는 분이다(롬 8:23).

강태국은 이렇게 말했다.

---

12 강태국, 『성서의 종교』 3권, 69.
13 강태국, 『성서의 종교』 3권, 345.
14 히브리서 7:20-25 참조. 강태국은 예수그리스도는 영원히 죽지 아니하시므로 그분의 제사장직이 변치 않고, 우리가 그분을 신뢰할 때 기쁨과 평안을 얻을 수 있다고 보았다.

> 우리의 영육이 너무도 피곤하고 또 약해져서 신음하며 탄식하는 한편 하나님에 대한 생각을 잊어버리고 심지어는 무엇을 간구해야 될지를 모르는 환경에 놓여 있을 때, 성령은 우리를 대신하여 말할 수 없는 탄식으로 하나님께 우리를 용납하도록 하시기 위하여 중보의 기도를 하신다.[15]

이처럼 삼위일체 하나님이 기도의 근거가 된다. 즉, 성부 하나님이 우리의 아버지 되심과 그의 속성과 섭리하심과 우리의 기도를 들으신다는 약속이 기도의 근거가 되며, 성자 하나님이신 그리스도께서 우리의 제사장으로 계심과 성령 하나님의 중보하심이 기도의 근거가 된다. 이뿐 아니라 기도는 예수님의 절대명령에 근거한다.

강태국은 마태복음 7:7-8에서 "구하라"는 말씀을 여섯 번이나 강조하고 있다. 비록 "구하라", "찾으라", "문을 두드리라", "구하는 이", "찾는 이", "두드리는 이" 등은 그 표현은 다르지만, 그 뜻은 동일하며, 여섯 번씩이나 거듭하신 것은 기도의 절대명령을 강조하는 것으로 보았다.[16]

이러한 기도의 근거를 제시한 강태국은 왜 기독자가 기도하여야 하는지 그 필요성에 대하여 말하고 있다.

첫째, 강태국은 하나님은 "복의 근원의 하나님"이 되시기 때문이다.[17]

강태국은 하나님은 창조주이시고 인간은 그의 피조물이기 때문에 하나님만이 하늘에 속한 모든 신령한 복으로 전 인류를 축복할 수 있다고 보았다. 하나님 외에는 아무도 사람을 축복할 수 없는 것이기 때문에 하나님께 기도로 나아가는 것이 필요하다고 보았다.

---

15 강태국, 『성서강해』 6권, 102.
16 강태국, 『성서강해』 6권, 295.
17 강태국, "복의 근원", 『성서의 종교』 5권, 256.

둘째, 인간은 연약하기 때문에 기도하여야 한다는 것이다.

인간은 무력한 존재이기에 하나님의 도우심이 있어야 하며, 기도가 없다면 그 심령이 기갈을 면치 못할 것이요. 기도를 통해서 참된 안위와 기쁨을 누리며 능력을 받을 수 있기 때문이다.[18]

즉, "야곱의 하나님으로 자기 도움을 삼으며 여호와 자기 하나님께 소망을 두는 자"는 복이 있을 것을 말하고 있다.[19] 여호와를 의뢰하고 도움을 바라고 의지하는 자가 하나님의 축복 아래 있는 자가 되는 것이다.[20]

그러므로 기도는 하나님 앞에 엎드린다는 뜻이다. 다시 말하면 하나님 앞에서 자신을 살핀다는 것이다.

> [우리가] 하나님 앞에 기도하는 마음으로 자기를 살피지 아니하면 자기의 지혜와 지식과 노력과 공로로 인한 부귀와 영화와 명예와 모든 인간적인 생각으로 그 마음을 만족하게 해 마치 어리석은 부자처럼 자기 향락에 도취하여 죄인으로서 자신을 살필 수가 없다.[21]
>
> 기도가 없는 삶은 물 없는 샘과 같고 풀 없는 사막과 같아서 신령한 은혜의 기갈을 당하고 있기 때문이다.[22]

강태국은 다음과 같이 말한다.

> 인간의 호흡이 중단되면 곧 사망하는 것처럼 기독자가 기도하지 아니하면 그 영이 죽은 것이고 이 이유는 그 영의 호흡이 중단되었기 때문이다. 기

---

18 강태국, 『성서강해』 3권, 70.
19 강태국, "도움 어디서 오나", 『성서의 종교』 5권, 280.
20 강태국, "도움 어디서 오나", 283.
21 강태국, 『성서의 종교』 4권, 135.
22 강태국, 『성서강해』 2권, 16.

도를 통하여 하나님과 영적 호흡을 하는 것이기 때문에 만약에 기도하지 않으면 그는 신앙에서 타락하게 된다.[23]

또한, 기도해야 할 이유 중의 하나는 우리 몸과 영혼이 사탄의 공격과 유혹으로부터 완전히 하나님의 보호 아래 있어야 하기 때문이다.

3. 기도의 대상과 신앙

기도의 대상은 하나님이시다. 즉, 주기도문에서 말한 것처럼 "하늘에 계신 우리 아버지시여"라는 말은 그 대상이 하나님이 되심을 말하는 것이다.[24]
하나님은, 이미 앞에서 밝힌 대로 우리의 죄를 용서하시고 사랑과 자비로 우리를 돌보시는 아버지이다. 하나님은 우리들의 필요를 이미 다 아시고 스스로 채워 주시며, 우리의 기도를 들으시고 응답하시는 자비하신 하나님 아버지이신 동시에 거룩하신 분이다.
그러므로 기도의 대상은 거룩하신 하나님께만 드려야 하며 하나님의 영광을 위한 기도가 되어야 한다.[25]
따라서 강태국은 사람들이 기도하면서 사람 앞에 드러내기 위해 또는 사람에게 감동을 주기 위해서 기도할 때가 있는데 이는 하나님께 입으로 기도하지만, 실상은 사람에게 영광을 취하는 것이므로 이러한 기도는 위선이라고 보았다. 그러므로 기도할 때 우리는 주위를 의식하지 말고 오직 하나님께 기도하여야 할 것이다.
강태국은 또한 기도의 대상을 예수 그리스도로 보았다. 예수 그리스도께서 기도와 신앙의 대상이라고 할 때 예수 그리스도께서 참 하나님이시

---

23 강태국, 『성서강해』 3권, 329.
24 강태국, 『성서강해』 1권, 33.
25 강태국, 『성서의 종교』 3권, 281.

며 중보자 되시는 것에 기초하고 있다.
강태국은 이에 대하여 다음과 같이 설명하고 있다.

> 즉, 그리스도의 하나님이 그 아들 안에 계신 것을 성령의 역사에 따라 알게 되고 또 그 제자들은 하나님 아버지와 함께 계신 예수 그리스도를 통하여 기도하게 될 것이다. 따라서 그리스도와 완전히 하나이신 하나님은 그 기도를 응낙하시고 이루어 주실 것이다.[26]

강태국은 "예수의 이름으로 구하라"는 제목에서 그리스도 예수 없이 하나님께 나아가는 것은 불가능하므로, 언제든지 하나님께 나아가는 자는 예수 그리스도의 이름으로 믿음으로 나아가야 함을 강조한다.[27]

4. 기도의 내용

강태국은 기도는 고귀한 신앙의 결과에 의해서만 표현되기에, 기도의 내용을 염두에 두지 않고 불교도들이 나무아미타불을 외우는 것처럼 기계적으로 습관에 의해 외우는 것을 경계하였다.

그는 기도하되 가장 필요하고 중요한 것을 위하여 기도할 것을 말하고 있다. 그는 신자의 가장 필요한 기도는 그리스도께서 가르쳐 주신 주기도문의 내용을 중심으로 기도하는 것이라고 보았다.

주기도문은 하나님과의 관계, 다른 사람과의 관계, 자기 자신의 신앙생활을 위해서 기도할 것을 요청하고 있다고 보았다.

---

26 강태국, 『성서강해』 4권, 194.
27 강태국, 『성서강해』 4권, 195.

첫째, 무엇보다 우리의 기도는 하나님에 관한 일이다.

먼저 하나님의 이름이 거룩하게 되는 것을 통해 하나님께 영광을 돌리는 것을 간구해야 한다. 하나님의 이름이 거룩하게 여기심을 받는다는 말은 곧 하나님 자신이 거룩히 여기심을 받는다는 것을 의미한다.

또한, 하나님의 나라가 이 땅에 이루어지도록 위해서 기도해야 하는데 이 하나님의 나라는 사탄의 세력권 내에 있는 세속적이요 현실적인 나라가 아니요 오직 그리스도께서 가르치시는 하늘나라로서 모든 그리스도인의 가슴속에 하나님이 지배하시는 나라를 의미한다.

이 하나님의 나라가 기독자를 지배하게 하여 달라고 기도해야 하며, 더불어 하나님의 뜻이 이루어지도록 위해서 기도해야 한다. 우주가 창조되기 전 하나님의 마음속에 가지고 계셨던 만고의 섭리가 땅 위에 이루어지도록 해야 하며 그 뜻, 즉 예수 그리스도 안에 있는 믿음으로써 전 인류가 구원에 이르는 그것이다.

둘째, 다른 사람과의 관계를 위한 기도를 해야 한다는 것이다.

죄는 대개가 사람과 사람 사이에 많이 일어나고 우리의 행동과 생활이 다른 사람에게 피해를 주고 다른 사람의 마음에 상처를 주는 범죄를 지을 때가 많으므로 우리 자신이 다른 사람을 범죄케 한 죄와 다른 사람에게 입힌 죄를 위해서 하나님께 자복하고 기도해야 한다.

셋째, 자기 자신의 신앙생활을 위해서 죄 용서를 간구해야 한다.

영혼의 일을 위해서 남의 죄를 용서하고 그 뒤에 우리의 죄 사함을 받으며 시험을 피하고 악에서 구출 받기 위해서 하나님께 기도해야 한다. 즉, 영혼의 요구를 위해서 기도해야 할 것이다. 우리 자신이 다른 사람의 죄를 먼저 용서해 주고 자신의 죄 사함을 위해서 하나님께 간구하라는 것이다. 그리고 시험에 들지 않게 하려고 기도해야 한다.

모든 인생은 죄에서 나고 죄에서 자라고 죄에서 사는 고로 인간은 죄 덩어리이다. 비록 기독자는 완전한 사죄의 은혜를 받은 자들이나 아직도 범죄성을 가진 인간이다. 그러므로 인간은 언제나 범죄의 경향에 빠질 수 있으므로 시험에 빠지지 않도록 기도해야 한다.

넷째, 그뿐 아니라 육신에 관한 것 즉, 일용할 양식을 위해서 기도해야 할 것을 말하고 있다. 이 기도를 통해서 우리 몸에 필요한 모든 것을 구함으로 하나님의 보호하심에 맡기고 그를 신뢰하는 것이다.

강태국은 "너를 위하여 먼저 구할 것은 무엇인"라는 설교에서 우리가 의식주를 위하여 염려하지 말고 이러한 것은 하나님이 전 인류를 위하여 준비하셨으므로 우리에게 허락하시는 것이기 때문이다(마 6:32, 33).

그러므로 오늘 하루의 양식을 얻었으며 그것으로 만족하고 또 감사할 것뿐이다. 또한, 우리는 악으로부터 보호받기 위하여 계속되는 사탄과 싸움에서 승리를 얻을 수 있도록 우리는 이 시험을 피하고자 기도하여야 하고 예수의 힘, 곧 하나님의 능력을 의지하여 나아가야 할 것이다.

다섯째, 더 나아가 성도의 기도 생활에 관해, 무엇을 위해 기도해야 하는가에 대하여 사람마다 다르지만, 다음의 내용을 두고 기도할 것을 말하고 있다.[28]

① 개인의 확고한 신앙생활을 위해서 기도하라는 것이다.

강태국은 사도행전 1:4-5을 강해하면서 120명의 문도가 예루살렘 다락방에서 기도하기 시작하였는데 무엇보다 두려움과 공포를 극복하고 신앙을 얻기 위해서 간절히 기도하였다고 보았다. 사도행전 1:12-15의 강해에서도 "마음을 같이하여 전혀 기도에 힘쓰니라"는 것은 먼저 저들 자신이 확고한 신앙에 서기 위해서 기도한 것을 말하고 있다.

② 교회를 위해서 기도할 것을 강조한다.

강태국은 예루살렘의 성도가 합심하여 기도하고 마음을 같이하여 예루살렘을 떠나지 아니함으로 첫 교회를 시작하였던 것을 주목하면서 기도가 초대 교회를 이루는 근본요소가 된 것을 주목한다.

---

[28] 강태국, 『성서의 종교』 3권, 281-286.

즉, 예루살렘의 합심 기도는 담대한 신앙을 얻어 예루살렘 초대 교회를 개척하였고 약속하신 성령의 임재하심이 임하였다. 전도자를 위해 기도할 때 전도의 문이 열리고 세상이 가져다주는 온갖 곤고와 박해를 두려워하지 않고 거리낌 없이 열심히 전도할 수 있도록 간구해야 한다.[29]

그뿐만 아니라 교회의 일치를 위해서 하나님의 긍휼과 은총을 통해 구원의 기쁨이 충만하고, 믿음으로 말미암아 오는 평강을 누리며, 성령의 역사로 인해 주어진 영원한 소망이 넘치기를 위해 간구할 것을 강조한다.[30] 강태국은 개척교회를 위해 입으로만 기도하지 않고 시간을 내고 물질적으로 헌신하는 실천을 강조하였다.[31]

③ 조국과 민족을 위한 기도가 그 내용이 되어야 함을 말한다.

강태국은 성서에 나타난 믿음의 사람들은 한결같이 민족을 위한 기도를 드린 사람임을 강조한다.

모세는 홍해(출 14:15), 르비딤(출 17:1-6), 시내광야(출 32:11-14)에서 자기 민족을 위한 기도를, 에스라(스 10:1)는 그 백성의 범죄로 인하여 하나님 앞에 중봉의 기도를 하였다. 에스더(에 4:16-17)는 죽으면 죽으리라는 각오로 민족을 위해 기도를 하였다.

조국과 민족을 위하여 기도할 때는 국가의 위정자가 비록 하나님을 믿지 않을지라도 위정자의 영육 간의 행복을 위해서 기도하며 사회와 국가의 안녕과 질서를 위해서 기도하여야 할 것을 강조한다.

④ 원수를 위한 기도를 드릴 것을 강조하였다.

즉, 예수님이 십자가 선상에서 자신을 못 박는 이들을 위해 드리셨던 기도와 자기를 돌로 치는 원수들을 위해 했던 스데반의 기도를 강조한다. 강태국은 원수들을 위한 기도는 모든 기도 중에서 "가장 고귀한 극치의 기도"라고 하였고, 오늘날의 교회가 꼭 회복하여야 할 기도 제목으로 보았다.[32]

29　강태국, 『성서강해』 4권, 301.
30　강태국, 『성서강해』 6권, 182.
31　강태국, 『성서의 종교』 3권, 276.
32　강태국, 『성서의 종교』 3권, 275.

5. 기도의 자세

1) 기도할 때 주의할 점

(1) 외식적인 기도를 버리라

외식적인 기도는 진실이 아니요 허위이며 내면적인 것이 아닌 외면적이고 실재가 아닌 가식적인 기도이므로 하나님이 들으시지 않고 가장 가증하게 여기신다는 것이다.

(2) 사람에게 보이는 기도를 하지 말라(마 6:5)

사람의 귀를 즐겁게 하려고 기도하는 것, 예를 들면 유대의 제사장이나 교법사처럼 사람이 많이 모이는 곳에서 기도하기를 좋아하는, 사람에게 보이려는 기도를 하지 말라는 것이다.

(3) 중언부언하는 기도를 버리라

같은 말을 반복하여 되풀이하지 말라는 것이다. 같은 말을 쉬지 않고 수백 번 빠른 속도로 반복하는 기도를 중언부언하는 기도로 보았다. 그러므로 불교도들이 나무아미타불을 백만 번 부르짖는 것, 로마교도들이 묵주를 넘기면서 주기도문을 수없이 외우는 것, 신교도들이 울리는 꽹과리와 같이 마음에도 없는 기도를 외치는 것, 이러한 기도를 다 허공을 치는 것이라고 보았다.[33]

(4) 기도할 때 말을 많이 하지 말라

기도할 때는 부수적인 수식어를 쓰지 말고 자기가 원하는 중심, 즉 골자만 말할 것이다.

---

33 강태국, 『성서강해』 1권, 32.

(5) 남을 본받는 기도를 하지 말라

기도란 자신의 중심에서 우러러 나오는 간절한 기도이여야 하기 때문에 남의 기도를 본받아 하는 기도는 무의미하며 외식적인 것일 수밖에 없다.

(6) 금식할 때에 슬픈 기색을 띠면서 다른 사람에게 보이기 위하여 기도하지 말라

사람에게 보이려고 하는 기도는 이미 사람에게 칭찬을 받으므로 그 대가를 받았기 때문에 하나님으로부터는 받을 것이 없다는 것이다.

2) 기도할 때 적극적으로 할 것

(1) 문을 닫은 골방에서 기도하라

기도할 때 즉 외식하는 사람처럼 사람에게 보이는 기도를 하지 말고 자랑하기 위하여 기도하지 말라는 것이다.[34]

(2) 은밀한 중에 계시는 하나님께 기도하라

이 말은 은밀한 산중이나 굴속에서 찾아 기도하라는 것이 아니라, 어떤 환경에서든지 은밀한 중에 계신 하나님께 기도함으로 전심전력으로 하나님께만 기도해야 한다는 것이다.[35]

---

[34] 강태국은 은밀한 중에 기도하는 것은 공적인 장소에서 기도하면 안 된다는 것이 아니라 기도의 내적인 은밀성을 추구하는 것을 말한다. 강태국은 홀로 골방에서 기도할 뿐만 아니라, 전 교회가 함께 모여 기도할 것을 명하였다. 그리고 하나님께서는 교회의 기도를 들으신다. 교회서 함께 기도할 때 그리스도 안에서 완전한 일체가 되어 하나님께 한 가지 소원을 가지고 기도하기 때문이라고 보았다.

[35] 강태국은 거룩한 삶을 추구하기 위해서 깊은 산골짜기나 아니면 황량한 광야에서 기도하고 금식하면서 묵시와 환상을 받으려고 하는 신비적인 방법이나, 사회로부터 격리되어 금욕적이고 고행적인 삶을 통한 기도에 대하여 경계하고 있다. 즉, 현재 처한 환경이 어떠하든지 그 상황에서 하나님께 나아가 기도할 수 있다고 보았다. 신비적이고

(3) 금식기도를 할 때는 단정히 하며 나타내기 위한 기도를 하지 말라

3) 기도의 여섯 가지 자세

이와 같이 소극적인 부분에서 그리고 적극적인 부분에서 기도 시 주의할 점을 강조한 강태국은 신앙인이 기도할 때 가져야 할 여섯 가지 자세를 제시하고 있다.

(1) 간절하게 기도하여야 한다

간절한 마음으로 하는 기도가 예수에게서 신령한 능력을 끌어낸다는 것이다. 이러한 기도는 하나님의 마음을 움직이는 기도요 그리스도의 능력을 끌어내는 기도이며[36] 하나님의 마음을 움직이는 힘이기 때문이다.[37]

강태국은 "기도의 능력"이라는 제목의 설교에서 혈루병증으로 고생하던 여인이 예수의 옷 가를 만져 즉시로 그 병이 나은 것을 주해하면서 여인이 자기의 입을 통하여 한마디도 하지 아니하였으나 예수의 옷 가를 만진 것은 여인의 간절한 마음과 정성을 다해 드린 참된 기도라고 보았다.[38]

(2) 기도할 때는 언제든지 믿음으로 구하여야 한다(약 1:6-8)

기도하는 자는 "무엇이든지 기도하고 구하는 것은 받은 줄로 믿으라. 그리하면 너희에게 그대로 되리라"라는 말씀대로 해야 한다. 무엇이든지

고행적인 기도에 대한 보다 자세한 연구는 박아론, 『바른 신학과 바르지 않는 신학』 (CLC, 2009), 38-46을 참고하시오.
36 간절한 기도에 대하여 R. A. 토레이는 모든 영혼을 뻗어서 하나님께 향하는 것을 의미한다고 보았다. 그래서 이 간절히 기도하는 것을 강렬하게 라고 번역하는 것이 옳다고 보았다. R. A. 토레이, 『기도의 능력과 능력의 기도』, 원광연 역 (서울: 크리스챤다이제스트, 2006), 78-88을 참고하시오.
37 강태국, 『성서강해』 2권, 54.
38 강태국, 『성서강해』 2권, 54.

예수의 이름으로 구하면 하나님이 주시리라고 확신하는 이 기도는 진실로 신앙과 신뢰의 극치이다.

신앙이 없는 기도는 기도가 아니요 기도가 없는 신앙은 죽은 신앙이다. 그러므로 하나님에 대한 절대적 신뢰를 가지고 기도하되 하나님은 미쁘시고 또한 그를 사랑하는 자에게 좋은 것을 주시는 약속의 하나님임을 전폭적으로 신뢰하면서 기도해야 한다.[39]

(3) 기도할 때는 솔직하고 겸손하게 기도하여야 한다

강태국은 하나님 앞에 나아가는 자에게 중요한 것은 천만의 수양의 제물을 드리는 제사보다 상한 심령으로 하나님 앞에 나아가서 자기의 죄를 참회하고 겸손하게 나아가야 한다고 보았다. 강태국은 이러한 기도의 대표적인 예로 세리의 기도를 제시한다.

세리는 기도할 때 "멀리서서, 눈을 들어 하늘을 우러러보지도 못하고 가슴을 치며"하는 기도를 드렸다. "멀리 서서"라는 것은 그가 자기의 죄악과 불의한 생애를 생각하며 감히 성전에 가까이할 수 없는 고통을 스스로 느낀 것을 말하고 "눈을 들지 못하고 가슴을 친" 것은 그의 견딜 수 없는 애통을 표시한 것으로 보았다.

세리의 기도는 스스로 하나님 앞에 설 수 없는 철두철미한 죄인인 것을 고백하는 동시에 하나님의 긍휼을 구하는 기도였다고 보았다. 이러한 기도는 하나님께 열납되는 기도였다.[40]

이에 반하여 바리새인의 기도는 하나님 앞에서 자신의 의를 드러내려고 하는 기도이며 자기 죄에 대한 참회나 하나님으로부터 받은 은혜에 대한 진정성이 없는 기도며 허공을 치는 기도이다(눅 18:10-12). 하나님은 이러한 진정성이 없는 기도는 듣지 아니하신다.

39　강태국, 『성서강해』 4권, 317.
40　강태국, 『성서강해』 6권, 284.

(4) 담대한 마음으로 기도하라

"예수의 피를 힘입어 성소에 들어갈 담력을 얻었음으로" 하나님 앞에 두려워할 것 없이 확신하고 하나님께 기도할 것이다.[41]

기독자는 그리스도의 피로 말미암아 사죄의 은총을 입어 정결함을 얻었고, 그로 말미암아 기독자의 양심은 죄의 고통에서 해방이 되었다. 기독자의 육신도 성령의 불로서 정결함을 얻어 육의 욕망이나 모든 더러운 것이 정결하게 되었으므로 성실한 마음과 공포가 없는 견고한 신앙을 가지고 담대히 나갈 것을 강태국은 강조하였다.[42]

(5) 그 기도가 응답될 때까지 기도하라

강태국은 "끝까지 구하라"는 주제 아래 누가복음 18:1-8의 주해를 하면서 예수가 제자들에게 가르친 기도의 두 가지 요소는 끊임없이 늘 기도하는 것과 소기의 목적을 이루기까지 기도하라는 것이다.[43]

6. 강태국의 기도 실례

강태국은 자기 기도의 실례들을 그의 자서전 강태국, 『나의 증언』에 기록하고 있다.

1904년에 출생한 강태국은 11세가 된 어린 나이에 가산이 파산하였고 그로 인해 제주도 모슬포에 소재한 단추 제조 공장에 들어가 식당에서 요리하는 일과 가게 점원으로 어린 시절 노동자로서 삶을 살아야만 했었다.

1919년 15세 때 소년 강태국은 인생의 전환기를 맞이하게 되었다. 그가 들었던 설교의 본문은 마태복음 7:7이었다.

---

41 강태국, 『성서강해』 2권, 287.
42 강태국, 『성서강해』 2권, 288.
43 강태국, 『성서강해』 3권, 227.

이것이 나의 인생의 전환기였다. 그날 밤에 나는 무엇이든지 구하면 하나님이 이루어 주신다는 것을 꼭 믿었다. 그리고 그 다음날 아침부터 나는 구하기를 시작하였다. 나는 식사 준비를 하는 책임이 있었기 때문에 다른 직공보다 일찍 일어나야 할 형편이었다. 그런데 그다음 날 아침부터는 기도하기 위해서 더 일찍 일어나 후원에 있는 바위에 엎드려서 기도하기 시작한 것이다. 그때의 기도가 오늘날까지 계속된 것이다.

나는 그때 무엇을 구하였던가?

무엇이 그렇게도 소원이었던가?

내가 가장 원하는 것은 하나가 있었으니 이는 보통학교를 한번 가 보는 것이었다. 그래서 나는 서투르게나마 기도하기 시작했다.

"하나님! 저를 보통학교에 가서 공부하게 해 주시옵소서. 그리고 보통학교뿐만 아니라 미국에까지 가서 공부하게 해 주시옵소서."

그리하여 나의 일과가 또 하나 늘었으니, 이는 기도하는 것과 성경 읽는 것이었다.[44]

강태국은 마태복음 7:7 말씀을 가슴에 품고 기도하기 시작함으로 삶의 전환점이 되었다. 소년 때부터 기도하였던 그의 기도의 제목은 훗날 1951년 5월 30일 그의 나이 47세에 밥존스대학교에서 철학 박사 학위를 받게 되므로 이루어졌다. 하나님이 한 소년의 기도를 응답하여 주신 것이라고 강태국은 훗날 증언하고 있다.[45]

---

44 강태국, 『나의 증언』 (서울: 성광문화사, 1988) 15.
45 강태국, 『나의 증언』, 149. 그는 다음과 같이 기도의 응답에 대하여 진술한다.
"6.25전쟁이 38선을 사이에 두고 오르락 내리락 하는 동안 세월은 흘러서 1951년이 되었다. 그리고 나의 손에 철학 박사 학위장이 쥐어진 것은 5월 30일이었다. 그때 내 나이 47세였다. 내가 처음 하나님을 믿기 시작한 15세부터 기도한 두 가지 중 첫째는 공부하기 원한 것이고 둘째는 미국까지 가서 공부하게 해 주시라는 것이다. 32년 만에 이 두 개의 기도는 완전히 성취되었다. 제주도 모슬포 해안에 자리 잡고 있었던 한 단추 공장에서 직공들의 밥을 지어 주던 무의무탁한 한 소년의 기도를 전능의 하나님은 거절하지 않으시고 응낙하시고, 이루어 주셨으니 이는 나를 위해서가 아니고 다만 하나 강태국은 식당에 요리사로 병원의 청소부로서 때로는 간호보조 일을 하면서 하나님께 기도하기를 멈추지 않았다.

18세가 되던 해에 하나님은 그에게 공부할 수 있는 길을 열어 주셨는데 광주 사립 숭일학교에 입학을 하게 된 것이다. 숭일에서 남대리(L.T.Lewland)가 제공하여 준 일자리를 통해 고학하며 20세에 초등학교 졸업장을 받았다.

당시에는 중·고등학교가 따로 있었던 때가 아니었으므로 5년제 중학교였던 숭실학교에 들어가기로 작정하였으나 그에게는 학비가 없었다. 그래서 그는 기숙사에서 그의 동기생과 함께 간절히 눈물로 기도하였다.

강태국은 이것을 다음과 같이 서술하고 있다.

> "저 황량한 제주도 바닷가에 지극히 작은 한 알의 모래알 같은 이것을 오늘까지 인도하신 하나님 이제 갈 길을 보여 주시옵소서"
> 그날 밤 간곡하게 기도했다. 나는 하늘과 바다가 맞닿은 망망한 제주 바다 저편 호라이즌을 쳐다보던, 옛날의 제주도 해변으로 다시 돌아온 느낌이었다. 숭실학교를 가겠다고 했으나, 길도 막히고 문도 닫혔다. 그러나 나는 실망하지 않고 문을 두드렸다. 문을 두드리는 자에게 열어 주신다는 하나님의 약속을 믿었기 때문이다.[46]

하나님은 마침내 그의 나이 21살인 1925년 3월 말에 그의 기도를 응답하시고 그에게 평양에 가서 공부할 수 있는 길을 열어 주셨다.[47]

그는 향학열에 불타는 가슴을 안고 평양으로 가면서 속으로 기도하였다.

님께서 쓰시기 위하여 선택하셨기 때문이다."
46 강태국, 『나의 증언』, 29-30.
47 강태국은 숭일고등학교를 마칠 때 즈음에 그의 은사인 한봉상 선생으로부터 편지 한 통을 받는데 그것은 남대리 목사가 학비 보조를 해 준다는 서신이었고 강태국은 기도에 대한 하나님의 응답임을 믿고 평양의 숭실로 가게 된다.

> 주여 미지의 세계를 향하여 달리는 나그네인 나에게도 소망을 가져오는 성령의 단비를 주옵소서!⁴⁸

그의 간절한 기도 응답으로 숭실중학교 3학년에 편입할 수 있었고 등록금은 미국의 독지가로부터 받게 되었다. 숭실중학교 재학 중 그는 새벽마다 다른 학생들이 기상하기 전에 혼자 숭실중학교 후문에 가서 기도하기를 쉬지 아니하였다고 증언하고 있다. 1928년 4월에 그는 평양 숭실전문학교에 시험 처서 합격을 하였고 고학 생활을 하면서 하나님께 감사기도를 하였다.

24세가 된 강태국 강태국은 이전에 공부하게 해 달라는 단순한 기도 제목에서 넘어서서 다음과 같은 내용을 고민하게 되었다.

'나는 왜 태어났는가?'
'인생의 목적이 무엇인가?'
'나의 소명은 무엇인가?'

그리고 조선의 젊은이로서 조선의 현실을 직시하기 시작하였고[49] 일제 압박에 대하여 절규와 탄식을 하면서 지금까지와는 다른 차원의 기도를 하기 시작하였다. 그는 "오랫동안 일제의 압박과 멍에 아래 시달리고 또 시달리며, 쌓이고 쌓였던 원한과 울분"[50]을 품고 조선 독립을 위해서 자기

---

48 강태국, 『나의 증언』, 31.
49 강태국은 자유를 잃은 겨레의 절규와 탄식을 들으면서 다음과 같은 시를 기록하였다. "먹장 같은 밤 바닷가에 나 홀로 서서 외치는 파도 소리 듣고 있노라 내 몸을 던지랴 저 파도 속에 내 귀를 막으랴 이 바닷가에서"
이러한 결단적 고뇌 속에서 강태국은 자신을 조국 해방을 위해 던지기로 작정한다. 이러한 그의 기도 속에서 암울한 현실 속에서 그는 조국과 민족을 위해 그의 결단을 엿볼 수 있다.
50 강태국, 『나의 증언』, 39.

자신을 던지기로 기도하였다.

그리고 비참한 조국의 현실을 보고 조선 독립을 실현할 목적으로 독립자금을 마련하고자 숭실공제회를 시작하였으며 나중에는 평양독립만세운동을 주도하였고, 이로 인해 평양 구치소에 들어가 옥고를 치르기도 하였다. 그런데도 숭실전문학교를 졸업한 후에 독립운동을 하기 위해서 일본으로 건너갔다.

강태국은 28세 때 1932년 3월 고베중앙신학교에서 사상의 전환기를 맞게 되었다. 조선 독립을 위해서 읽고 있던 막스의 자본론을 버리고 신학을 전적으로 공부하기 시작한 것이다. 이때를 하나님이 사망의 음침한 골짜기에서 자신을 건져 주신 것이라고 하였다. 그는 하나님의 이 은혜에 힘입어 하나님의 말씀 능력과 하나님의 영적 교제 속에서 1936년 9월에 『종합사복음연구』를 출판하였다.

1934년 30세 때에 강태국은 중앙신학교에서 기도로 준비하는 가운데 민족 복음화를 위한 중대한 계획 세우게 된다. 이 복음 전파를 위해 선교사들이 한국에 와서 전파하여 준 것을 감사하며 전국 복음화를 위해 그의 여생을 바치기로 결단한다. 그는 복음의 일꾼을 양성할 기관을 창설할 것을 생각하고 이를 위해 '천국운동 50년 계획'을 기도하면서 추진하기를 시작하였다.

1936년 선교사와 함께 지방 순회를 하면서 전남 지방을 중심으로 복음을 전파하기 시작하였으며, 20여 명의 청년과 매일 아침 새벽기도회를 하며 50년 천국운동을 위한 기도하는 동지들을 얻고자 하였다. 그들은 함께 두 가지 문제를 놓고 기도하였다.

첫째, 대한예수교장로교회 분열을 막는 것
둘째, 신사참배를 거부하는 것

그러나 그의 신사참배거부운동은 1937년 강태국과 기도 동지들이 일제에 전원 체포되어 가혹한 신문을 받으므로 큰 고비를 맞이하였다.

1940년 강태국은 일제의 신사참배를 피해 유한양행에서 근무하게 된다. 그는 일제가 신사참배 거부자들에게 수배령을 내린 것을 알고 생사가 오가는 위급한 상황에서 하나님께 간절히 기도하였는데[51] 그의 기도는 "주여 사막에라도 가겠사오니 나를 신사참배 강요하지 않는 곳으로 보내 주시옵소서"라는 것이었다.

하나님은 그의 기도를 들으시고 만주개원으로 갈 수 있도록 섭리하셨으며, 그곳에서 목사 안수를 받아 목회자로서 사역을 하게 되었다. 그는 그 시기를 그의 만주의 밧모섬 생활이라고 기술하였다. 그만큼 그는 하나님과 홀로 대면하여 기도하는 시간이 많았으며, 그 기도의 결실로서 『신약단권주석』을 한국 교회를 위해 출판하였다.

1947년에는 강태국은 '천국운동 50년 계획'의 동지들을 얻기 위해서 미국 유학을 계획하였고 그가 꿈꾸던 미국 유학이 28년 만에 이루어졌다.

강태국은 이렇게 고백한다.

"구하라 주실 것이요 찾으라 찾을 것이요 두드리라 그리하면 열리리라"는 주님의 말씀이 오늘까지 나의 생애를 지배하였다.[52]

1947년 12월 23일 가족을 하나님께 맡기고 미국 유학으로 출발하였다. 강태국은 태평양에서 2주간 깊고도 넓은 바다를 향해 하면서 자신의 연약함을 생각하였고 그는 갑판 위에서 그 높은 기상을 배우면서 하나님께 감

---

51 강태국, 『나의 증언』, 86. 일례로 그가 압록강을 건널갈 때 위급한 순간에 그가 할 수 있는 것은 기도뿐이라고 고백하였다. "하나님 저 이동경관의 눈을 내게서 가려 주옵소서"라고 간절하게 기도하였고 하나님은 그의 기도를 응답하여 주셨다고 증언한다.
52 강태국, 『나의 증언』, 110.

사의 기도를 하였다.⁵³

이러한 그의 기도 생활은 1955년 유럽행 여객선을 타고 가는 중에도 계속되었다. 그는 존 베일리의 『기도 수첩』을 고요할 때나 고독할 때나 고향의 향수가 날 때도 읽었고 그 책을 통해 살아 계시고 전능하신 창조주의 품 안을 느꼈다고 하였다.

그는 그 『기도 수첩』을 1956년에 출판하여 2007년까지 자그마치 31판를 발행하는 한국 교회에 기도를 통한 신앙생활에 크게 도움을 주었다.⁵⁴

강태국은 밥 존스대학교에서 박사 학위를 하는 동안 구체적으로 천국운동 50년을 실현하기 위해서 불 커밍스(Buhe Cummings), 말콤 커밍스(Malcolm Cummings), E. A. 라우랜드(E.A. Rowland) 등 12명의 맴버와 함께 "Come over into Korea and help us"(한국으로 와 우리를 도우라)라는 주제로 매주 3회씩 모여 한국의 복음화를 위해 간절히 기도하는 시간을 가졌다. 이러한 그들의 간절한 기도는 결실을 맺게 되어 한국복음주의운동(Korean Evangelical Movement, 이하 KEM)을 창설하게 된다.

기도의 결과로 강태국은 신학 석사와 철학 박사 학위를 받았고, 사단법인 한국복음주의선교회를 조직하였고, 약 3000불 이상을 모금하게 되었으며 극동방송국을 개설하게 되었다.

훗날 그는 이렇게 증언한다.

---

53 강태국, 『나의 증언』, 115.
"아, 미미한 나의 존재여! 이 태평양 바다, 아니 이 우주 대자연을 창조하신 조물주 하나님 앞에 이 미미한 존재로 서 있습니다. 이 태평양 바다 한복판에 조그마한 한 조각의 배에 의지하고 서 있습니다." … 그리고 나는 하나님께 감사기도를 올렸다.
"대우주 자연을 창조하고 지배하시는 하나님 나같은 미미한 존재를 기억하시고 나에게 없어서는 아니될 모든 것들을 공급하시며, 또 구원하시려고 독생성자 예수 그리스도를 주신 이 은혜, 이 태평양보다도 더 넓고 또 깊지 아니한가! 오 주여, 감사합니다."
54 『기도 수첩』의 원 영문 제목은 *A Diary of Private Prayer*이다.

> 제주도 모슬포 해안에 자리 잡고 있던 한 단추 공장에서 직공들의 밥을 지어 주던 무의무탁한 한 소년의 기도를 전능의 하나님은 거절하지 아니하시고 응낙하시고, 이루어 주셨으니 이는 나를 위해서가 아니요. 다만 하나님께서 쓰시기 위하여 선택하셨기 때문이다.[55]

즉, 그의 기도 응답이 한 개인의 유익을 위한 것이 아니라 하나님의 도구로 쓰기 위하여 선택하신 하나님의 뜻과 연관되어 있는 것을 보게 된다.

강태국은 '천국운동 50년 계획'을 위해 1952년에 복음농민전수학교, 용인에 복음농도원을 설립하고, 세문안교회 목사로 취임하여 6.25전쟁 와중에도 새벽기도회를 인도했다.

'천국운동 50년 계획'을 위한 기도단원들을 구성하여 함께 기도하였으며, 하나님의 응답하심으로 한국성서대학교의 전신인 한국성서학교를 밀알정신을 바탕으로 설립하고, 중앙성서교회를 1956년에 창립하게 된다.

이를 통해 그는 민족 복음화를 이루는 것을 목표로 삼았다. 또한, 하나님의 응답하심을 통해 그가 주의 나라와 주의 뜻을 위해 쓰임을 받을 일꾼들을 양성하게 된다.

강태국의 소년 시절의 기도가 공부를 할 수 있게 해 달라는 단순한 기도였다면 그의 청년 시절의 기도는 자기 삶의 소명이 무엇인지 그리고 인생의 궁극적인 목적이 무엇인가를 알기 원하는 기도였다.

그의 30대에는 민족의 정신을 그리스도의 정신으로 바꾸기 위해서 천국운동이라는 분명한 목표를 가지고 기도하였고, 그의 40-50대에 민족 복음화를 위한 구체적인 동지와 재원을 구하였고 그 이후의 삶은 실제로 민족 복음화를 위한 복음 전파의 일꾼을 양성하기 위한 기도였다.

이 시기에 복음농도원, 복음농민전수학교, 한국성서대학교를 설립하여 오직 주의 뜻을 이루기 위해 기도하였다. 강태국의 삶을 통해 나타난 기도

---

55 강태국,『나의 증언』, 149.

는 개인적인 기도로부터 시작해서 하나님의 영광을 나타내기 위한 기도로 승화되어 가는 것을 볼 수 있다.

즉, 그의 생애는 기도의 생애였고 그의 기도는 자기 개인의 유익을 구하는 기도가 아니었고, 늘 하나님의 뜻을 이루기 위한 기도였으며 복음 전파를 최우선으로 하는 기도였음을 볼 수 있다.

강태국이 매일 새벽에 산에 올라 기도했던 불암산

7. 나가는 말

지금까지 강태국의 기도론에 관한 고찰을 하였다. 강태국에게 있어서 기도는 하나님 앞에 믿음으로 나아가서 간구하는 것이며, 기도는 영혼의 호흡이며 하나님과 신령한 교제이며 대화였다.

기도의 근거로는 하나님이 우리의 아버지가 되시며, 하나님의 속성과 섭리, 예수 그리스도의 중보와 기도에 대한 절대명령이다. 그리고 기도의 필요성은 하나님이 복의 근원이 되시며, 인간은 연약하기 때문에, 그리고 영혼의 호흡을 위해서 기도해야 한다는 것이다.

첫째, 기도의 대상은 하나님이시며 믿음을 가지고 예수그리스도의 이름으로 나아갈 것을 강조한다. 그뿐만 아니라 기도의 내용은, 하나님에 관한 것과 대인관계를 위한 것, 자신의 신앙생활을 위해서, 교회를 위해서, 진리를 위해서, 조국과 민족을 위해서, 믿지 아니하는 자들을 위해서 그리고 원수를 위해서 기도해야 함을 강조하였다.

기도의 자세는 소극적으로는 외식적인 것, 사람에게 보이기를 위한 기도, 증언 부언하는 기도, 말을 많이 하는 기도를 하지 말고, 적극적으로 골방에서 은밀한 중에 기도하는 것이다. 기도할 때의 자세는 간절하게, 믿음으로, 솔직하게, 담대하게 그리고 인내심을 가지고 기도할 것을 강조한다.[56]

이처럼 기도를 강조한 그의 기도의 특징을 살펴본다면 무엇보다 강태국은 삶의 구체적인 영역에서 간구하는 것을 중요하게 여겼다는 점이다. 기도의 본질에 있어서 실제 삶의 구체적인 영역에서 기도하며, 실제 삶 속에서 하나님의 응답을 강조하였다.

앞에서 밝힌 대로 강태국은 어린 시절부터 삶의 구체적인 영역에서 개인적으로 하나님께 나아가 필요한 것을 위해 기도하였다. 삶의 현재적 상황을 두고 기도하였고 하나님께 응답을 받았다는 점이다.

---

56 강태국은 이러한 간절한 기도의 예를 예수님의 게세마네 기도에서 볼 수가 있다고 보았다. 강태국은 그의 석사 논문에서 다음과 같이 기도의 자세를 피력한다.
 "His prayer was also always of the same import- teaching us by example to be urgent, instant, in supplication, and thought the special request to be denied, to be sure that we are heard and that an answer will be given; event as Christ obtained not the withdrawal of the cup, but strength to submit, endure, and conquer." Kang. Tai Kook, "Calvin's View of the Church as the Extension of the Suffering of Christ" (Th. M. diss., Columbia Theological Seminary, 1949), 95.
 또한, 기도의 자세에 대하여 보다 자세한 내용은 오스왈드 챔버스, 『기도하려면』, 김성웅 역 (기독교문사, 1992)을 참고하시오.

둘째, 강태국의 기도는 언제나 성서적 기도였다.

본론에서 살펴본 대로, 기도의 정의, 기도의 대상, 기도의 근거와 필요성, 기도의 내용, 기도의 자세 등은 철저하게 성서적이며 말씀에 근거하고 있다는 점이다.

그는 말씀 가운데 하나님 앞에 겸손하게 자신의 무가치함을 알고 자신의 필요한 것들을 내어놓고 하나님의 도우심을 간구하였다. 그의 기도는 진심과 열정을 담은 기도였으며 믿음과 분명한 확신을 가지고 기도하였는데 이것은 성서의 가르침과 일치한다.

셋째, 강태국의 기도는 하나님의 나라와 뜻을 이루기 위한 기도였다.

기도의 내용들을 살펴보면 자기 일신 영달이나 개인의 부귀영화, 현세의 윤택한 삶을 누리게 하여 달라고 기도하지 않았고, 신비주의적인 것이나, 마술적인 것이나, 방언과 신유를 강조하는 것이 아니었다. 오직 복음을 위해서, 하나님과의 관계, 사람과의 관계, 그리고 자신의 신앙생활을 위해서 하나님이 주신 소명을 이루기 위해서 하나님의 도움을 구하는 기도였다.

넷째, 강태국의 기도는 기도로 끝나지 않고 실천하는 삶으로, 감사하는 삶으로 나타났다.

그는 입술을 열어 기도하고 거기서 머무는 것이 아니라 기도하였으면 성서에 입각한 기도의 원리를 적용해 그 길을 찾고, 하나님이 그의 기도를 들으실 것을 믿고 문을 두드리며 나아간 것을 볼 수 있다.

강태국에 있어서 기도는 살아 있는 믿음의 증거였고 그의 기도는 언제나 행동하는 믿음으로 나타나 삶의 실천으로 이어졌다. 그뿐만 아니라 자신에 삶에 이루어진 모든 일이 하나님의 말할 수 없는 은혜로 이루어진 것을 믿고 지극히 감사하는 자세를 가졌다. 그는 "최후의 증언"에서 감사의 기도를 다음과 같이 표현하고 있다.

나를 창조하신 하나님!

내가 나의 범죄로 인하여 영원한 사망 아래 있을 때 독생성자를 십자가의 번제단에서 나의 죄의 댓가를 지불하시려고 번제물로 삼으시고 나를 구속하신 하나님!

내가 모태에 있을 때부터 … 오늘까지 이 생명, 이 호흡을 연장하시고 주관하시며 … 주님의 목장에서 주님이 맡기신 양 떼를 돌볼 수 있게 하신 하나님!

이제 나를 위하여 영원한 면류관을 준비하시고 … 기다리시는 하나님께 영광과 찬송과 감사를 드리며 나의 지난날의 증언을 마치려고 한다.[57]

이처럼 강태국의 기도관은 오늘날 우리에게 기도의 중요성과 필요성을 인식케 하고, 하나님께 구하여 받는다는 산 신앙을 불러일으키게 하고, 기도가 기독자의 삶과 복음의 사역에 근간이 됨을 알게 한다. 따라서 우리도 삶의 구체적인 영역에서 적극적으로 간구하며 하나님의 뜻을 이루기 위하여 믿음으로 기도를 실천하는 것이 중요하다고 본다.

57　강태국, 『나의 증언』, 325.

제7장
•••
노동

> 일하기 싫어하거든 먹지도 말라
>
> 우리 겨레 오천만이 저마다 일하지 않고 먹으려고 한다면 어떻게 되겠는가?
> 그 결과는 멸망뿐일 것이다.
> 우리는 일하고 먹는 민족이 되어야 하겠다.
> 이것이 우리의 살 길이다. 일하지 않고 먹으려고 하는 사람이 많은 민족이나 국가는 영원히 멸망한다.
> 이 나라에 태어난 산 기독자여!
> 우리는 노동의 선구자들이 되자.

강태국은 1904년에 출생하여 일제강점기, 6.25전쟁, 4.19의거, 5.16혁명 등 민족의 시련과 혼란기를 겪은 현대사의 증인이다. 그가 살았던 시대는 일제에 국권을 빼앗기고, 힘없는 민족으로서 설움을 겪는 시기였으며, 가난과 굶주림과 그리고 낙후된 사회 경제 등으로 암울한 시대였다. 강태국은 이러한 희망을 잃은 민족의 현실을 직시하고 망국적인 민족의 정신을 바꾸어서 민족을 살리고 건설하기를 바랐다.

그는 우리 민족을 지배하던 사상이 유불도(儒彿道)사상의 유물인 우상숭배와 사대주의, "생활은 사농공상이라는 양반 숭배의 테두리 안에서 헤어나지 못하여 농민이나 노동일을 하는 사람들을 천하게 여기며 놀고먹는 사람을 부러워하는"[1] 망국적 사상이 있다고 진단하였다.

이러한 민족의 정신을 개조하기 위해서 그는 '천국운동 50년 계획'을 세우고 민족 복음화와 복음을 통한 민족의 변화를 시도하였다. '천국운동 50년 계획'에는 그리스도의 정신을 중심으로 하는 교육이 그 중심에 있었다. 교육을 위해서 복음농도원, 용인 복음농민전수학교, 한국성서대학교에 설립하고, 교육 과정 속에 성서 교육과 함께 노동 교육은 핵심 교과 과정 안에 포함되었다.

강태국은 스스로 자신을 일하는 "농부"[2], "어부", 일하는 "종"[3]으로 칭하면서 노동 정신을 강조하였던 그에게 있어서 노동이란 단순한 경제활동을 뛰어넘는 우리 민족의 정신 개조와 사상을 바꾸는 하나의 도구요 수단이었으며, 그의 기독교 신학의 실천이었다.[4]

이러한 강태국의 노동관은 오늘날 기계화된 산업사회 속에서 노동의 의미가 상실하거나 단순히 실리를 추구하는 방편으로 인식되는 이 시대에

---

1 강태국, 『나의 증언』(서울; 성광문화사, 1988), 170.
2 강태국, 『나의 증언』, 324.
3 강태국, 『나의 증언』, 324. 성서 원문에는 "노예"라고 기술되어 있다.
4 강태국은 기독교 신학과 교육을 그의 핵심 사상으로 삼고 있다. 한국성서대학교를 설립한 목적도 복음 전파였다. 동시에 기독교 신학의 실천으로서 노동을 강조한다. "당년에 거두려거든 곡초를 심고 십 년에 거두려거든 나무를 심고 백 년에 거두려거든 사람을 심고 영원히 거두려거든 복음을 심어라"라는 문구는 노동사상이 매우 강조되어 있다. 곡초를 심는 것, 나무를 심는 것, 사람을 심는(훈련하는) 것은 노동과 직결되는 대목이다. 그뿐만 아니라 그의 "최후의 증언"에서는 여덟 가지의 감사가 기술되어 있는데 적어도 네 가지가 노동과 관련성을 맺고 있다.
첫째, 그는 하나님이 일하는 노예로 쓰시려고 건강한 아이로 출생케 하신 것,
둘째, 하나님이 나를 농부로 삼으시고 우상 숭배, 불노소득, 사대주의, 기복주의, 샤머니즘의 잡초를 제거하고 복음의 씨를 뿌리는 것
셋째는 전 인류의 가슴속에 있는 세속적인 잡초를 제거하고 복음의 씨를 뿌릴 사람을 낚는 어부가 되게 하신 것,
넷째, 일꾼 삼으시기 위해 가족들을 허락하신 것
이처럼 그는 노동자가 됨을 부끄러워하지 않고 도리어 감사하며 복음을 전하는 복음전도자임과 동시에 노동을 실천하는 삶을 살았다. 즉, 강태국은 책상에 앉아 머리로만 신학사상을 논하는 사변적인 사상가 아닌 삶의 현장에서 신앙을 실천하는 행동가였다.

중요한 연구 자료가 된다고 믿는다. 따라서 강태국의 노동관을 연구하는 것은 오늘날 노동을 경시하는 한국 사회에 주는 큰 의의가 있으며, 사상적, 교육적 가치가 있다고 생각한다.

강태국의 노동관에 대하여 전문적으로 쓰인 책이나 논문은 전무하나 부분적으로 학자들이 강태국의 노동관에 대하여 언급하고 있다.

먼저 박영지 박사의 논문인 "강태국 강태국 박사의 생애와 사상"은 "비타협적 근검 노동사상"[5]을 강태국의 중심 사상의 하나로 제시하고 있다. 박영지는 강태국이 불의, 부정, 부패한 것에 타협하지 않고, 근검노동사상을 펼친 것을 강조하였다.

이호우 박사의 "강태국 강태국 박사의 생애와 사상"에서는 강태국을 "농민 운동가"[6]로서 농사법을 전수하고 농촌지도자를 양성한 것을 언급하고 근로정신을 강조하였음을 밝히고 있으나 구체적 연구는 이루어지지 않았다.

또한, 이종경의 박사 논문인 "일립 강태국의 선교운동에 관한 역사적 고찰"에서는 그리스도를 중심으로 한 복음 전파, 즉 "밀알화 선교"(kok-kos-mission)가 강태국의 핵심 사상이며 노동이 선교의 한 부분임을 언급하고 있다. 하지만 그의 논문 역시 선교적 측면에서 다루었기에 노동관에 대한 구체적, 심층적 연구는 제시하지 않았다.

정진영의 석사 논문 "강태국의 '천국운동 50년 계획'에 나타난 교육사상"에서는 강태국의 노동사상이 심층적으로 다루어지지는 않았지만, 일제강점기에 일어났던 민족운동과 배경 등을 다루고 있다는 점에서 강태국

---

5 박영지, 『강태국 박사 미수 기념 특집』(한국성서신학교 선교문제연구소, 1992), 41. 박영지는 강태국의 '비타협적 근검 노동사상'을 강조하면서 정직, 근검절약과 백전불굴의 신념을 실천하였을 뿐만 아니라, 시간을 허비하지 아니하고 항상 일하고 일의 귀천을 가리지 않는 노동생활을 하였다고 증언하고 있다. 또한, 일을 항상 공명정대하고 명분 있게 처리하였다는 것을 강조하고 있다. 그러나 박영지가 다룬 강태국의 노동사상은 불과 1페이지에 불과하였다.

6 이호우, 『일립 강태국 박사의 생애와 사상』(서울: 도서출판 첨탑, 2001), 17.

노동관의 배경을 연구하는 데 약간의 도움이 된다고 볼 수 있다.

그 밖에도 김재영의 『직업과 소명』과 저자의 "삼위일체 하나님의 관점에서 본 '일'의 신학적 이해"에서도 노동에 대한 역사적 입장이 참고되었다.[7]

연구의 내용 및 방법은 다음과 같다.

첫째, 강태국이 활동한 당시의 시대적 배경과 그의 노동관에 영향을 미친 중요한 배경들을 살펴보고자 한다.
둘째, 강태국의 노동관의 사상이 무엇인가?
셋째, 강태국의 노동관이 끼친 영향력과 그 의의는 무엇인가?

이를 살펴보고자 한다. 따라서 본 논문의 특성상 노동에 대한 사회학적 접근이나, 또는 경제학적 접근, 또는 노사 관계적 측면서의 노동운동은 다루지 않을 것이며, 사상적, 교육학적 측면에서 강태국의 노동관을 다루고자 한다.

1. 강태국의 노동관에 끼친 배경

1) 시대적 배경

강태국이 태어나(1904년) 살던 시기는 민족의 암흑기 시대였다. 을사보호조약(1905)과 한일합방조약(1910년)을 통해 국권이 일본에게 빼앗겼던 시대

---

[7] 강태국 박사의 노동관과 직접적인 관련은 없으나 김재영의 『직업과 소명』은 기독교적인 신앙을 고백하는 기독교인으로 어떻게 바른 성서적 직업을 가질 수 있는가에 대한 답변으로, 특별히 노동을 하나님과 섬김의 차원에서 다루고 있는 이 책도 또한 책은 한국적인 노동관을 역사적 관점에서 고찰하여 기독교적 관점에서 비평하였다는 점에서 이 논문의 도입부에 약간의 도움이 되었음을 밝힌다. 또한, 박태수의 "삼위일체 하나님의 관점에서 본 '일'의 신학적 이해"에서도 노동에 대한 역사적 입장이 참고 되었다. "한국인의 노동관: 역사적 고찰", 『직업과 소명』, (서울: 한국기독학생출판부, 1989), 29 –57을 참조하시오.

로서 식민 통치 기구인 조선총독부에 의해 36년간의 식민 지배를 받았다.

1910년 9월에는 조선총독부에 의해 언론, 집회. 출판. 결사의 자유가 박탈되었고, 일본 천황이 임명한 총독이 입법권, 사법권, 행정권, 그리고 군대통솔권까지 장악하는 무단 식민정치가 자행되던 시대였다.

1912년부터는 토지 조사 사업이란 명분으로 기한제 신고제를 시행하여 농민들의 토지를 침탈하고 소유권이 불분명한 토지 등도 동양척수주식회사에 넘겨졌다. 또한, 조선총독부에 의해서만 삼림령과 임야조사령, 어업령, 광업령 등 한반도의 경제권이 대부분 일본에 넘어갔으며 민족 자본의 성장이 철저히 금지되었다. 이로 인하여 수많은 조선인은 토지를 잃어버리고 생활이 피폐해졌다.

1919년부터 1931년 사이에는 3.1운동의 영향력으로 인해 기존의 강압적 통치에서 회유적 통치로 전환함으로 기초적인 초등 교육과 기술 교육을 확대하였으나, 친일파 양성을 통해 조선 민족의 분열을 가져왔다.

또한, 당시에 일본의 식량 부족 문제를 해결하기 위해서 조선에서 미곡 등을 유출하는 양이 많아짐으로 조선은 더욱 굶주리게 되었다. 더 나아가 총독부는 식민지 지주를 옹호하여 식민지 지주제가 심화되었다.

1931년에서 1945년은 민족 말살 통치기로, 1930년 만주사변을 기점으로 하여 일본은 중국을 침략하기 위해 한반도를 대륙 진출을 위한 병참기지로 삼았다.

일본은 1937년 중일전쟁과 1940년 태평양전쟁을 도발함으로 조선의 식민지 정책이 더욱 강화되어 인적, 물적 자원을 수탈하였다. 황국신민화 정책이 실시로 신사참배와 창씨개명이 시행되었다.

또한, 민족성이 강한 전문학교는 폐지되었을 뿐만 아니라, 한국어 사용을 금지하고 일본어를 사용하게 하였다. 이러한 암울한 시대적 배경은 강태국에게 민족 독립의 절실함을 갈망하게 하였다.

2) 노동과 관련된 교육 및 사상적 배경

국권을 빼앗긴 식민지 시대에 강태국은 15세에 천주교에서 기독교로 개종함으로 그의 생애의 전환점을 가져왔다. 18세에 광주에 소재한 숭일학교에 입학하여 고학으로 공부를 하면서 노동을 하며 신학문을 접하였다. 1925년 평양에 위치한 숭실중학교에 3학년으로 입학하여 1928년에 졸업을 하고 평양 숭실대학에 입학하였다.[8]

평양 숭실대학의 설립자인 미국 북장로교 선교사 배위량은 하나님이 그리스도를 통해서 세상을 구원하신다는 것과 그 목적을 이루기 위해서 오늘날 각 개인과 교회 안에 역사하신다는 굳건한 믿음 위에 기초한 교육의 기본 정책을 세 가지로 압축하였다.

> 1. 실생활에 필요한 모든 분야를 가르치는 교육으로서 스스로에게 사회적 의무를 감당하게 하는 교육이다.
> 2. 학생들의 학교 교육에서 가장 중요한 것은 학생들의 종교적, 정신적 성장이다.
> 3. 한국 교회 발전에 이바지 할 수 있도록 복음을 전파하는 것이다.[9]

이러한 기본 정책은 교육이 일차적으로 복음 전도자를 만드는 것이지만, 그것에 미치지 못하더라도 졸업생이 건전한 국민이 되게 하는 교육철학이었다. 배위량은 특히 육체 노동을 천시하는 전통적 사고를 개혁하는 것을 자신의 사명으로 여기고 학생들에게 근로와 자조정신을 불어넣어 주는 것을 중요한 교육 목표로 삼았다.

---

[8] 근대 대학의 효시로서 숭실대학은 1906년에 미국장로교 선교부와 감리교 선교부 합동으로 4년제 대학부를 설치하여 우리나라 최초로 근대 대학 과정의 교육을 실시하고 있었다.
[9] 러처드 베어드, 『배위량 박사의 한국선교』. 김인수 역 (서울: 쿰란출판사, 2005), 189.

학생들에게 자립정신을 길러 주기 위해서 자립부(Self-Help Department)와 노동부(Manual Labor Department)를 설치하였고, 기술 교육을 시켜 필요한 사회의 역군이 되도록 하였다. 전교생의 절반에 가까운 학생들이 자조사업부에 등록하여 반나절을 노동하고 그 수입으로 공부할 수 있도록 하였다.[10]

이러한 실용과 실질을 존중하는 숭실의 교육 정책은 나중에 기독교 농촌운동으로 전개되었으며 한국의 농촌개화운동에 지대한 영향을 미쳤다.[11]

강태국은 숭실에서 일하며 공부함으로 신학문인 기독교 교육을 배우게 된다. 그는 스스로 숭실에서 배위량과 마포삼열을 통해서 세 가지 정신인 기독교 신앙, 민족정신, 그리고 인생의 철학을 배웠다고 증언한다.[12]

민족의 선각자인 조만식 선생과의 만남도 강태국의 사상 형성에 중요한 계기가 된다.[13] 그가 조만식 선생을 만나게 된 때는 1925-1932년, 혈기왕

---

10 1904년부터 시작된 자조사업부는 학생들의 근로 의욕을 고취시키기 위해서 1년간의 근로 성적을 산출하여 장학생들 선발하기도 하였다. 이들이 주로 했던 작업은 정원 가꾸기, 건축 노동, 제본, 목공이었고, 미국에서 인쇄기가 도입되면서 목공, 철공, 주물 등의 작업도 가능하게 되었다. 배위량은 농업국가인 한국의 농업 진흥에 관심을 가지고 농업 분야에 지도자 양성을 구상하였으며, 1928년에는 1만평에 달하는 숭실대학의 농업실험장을 토대로 농과강습소를 설치한다. 또한, 숭실의 농과강습소는 평양부 신양리에 실습장의 개설하였으며, 1931년 농과강습소가 농과로 승격하여 숭실전문학교 실습농장으로 명명하였으며 농장을 전문으로 지도하게 위해 종예부, 원예부, 축산부, 농산가공부, 병리곤충부, 화학부 등을 두어 주임을 임명하여 관장케 하였다. 『숭실 110년 화보』(숭실대학교), 101.
11 기독교가 사회를 개선하기 위해 교육, 계몽활동, 금주, 금연 문자보급운동, 생활관습계획운동 등을 통하여 일제강점기에 피폐한 농촌의 경제 문제를 살리고자 애쓴 것이 한국 기독교농촌운동으로 발전하였다. 당시 농촌은 위에서 밝힌 것처럼 신민지적 경제 구조를 가지고 있었기 때문에 일제의 산미증식계획 등을 통한 일제의 수탈 정책으로 인해 농촌은 피폐하였을 뿐만 아니라 전 농민의 80퍼센트 정도는 소작농이었으므로 농촌 문제는 최대 현안으로 떠올랐고 개신교의 농촌운동의 최우선 과제는 농민운동이었다. 이러한 운동은 평양 숭실학교와 당시 민족개조론은 민족성의 개조를 역설하고 조선 민족의 문제점을 허위와 공상과 공론만을 즐기고 일에 대한 용기 부족, 비사회적 이기심, 나태, 무신, 사회성의 결핍, 빈궁 등으로 인해 민족이 쇠퇴하였다고 말하면서 민족이 살아남는 길은 민족성을 개조하는 것이라고 보았다.
12 강태국, 『나의 증언』, 34.
13 한국의 간디라고 칭함을 받는 고당 조만식 선생은 일제 치하에 애국자로서 독립운동에 투신하고 국가의 자주 독립과 민족의 번영을 위해 스스로 자기 몸을 바친 조선의 정신

성한 20대의 나이로 평양 숭실에 재학중이었다.

후에 강태국은 조만식 선생을 다음과 같이 증거한다.

> 고당 조만식 선생님은 그의 실천생활을 통하여 보여 준 만고의 애국자요 독립운동가로서 한반도의 대동맥이요, 숭실의 어머니이시며 민족의 정신적 지도자로서 자기를 부인하고 십자가를 지시고 갈보리 언덕으로 걸어가신 예수 그리스도의 산 교훈을 몸소 실천하신 시대적 순교자이시다.[14]

이러한 평가를 통해서 볼 때, 조만식 선생은 나라 잃은 서러움을 온몸으로 겪었던 강태국에게 민족의 독립정신을 불어 넣어준 분이었다. 조만식 선생은 1929년 광주학생운동으로 전국이 들끓고 있을 때인 12월 초, 어느 새벽에 숭실의 기숙사에 찾아와서 이렇게 외쳤다.

> 숭실은 자는가?
> 광주학생사건으로 전국이 들끓고 있는데 숭실은 자는가?

그의 연설은 강태국의 가슴속에 민족혼에 불을 지피는 불씨가 되었다.[15]

강태국은 조만식 선생의 도전을 받고 평양고보, 평양사범학교, 숭의, 정의학교 등을 통해서 일어난 평양독립만세운동을 주도하게 되었고, 그로 인해 평양형무소에 갇히게 된다.

1930년 2월 25일 출감 후, 강태국은 조만식 선생이 주도한 수입품을 사용하는 대신 국산품을 쓰자는 물산장려운동에 참여한다. 강태국은 평양

적 지주였다. 고당은 또한 오산학교 교장, 숭실전문학교 강사 그리고 YMCA 총무를 무보수로 일하면서 민족 교육에 애썼던 분이었다.

14 강태국, "'숭실은 자고 있는가?' 독립정신 일깨워", 『고당 조만식 회상록』(서울: 고당기념사업회, 1995), 113.
15 강태국, 『나의 증언』, 40.

숭실중학교와 숭실전문학교에 숭실공제회를 조직하여 물산장려운동에 참여하며 학생들의 필수품을 판매하고 그 수익금으로 통해 조만식 선생의 민족의 독립운동을 돕는 독립융자금을 마련하려고 하였다.[16]

숭실을 졸업한 강태국은 후에 일본을 잡으려면 일본을 알아야 한다는 조만식 선생의 가르침을 받고, 조선 독립을 이루기 위해서 1932년 일본으로 유학을 떠나게 된다.

그가 일본으로 들어간 이유는 독립운동을 위함이었다. 도강증을 얻어서 유학 생활을 시작할 수 있었던 고베중앙신학교에서 그는 무신론자인 막스의 자본론을 통해서 사회주의를 공부하던 중 양심의 소리를 듣고, 사상적 변화를 일으키게 된다.

> 막스 자본론을 읽던 어느 날 나의 양심은 심히 괴로웠다. 그리고 나의 양심은 나에게 "이놈 네가 신학을 공부한다고 일본까지 와서 무신론자의 막스의 서적을 읽다니" 하고 외쳤다. 그 순간 나는 자본론을 덮었다. 그리고 나는 꺼꾸러졌다. … 그날 이후 오늘까지 나는 자본론을 다시 읽지 아니하였다. 하나님이 분명히 나를 사망의 음침한 골짜기에서 건져 주신 것이다.[17]

신학교에서 무신론을 탐구하던 그는 그날 이후로 철저한 그리스도의 정신으로 무장하게 되는데, 사무엘 풀톤과 예수전을 가르쳤던 마야스 그리고 일본농촌운동을 일으켰던 하천풍언 등으로부터 영향을 받은 것으로 보인다.[18]

---

16 강태국, 『나의 증언』, 39.
17 강태국, 『나의 증언』, 63.
18 하천풍언은 가가와 도요히코의 한자명이며, 십자가의 사랑을 안고 살아간 사람이었다. 그는 1888년에 고베에서 출생하여 메이지대학, 고베신학교, 프린스턴을 졸업하였다. 일본기독교의 복음 전도자요, 사회사업가로서 농민조합운동을 만들어 일본의 농촌부흥운동을 이끌었다. 강태국은 고베중앙신학교에서 하천풍언이 기거하였던 숙소에서

그는 민족의 정신을 변화시키는 것은 인간의 철학이나 사상이 아닌 오직 복음이신 예수 그리스도만을 통해서 가능하다는 것을 깨닫고 신학교에서 전국 복음화를 위한 '천국운동 50년 계획'을 구상하게 되고 그것을 위해서 여생을 바치기로 결단한다.

이를 위해서 일꾼을 양성하는 14개의 학교를 위한 기금을 조성하기로 하고, 14개 학교에 필요한 교사가 될 수 있는 사람을 훈련시키는 성서학원을 창설하기로 계획한다. 그 후 이러한 구체적인 계획은 1947년부터 1951년까지의 미국 유학을 통해서 그 청사진이 완성되게 된다.

1947년에 그가 계획한 민족 복음화를 위한 50년 계획을 실현하고자 도미한 강태국은 웨스트민스터신학교, 훼이스신학교, 콜럼비아신학교, 그리고 밥존스대학교에서 수학했다. 그는 신앙의 자유를 찾아 건너온 청교도들에 의해서 건설된 미국의 발전상과 민주주의 의식을 배우게 되었을 뿐만 아니라 기독교 정신에 입각한 교육에 대해 감명을 받게 된다.

또한, 전국 복음화를 위한 '천국운동 50년 계획'을 실현하기 위해서 한국복음주의운동(Korean Evangelical Movement)을 밥존스대학교 재학 중에 조직하여 그 결실을 보게 된다.

1951년 강태국은 동 대학에서 철학 박사 학위를 취득한 후 전쟁 중인 조국으로 돌아왔다. 그는 당시 한국전쟁으로 인해 폐허가 된 조국을 바라보면서, 1952년 민족을 살리기 위한 일한으로 동지를 규합하고 한국복음주의선교회를 발족하였다.

1955년 5월에는 미국 독지가의 도움으로 덴마크의 세계시민학교(International People's College, IPC)로 유학을 가게 되었는데 그곳에서 실천되는 기독교 교육을 배우게 된다. 특별히 우리나라와 같이 패전국이었음에도 불구하고 선진국 대열에 서 있는 덴마크를 주목하게 된다.[19]

유학생활을 하였던 점으로 미루어 보아 강태국이 그의 영향을 받았다고 볼수 있다. 왜냐하면, 강태국의 전국복음화운동과 하천풍언의 복음운동은 일맥상통하기 때문이다.

19 덴마크는 특별히 1814년 대영전쟁과 1864년 대독전쟁에서 패전을 경험하였을 뿐만 아

강태국은 그룬트비(Nikolai Frederik Sevein Grundtvig)가 1814년 덴마크의 패전으로 유리하는 동족에게 무엇으로 그 조국과 사회를 각성시키며 참된 경건생활과 문화를 누리게 할 수 있는가에 주목하였다. 특히, 덴마크의 선조들이 해적이었음에도 불구하고 그들의 민족성을 변화시킨 기독교 정신에 주목하였다. 그리고 덴마크의 민족성을 개조한 교육제도, 특별히 사람을 키우기 위한 국민고등학교에 관심을 갖게 된다.[20]

그룬트비는 1844년에 덴마크국민고등학교를 창설하였고 전 국민이 복음을 접촉하게 하기 위한 이 학교의 교육의 원천은 그리스도의 정신이었다. 그룬트비의 교육정신에 대하여 정진영은 다음과 같이 설명하고 있다.

> 그룬트비에게 있어서 교육이란 생활과 노동이 분리된 것이 아니라 생활과 노동하는 가운데 있는 지식으로 이해하고 있다. 교육은 죽은 글자를 기입하는 행위가 아니라 그보다 오히려 생활을 유지시켜 나가는 수단이라고 생각하였다. 그리하여 그의 교육이론의 주요한 사상은 '살아 있는 말'의 상용을 주요 수단으로 삼아 씩씩한 인품을 통해 덴마크의 고유 문화를 가르치는 것을 그 내용으로 하고 있다.[21]

노동 자체가 중요한 교육이 됨을 강조한 그룬트비의 교육사상은 훗날 강태국이 실천한 교육 과정에 그대로 접목되었다. 그룬트비는 삼애(三愛) 정신을 그 가치로 내걸었는데 삼애(三愛)란, '하나님 사랑', '농촌 사랑',

---

니라 제2차 세계대전에서 독일의 점령하에 있었다.
[20] 『덴막사』, 편찬되지 않은 책, 71. 강태국은 덴마크의 고등국민학교와 그룬트비에 대해서 다음과 같이 피력하고 있다. "한 사람! 폐허된 조국을 낙원화한 저 한사람! 사막에서 유리하는 민족에게 오아시스처럼 나타난 국민고등학교! 캄캄한 밤을 항해하는 자들에게 반짝이는 북극성같이 반짝 반짝 비치이던 초기의 국민고등학교! 그러난 지금은 전 세계를 비추는 북극성! 이것이 초기의 덴마크국민고등학교였다."
[21] 정진영, "강태국의 '천국운동 50년 계획'에 나타난 교육사상 연구" (석사 논문, 한국성서대학교 대학원, 2002), 51.

'노동 사랑'이었다. 그는 폐허가 된 덴마크를 위해서 농장을 세우고 일하면서 공부하는 과정을 만들어 학생들이 실제적으로 일하면서 공부할 수 있게 하였다.[22]

이를 통하여 덴마크는 온 국민이 합심 단결하여 사막과 늪지대를 옥토로 바꾸었고, 낙농 사업에 성공하여 부강한 나라를 이룩하였다. 그룬트비의 이러한 신념은 강태국에게 큰 감명을 주었다.[23]

그룬트비의 신념이 국민들에게 강한 기독교 정신의 양심을 길러 주려고 한다는 점에 있어서 강태국이 1934년 전국 복음화를 위해 세운 천국운동의 계획은 "오직 우리 민족의 양심을 그리스도의 정신으로 변화시키자"[24]라는 것과 일치한다.

2. 강태국의 노동관에 나타난 사상

지금까지 강태국의 사상과 노동관 형성에 있어서 몇 가지 배경들을 그의 행적을 중심으로 살펴보았다. 이제 강태국의 노동사상의 특징을 중심으로 하여 그의 노동관을 살펴보고자 한다.

---

22 정진영, "강태국의 '천국운동 50년 계획'에 나타난 교육사상 연구", 강태국은 특별히 덴마크의 농민들의 생활에 지대한 관심을 가지고 있음을 보여 준다. 덴마크의 농민조합을 비롯하여, 덴마크의 지도자들을 양성해 내는 덴마크의 교육제도를 상세하게 기록하고 있다. 협동조합을 통한 자립정신과 지도자 양성에 대하여 자세히 기록되어 있고, 덴마크의 교육, 특별히 덴마크의 국민고등학교의 창시자인 그룬트비의 교육 이념에 대하여 크게 관심을 갖고 있음을 보여 준다.
23 강태국, 『나의 증언』, 187.
24 강태국, 『나의 증언』, 187.

1) 민족성 개조사상 [25]

　강태국의 노동관의 특징은 무엇보다 민족성 개조사상에 근거한다. 강태국은 애국자였다. 일제에 항거하는 주동자이자, 선봉장으로서 광주학생사건의 운동을 평양에서 일으켰을 뿐만 아니라 옥고와 고초를 당하면서도 선일일체 사상을 배격하였고, 나중에는 만주로 망명의 길을 오르기까지 하였다.

　그의 피 속에는 강하게 흐르는 애국정신은 민족을 살리는데 그의 생애를 바치게 하였다. 민족을 사랑하는 강태국은 우리 민족의 잘못된 사상을 직시하였다. 그는 우리 민족의 망국적 정신을 우상 숭배, 불로소득, 사대주의 그리고 기복주의적인 샤머니즘으로 규정하고, 이러한 민족정신이 변화되어야 한다고 역설하였다.

　우리 민족은 우상 숭배로 인해 영원한 멸망의 위기에 있는가 하면 저들의 정신 상태는 사대주의에 침륜되어 있고 생활은 사농공상이라는 양반 숭배의 테두리 안에 헤어나지 못하여 농민이나 노동일을 하는 사람들을 천하게 여기며 놀고먹는 사람을 부러워하였다.

　따라서 우리는 반만년 역사를 자랑하면서도 그 많은 세월 동안 우리는 세계 인류를 위하여 공헌한 것이 하나도 없을 뿐만 아니라, 오늘에 이르러서는 세계의 국가 중에 후진국의 대열에 서 있다는 이 사실을 아무도 부정

25　민족개조론은 먼저 1919년 도산 안창호의 상해 연설로부터 시작하였다. 도산은 개조라는 제목으로 시작되는 연설에서 조선의 교육과 종교, 농업, 상업, 풍속, 의복, 심지어는 강과 산까지 개조되어야 한다는 민족의 개조를 주장하였다. 도산은 조선인의 나쁜 민족성으로 웅장한 기풍의 결핍, 지속성의 결핍, 신앙심의 결핍, 당파열, 배관열을 지적하였다. 동시대에 황달영은 우리 민족성의 단점으로 인해 일본에게 패망하였다고 비판하였고, 1921년 김지전은 조선의 사회 발전에 방해되는 민족성으로 명예심, 권리심, 당쟁심, 배금열 등을 나열하면서 민족성의 개조를 강조하였다. 1920년대 춘원 이광수도 민족개조론을 강조하였다. 춘원은 조선에는 어느 분야에도 전문가라고 할 만한 사람이 없음을 통탄하고 조선의 살 길은 오직 민족개조를 외쳤다.

할 수 없을 것이다.[26]

강태국은 조선의 경제가 피폐하고 백성들이 말할 수 없는 곤궁에 빠지게 한 원인이 양반 숭배 문화라고 보았다.[27] 우리나라를 지배하였던 양반 숭배의 사농공상의 문화인 조선 후기 신분제도의 배경은 바로 유불도의 문자적 잔재 때문이라고 보았다. 강태국도 자신의 삶 속에 노동을 부끄러워하던 때가 있음을 고백한다.

> 등에 지게를 지고 갈 때나 무거운 괭이를 들고 땅을 팔 때나, 허리를 구부리고 리어카를 끌 때나 일 없는 신사와 숙녀들이 나의 앞을 지나가게 되면 나는 한없이 나의 일하는 것을 부끄럽게 생각하였으며, 심지어는 숨으려고 해 보았습니다.[28]

일하는 것을 부끄러워하는 그러한 정신은 "노동자를 압박하며 상류계급을 부러워하는, 선조로부터 받은 선천적 유전성이 그대로 나타난 것"으로 보았다.[29]

강태국이 지적한 대로 양반 숭배의 직접적 원인을 제공하는 유교는 본래 지배계층의 권력을 강화하기 위한 목적으로 종교지식인들에 의해서 만들어졌다. 유교의 창시자인 공자는 노동을 천시하여 노동하는 인간은 소인에 해당하고 노동하지 않는 지배층은 군자로 인식시켰다.

이러한 유교사상은 조선 시대에 사회적으로 커다란 영향을 끼쳐서 양반은 육체 노동을 하지 않는 것을 덕으로 삼았을 뿐만 아니라, 생산 활동을

---

[26] 강태국, 『나의 증언』, 170-71.
[27] 양반사상이 근간을 이루는 유교는 우리나라에 삼강오륜정신을 통해 민족의 좋은 점을 전달하였음을 부인할 수 없다. 그러나 양반 숭배로 말미암아 노동을 천시하고 실질적 생산자였던 농민들이나 상공인들을 천하게 여기며 지배층을 유지하였던 양반제도의 문제점을 강태국은 지적한 것이다.
[28] 강태국, 『나의 증언』, 234.
[29] 강태국, 『나의 증언』, 234.

위해 노동에 참여하는 것을 양반의 수치로 여김으로 온갖 잡일은 노비가 도맡아 하였다.

불교 또한 현실을 고해로 보았고 따라서 열반의 경지에 들어가기를 원하는 승려들에게 있어서 수양을 강조하되, 생산적인 노동을 가급적 피하게 함으로 노동하는 것은 세속적인 일로 취급하였다.

이러한 유불도 정신은 "일이나 하려면 학교에 아니 간들 못하랴"는 사상으로 이어졌다.

강태국은 "자녀를 공부시키는 목적이 하다못해 면서기 자리 하나라도 얻을 수 있는 출세가 그 목적"[30]이 되는 것은 망국사상이라고 보았기에 민족의 발전에 저해를 가져오는 "잡초"인 유불도 사상을 제거하여야 한다고 보았다. 그렇기 때문에 그는 그리스도의 정신에 기초를 둔 교육을 통하여 그리스도의 정신으로 조국의 문화를 바꾸기를 원했다.[31]

2) 그리스도의 정신에 바탕을 둔 교육사상

일립 강태국은 다른 선각자들과는 달리 민족성의 개조를 '전국 복음화'를 통하여 그리스도의 정신으로 바꾸고자 하였다.

---

30 강태국, 『나의 증언』, 154.
31 강태국은 민족을 살리기 위한 일환으로 복음을 접촉하고 사농공상에 젖어 있는 우리민족성의 그리스도의 정신으로 무장된 민족성으로 바꾸기 위해서 1952년 1월 10일 한국복음주의선교회를 발족하였는데 이때 참석자는 김용기, 여운혁, 박대혁 그리고 강태국이었다. 강태국은 복음주의 선교회를 통해서 교육, 산업, 구제 선교 등 4개 분야 중 교육과 산업에 관련된 일을 먼저 시작하기로 하였는데 김용기 장로에게 농촌운동을 그리고 강태국은 교육을 맡기로 하였다. 농촌 사업의 주목적은 산업을 통하여 전도를 하려고 함이었다. 강태국은 1952년 한국복음주의선교회에서 복음농도원, 고등농민학원을 설립하여 용인 교육청의 허가를 받는다. 학교의 설립 목적은 전국 복음화를 위한 일꾼 양성이었다. 학제는 3년이었고 입학 자격은 초등학교 이상으로서 등록금을 받지 않았고, 교실에서 문자만 가르치지 않고 농장에서 실습을 하고 과학적인 농사기술을 익히게 하였다. 1953년 4월 16일 복음중학교로 교명을 변경하고 용인군 원삼리 좌항리로 이전하여 1954년 9월 18일 복음농민전수학교로 인가를 받게 된다.

지금 우리는 선진조국 창조와 민족통일을 우리 민족 전체의 최대과업으로 생각하며 추진하고 있다. 그러나 우리 민족 전체가 합심 단결하여 피땀을 흘리지 않으면 아니 될 것이다. 이 합심단결로 우리 민족성이 변화되어야 할 것이다. 그 변화의 길은 우리 민족 전체가 복음을 접하여 그리스도의 정신을 받아들이는 길밖에는 없다고 나는 확실히 말하고 싶다.[32]

그러한 쇄신은 교육을 통해서 가능하다고 보았다. 그는 살아 있는 교육은 그리스도의 정신에 바탕을 둔 교육이어야 한다는 것을 분명히 한다.

> 요사이 우리나라에서 일어나는 문제 가운데 가장 큰 것 하나가 있으니 그것을 교육 문제이다.
> 그것은 전국 대학생이 외치고 있는 아우성이 아닌가?
> 그 이유는 어디에 있는가?
> 이는 그들이 받는 교육의 뿌리 없는 교육이기 때문이 아닌가?
> 문자나 어떠한 과학적인 기술을 가르치는 것이 교육이 아니다.
> 나는 분명히 외치고 싶다. 그리스도의 정신을 뿌리로 두지 아니한 문자 교육이나 기술 교육은 다 바람에 날리는 겨와 같은 것이라고!
> 그것이 오늘날 현실이 증명하고 있다. 백년대계의 교육은 반드시 그리스도의 정신에 뿌리를 박아야 할 것이다. 이것이 대한민국의 정신이 되어야 할 것이다.[33]

그는 교육의 뿌리가 좋지 못하면 아무리 고등교육을 받았다 할지라도 그 생활의 열매는 사회와 민족과 국가에 해를 끼치는 것밖에 되지 않을 것이라고 확신했다. 또한, 그는 교육이 문자나 과학기술을 가르치는 것에 그

32　강태국, 『나의 증언』, 189.
33　강태국, 『나의 증언』, 203.

쳐서는 안 된다는 것을 강조한다.[34] 살아 있는 교육은 그리스도의 정신에 바탕을 둔 교육이어야 한다.

(1) 한국성서대학교의 교육 목표

그리스도의 정신 구현을 위해 그가 세운 한국성서대학교의 교육 목표를 살펴보면, 다음과 같다.

① 하나님과 그리스도에 대하여

"하나님의 뜻에 대한 절대복종과 봉사적 실천생활을 통하여 생동하는 관계"와 "그리스도를 중심으로 하는 모든 봉사에 확고한 신념을 갖게 하는 것"

② 신앙에 대하여

"성서가 영감에 의하여 기록된 말씀인 것을 감사와 순종으로 받아들일 수 있는 신앙의 소유자로서의 건전한 인격자"를 찾는 것

③ 삶의 실천에 대하여

"생활을 통하여 그리스도의 복음을 전파하는 데 영적으로, 지적으로 손색이 없는 지도자가 되기 위해서", "주어진 직장에서 능동적이고 효율적인 책임감을 갖고 충성되이 봉사하는 지도자를 산출하려고" 하는 것

④ 조국에 대하여

"성서에 입각한 순수한 복음진리로서 정신무장을 하고 예수의 발자국을 따라 조국의 지역사회에 신음하는 모든 겨레를 영적으로, 육적으로 봉사함으로써 조국의 백년대계에 이바지할 개척자를 찾으려고" 함

---

34 강태국, 『나의 증언』, 170.

(2) 복음농민전수학교

복음 전파를 위한 농촌지도자를 양성할 목적으로 설립된 용인 복음농민전수학교의 설립 목적, 이념, 목표, 교육내용에서도 한국성서대학교와 동일한 실천사상이 여실히 드러난다.

농민들을 가르치는 모습

① 설립 목적

용인 복음농민전수학교의 설립 목적은 복음을 조국에 전파함으로써 하나님께 영광을 돌리며 한국 사회를 행복하게 재건하여 지도자를 양성하며, 한국 교육 이념 아래 농업기술 교육과 온전한 기독교 교육의 바탕으로 하여 도덕 교육을 통해 농촌의 삶의 질을 높인다.

② 이념

1. 영혼 구원
2. 조국 구원
3. 농촌 구원

③ 학훈

1. 하나님을 사랑하라
2. 사람을 사랑하라
3. 흙을 사랑하라

④ 교육내용

1. 기독교 교육

기독교 교육의 목표는 성서 공부를 통해서 학생들이 거듭나도록 함에 있다. 용인 복음농민전수학교는 모든 채플을 참석하도록 지도하며 성서 수업을 지도하여, 말이 아닌 행동함으로 살아 있는 기독교인으로 훈련한다.

2. 기술 교육

복음농민전수학교는 농업의 과학기술을 가르치고 낙농, 목수, 건축 등 실제적인 기술을 익혀서 이론적인 부분뿐만 아니라 실제기술을 연마하도록 전수한다.

3. 사회 교육

복음농민전수학교는 언어, 사회과학, 기본법, 토론방법, 시사 등의 과목을 통해 기초적인 문화 교육을 배우게 하고, 사회생활에 있어서 좋은 시민의 역할을 담당할 수 있도록 학생들의 능력을 증진시킨다.

용인 복음농민전수학교 과수원에서

위의 내용에서 나타난 것처럼 강태국은 복음 전파를 통해 조국과 농촌을 구원하기 위해서 "교실에서의 형식적인 교육만으로 하지 아니하고 학생들의 생활을 직접 지도하고 강인한 도덕적 기질과 기독교적 성품을 가진 지도자를 양성코자 하였다."35

즉, 교육이란 단순한 이론적 지식이 아니라 생활과 노동하는 가운데 얻어지는 지식이며, 삶에서 구현되는 살아 있는 지식이다. 이러한 측면에서 그리스도의 정신에 입각한 교육을 실현하기 위해서 현장에서 이루어지는 노동을 강조하였다. 이를 그리스도의 정신에 입각하여 이루어진 노동 교육은 무엇보다도 성서의 가르침에 그 바탕을 두고 있다.

3. 성서적 노동사상

강태국은 한국인의 잘못된 사상 중의 하나는 일을 하기 싫어한다는 것이었다. 특히, 육체 노동을 싫어하고 할 수 있거든 안 하려고 한다. 육체 노동은 천한 것들이 하는 것이고 하잘것없고, 무식하고 가난한 사람, 지위가 낮은 사람이 어쩔 수 없이 하는 것으로 생각한다. 이처럼 근본적으로 삐뚤어진 노동관을 바로잡기 위해 강태국은 성서적 노동관을 제시한다.

1) 노동자이신 하나님

강태국 박사는 노동의 신학적 근거를 하나님으로부터 출발한다. 민족의 무사안일을 예찬하는 유불도(儒佛道) 문화가 주는 폐단을 보았기에 그는 우리 민족의 정신을 개조하기 위해서 성서에 근거하여 하나님이 노동자이심을 강조하였다.

창세기 1:1은 하나님께서 일하시는 분이심을 증거한다.

> 태초에 하나님이 천지를 창조하시니라(창 1:1).

---

35 한국성서학교 BULLETIN, 1967.

우주 만물의 존재는 하나님의 사역 결과였다. 즉, 사람으로서 측량할 수 없는 거대한 우주 공간과 그 속에 헤아릴 수 없는 별들을 만들고, 세밀한 모든 것을 그 법칙대로 만드신 분은 일하시는 하나님이다. 삼라만상에 하나님의 솜씨가 미치지 않는 곳이 없다.

또한, 하나님은 인간을 하나님의 형상을 따라 직접 지으셨다. 창조 사역 후에도 하나님은 여전히 계속되는 노동 때문에 우주는 계속 운영되어 가는 것이며 유지되어 간다.[36] 하나님은 우리를 위해서 지금도 일하시고 계시며 우리가 쉬는 시간이나 잠자는 시간에도 일하신다.[37]

그뿐만 아니라 강태국은 예수님 또한 이 땅에서 땀 흘리며 일하는 노동자로 사셨다는 것을 중시한다.

> 내 아버지께서 이제까지 일하시니 나도 일한다(요 5:17).

예수님은 성부 하나님의 뜻을 좇아 일하셨다. 자기를 낮추어 하늘의 영광을 버리시고 성육신하신 예수님은 인간으로서 겪을 수 있는 모든 형극과 현실 고를 경험하였을 뿐만 아니라[38] 목수로서 노동자의 삶을 사셨다.

강태국은 목수로서 집수리와 건축의 일을 하면서 가족을 부양하는 평범한 일꾼이셨던 예수님께 초점을 맞추었다. 예수님은 나사렛의 노동자로서 30년간 일하시면서 그분의 공생애 사역을 준비하셨다.

나사렛의 한 노동자로서 예수 그리스도, 가장 평범한 서민으로서의 목수의 직업을 취하신 예수 그리스도 그분의 이러한 서민 생활을 통하여 얻은 그 당시의 사회상은 그분의 전도 생활에 또 다른 한 개의 기본적 재료가 된 것이다. 따라서 그분의 노동자로서의 서민 생활은 예수 그리스도의

---

36 강태국, 『성서강해』 2권 (서울: 성서교재간행사, 1990), 318.
37 강태국, 『성서강해』 2권, 263.
38 강태국, 『성서강해』 2권, 263.

전도사업에 큰 준비가 된 것이다.[39]

　나사렛 예수님은 목수로 일하시면서 사람들의 수고와 무거운 짐을 보았고, 병든 자, 절망하는 자, 좌절하는 자, 신음하는 자들의 눈물과 고통하는 현장을 온몸으로 체험하셨다.

　이를 바탕으로 예수님은 공생애 기간 진정으로 그들의 필요에 맞는 사역을 하실 수 있었다. 그들이 신음하고 있는 현실의 아픔을 품에 안으셨을 뿐만 아니라 병든 자를 치료하고 눈먼 자를 보게 하시고 죽은 자를 살리셨다.

　예수님의 일은 사람을 위한 봉사의 일이었다. 예수의 일생 일은 사랑이 원동력이 되어 남을 섬기고 그것을 위해 희생하는 것이었다. 예수님의 일은 인류를 위해 '십자가의 희생'을 기꺼이 감당하는 헌신의 일이었다.

2) 노동자로 부름을 받은 기독자

　노동은 하나님으로부터 그 기원이 있으므로 천한 것이 아니라 신성한 것이다. 강태국은 기독자가 노동하는 것은 현실 사회에 주어진 하나님의 사명으로 보았다. 모든 기독자는 각계각층의 분야에서 다양한 사명이 있기에, 사회인으로서 각자의 사명을 감당해야 할 뿐 아니라 복음에 대한 사명을 충실히 실천하는 것이다.

　창세기 1:28의 "생육하고 번성하여 땅에 충만하라"라는 말씀은 기독자의 사명이 하나님의 청지기로서 허락된 일인 문화명령을 수행해야 하는 의무와 책임에 대해서 말씀하고 있다.

　강태국은 노동에는 귀천이 없으며 오히려 현실에서 다양한 노동을 하는 것이 하나님이 주신 사명이며, 따라서 모든 사람의 사명은 각기 다르지만, 그 사명의 가치성이 같다는 것을 강조한다. 그는 대통령의 사명이나, 길거

39　강태국, 『성서강해』 5권, 140.

리를 매일 청소하는 환경미화원의 사명이나 그 가치성은 같다고 보았다.[40]

기독자는 대통령으로서든, 환경미화원으로서든 자신에게 주어진 각자의 직분을 위해서 최선의 노력을 다해야 하는 사명이 있음을 기억해야 한다. 왜냐하면, 기독자는 노동자로서 다 함께 하나님과 동역하는 자들이기 때문이다. 따라서 기독자의 노동(일)하는 것은 생존경쟁을 위함이 아니라 그리스도를 위한 것이다.[41]

즉, 기독자의 삶은 기독자 자신의 것이 아니라 그리스도께서 사심으로 사는 것이기에 세상의 인간적인 욕망이나 세속적인 욕구 때문에 움직이는 것이 아닌, 오직 그리스도의 뜻을 따라 사는 것이다. 강태국은 그리스도를 떠나서 일하는 것은, 세상의 부귀영화를 위해서 헛된 것을 좇아가는 것이며, 향락은 비극을 초래하게 되며, 자신의 안일만을 위해서 일하고 수고하는 것은 헛된 인생의 달음질이라고 경고하고 있다.[42]

일하는 목적은 오직 한 가지인데 그것은 살아 계신 하나님께 영광 돌리고 그분을 기쁘시게 하는 것이다.[43] 따라서 강태국에게 있어서 노동은 단순히 돈을 벌기 위한 수단이 아니기에 기독자는 돈의 노예가 되어 돈의 봉사자로 살 것이 아니라 하나님 나라를 위해 살 것을 요청하고 있다.

강태국은 일하는 것을 천시하는 잘못된 민족정신에 반하여, "일하기 싫거든 먹지도 말"는 실천적인 삶을 강조하였다. "일하기 싫거든 먹지도 말라"는 이 말은 얼른 생각하면 사랑의 결핍으로 보이지만, 이 말대로 실천하는 것이 오히려 참사랑임을 강조한다. 왜냐하면, 강태국은 일하지 않는 것이 곧 개인이나 그 민족이 망하는 길이라고 보았기 때문이다.

---

40 강태국, "사명과 실천", 『성서강해』 2권, 202.
41 강태국, "역경의 도전", 『성서강해』 2권, 204.
42 강태국, 『성서강해』 2권, 253-256.
43 강태국은 용인 복음농민전수학교의 설립 목적을 다음과 같이 밝히고 있다. "The purpose of establishing YONGIN GOSPEL FARMER SCHOOL are to glorify the God through spreading the Gospel all over the Country" from Information Book of YONG IN GOSPEL FARMER SCHOOL.

우리 겨레 오천만이 저마다 일하지 않고 먹으려고 한다면 어떻게 되겠는가? 그 결과는 멸망뿐일 것이다.

우리는 일하고 먹는 민족이 되어야 하겠다. 이것이 우리의 살 길이다.

일하지 않고 먹으려고 하는 사람이 많은 민족이나 국가는 영원히 멸망한다.

이 나라에 태어난 산 기독자여!

우리는 노동의 선구자들이 되자.[44]

---

44 강태국, 『성서의 종교』 3권 (서울: 성광문화사, 1988), 351.

따라서 자기 손으로 수고하여 일하게 하고 생활비를 충당할 것을 권고하고 있다. 그는 바울의 예를 들어, 제 손으로 일하는 기독자가 되어야 할 것을 강조한다.

> 여러분이 아는 바와 같이 이 손으로 나와 내 동행들이 쓰는 것을 충당하여 범사에 여러분에게 모본을 보여준 바와 같이(행 20:34-35a)

그러므로 하나님을 사랑하는 자는 부지런해야 하며 게으르지 말아야 한다. 노아가 하나님의 명령을 받아 성실하게 방주를 짓는 일을 함으로써 120년간에 걸쳐 만드는 일에 전력하였으며, 충성스럽게 완성한 것처럼 하나님의 동역자가 된 우리 기독자는 주어진 각자의 분야에서 최선의 노력을 다하여 일해야 할 것을 강조한다.[45]

하나님은 부지런하고 성실히 일하는 자를 축복하셨지만, 그와 반대로 게으른 자는 미워하신다. "악하고 게으른 자들은 바깥 어두운 데로 내어 쫓으라 거기서 슬피 울며 이를 갈고 있으리라"는 말을 기억하며 기독자는 열심을 내어야 한다.

강태국은 일하는 것은 축복이라는 점을 강조면서, 여호와를 경외하는 자에게는 언제나 축복으로서 일을 주고 이같이 성실히 일하는 자는 궁핍이 있을 수 없음을 역설하고 있다.[46]

---

[45] 강태국, 『성서의 종교』 2권, 268-69.
[46] 강태국, 『성서의 종교』 2권, 268-69.

4. 강태국의 노동관이 끼친 영향과 의의

1) 영향

 민족의 잘못된 노동사상을 직시하고, 민족성을 개조하기 위해, 그리스도의 정신에 입각한 성서적 노동관을 실천함으로써 남긴 귀한 영향력을 살펴보고자 한다.

 (1) 전국 복음화를 위한 일꾼을 양성하는 일에 크게 이바지하였다
 그리스도의 정신에 입각한 생활과 노동으로 훈련받은 많은 복음의 일꾼들이 배출되어, 대한민국 각 지역으로 흩어져서 그리스도의 복음은 전파하는 사역자가 되었으며, 전 세계적으로, 중국, 일본 미국, 캐나다, 남미, 독일 그리스, 프랑스, 영국, 이스라엘, 몽골 등으로 가서 훌륭한 선교 사역을 감당하고 있다.
 이들은 한 알의 밀알정신으로 무장된 복음의 역군들로서, 영성과 실력과 인격을 갖춘 목회자와 선교사로서, 복음의 구령사업을 펼치고 있다. 이러한 복음 일꾼들의 공통적인 특징은 강태국의 노동사상을 용인 복음농민전수학교, 한국성서대학교 등에서 훈련받았다는 점이다. 이들은 잘못된 민족성을 바꾸어 그리스도의 정신으로 변화시키는 역할을 담당하는 복음의 일꾼이 되었다.

 (2) 한국 농촌운동의 토대가 되었을 뿐만 아니라 1970년대의 새마을운동에 영향력을 끼쳤다
 전국 복음화의 일꾼양성과 "농촌과 우리 민족을 가난의 고통에서 해방하기 위한 꿈"을 가지고 1952년 용인 사암리에서 농도원, 그 후에 용인군 원삼리 좌항리에 세운 복음농민전수학교는 나중에 농촌운동을 일으키는 중요한 토대가 되었다.

강태국의 영향을 받은 김용기와 류태영에 의해 가나안농군학교와 새마을운동으로 한국농촌운동의 계보가 이어짐을 볼 수 있다. 복음농도원의 관리를 맡았다가 강태국과 의견 차이로 농도원을 떠나 설립한 가나안농군학교는 강태국의 농도원의 영향을 받았다.

포천 밀알훈련센터에서 식목하기 전

또한, 복음농민전수학교의 교장을 맡았던 류태영은 강태국으로부터 민족 사랑의 열정, 복음과 농촌운동에 대한 강열한 영향력을 받아서[47] 강태국의 농촌운동의 계보를 이어서 계속 농촌발전을 연구하여 1970년대에 새마을운동의 이론적 기틀을 닦았다.

실제 류태영은 자신이 세운 새마을운동은 강태국의 '천국운동 50년 계획'과 덴마크의 농촌운동을 참고하여 만들었다고 증언하고 있다.[48] 이 새

---

47 류태영, 『언제나 나는 꿈꾸는 청년이고 싶다』, 174. 류태영은 강태국의 민족 사랑과 농촌부흥의 열정에 감동을 받아 자신이 개척자의 삶을 살기로 작정한다. 그는 복음농민전수학교 학생들을 불러 모아서 다음과 같은 말을 한다.
"우리는 개척자다. 너희들도 몸으로 느꼈듯이 우리 농촌은, 우리들의 고향은 가난 이외에는 가진 것이 하나도 없다. 우리는 그 무엇도 없는 우리 고향을 살리기 위해 여기에 모인 것이다. 무에서 유로 창조하는 것. 이것이야말로 개척자가 해야 할 일이다. 우리는 누구도 할 수 없는 것을 해 낼 수 있어야만 한다."
이러한 정신은 강태국의 농촌을 살리려고 하는 의지가 류태영에게 전달된 것이었고, 후에 류태영을 새마을운동의 기틀을 마련하게 된다.

48 정진영, 『강태국의 '천국운동 50년 계획'에 나타난 교육사상』 (석사 논문, 한국성서대학교 대학원, 2002), 53.

마을운동은 민족성을 바꾸어 경제 기적의 원동력이 되었다.[49]

(3) 밀알정신을 바탕으로 하는 교육기관 통해 노동관과 실천을 계승한다

한국성서대학교와 포천 밀알조림센터를 통해서 성서에 입각한 교육과 노동훈련을 계승케 함으로써 후손들에게 그리스도의 정신에 입각한 참된 실천의 교육장을 계속이어서 갈 수 있는 틀을 만들었다는 점이다.

매년 시행되는 밀알 훈련을 통해서 학생들에게 단순한 기술 교육이나 문자를 가르치는 것으로의 교육이 아닌 기독교 정신을 바탕으로 하는 교육을 통해 노동의 체험을 갖게 하고 있다. 현재 포천 밀알조림센터는 150만 그루 이상의 조림으로 심어졌으며, 노동 교육의 학습장으로 활용되고 있다.

2) 의의

(1) 민주시민으로서 가져야 할 올바른 노동 정신을 제공한다

21세기를 사는 민주시민이 가져야 할 덕목은 근면, 성실, 정직, 책임, 봉사, 자주적 직업의식 등이라고 볼 수 있다.

강태국은 그리스도를 중심으로 모든 봉사에 근면하고 성실하고 정직한 일꾼을 양성하고자 하였고, 주어진 직장에서 능동적이고 효율적인 책임감을 느끼고 충성할 지도자를 노동 정신을 통해 산출하고자 했다는 점에서 민주시민이 가져야 덕목과 일치한다.

---

49 김형아 호주국립대 교수는 이 새마을운동은 "한국인의 국민성을 바꾸었고 경제 기적의 원동력이 되었다"라고 보았다. 그는 새마을운동을 통해서 국민의식이 바뀌었다. 새마을운동이 시작되기 "이전에는 한국인은 게으르고, 의타적이며, 수동적이라는 인식을 스스로 했고 '엽전', '집신'이라고 자신을 비하하였으나 … 1970년대 새마을운동을 통해서 '할 수 있다', '하면 된다'는 자신감과 불굴의 의지를 불어넣게 되었다." 조선일보 2009년 10월 21일 A22면.

오늘날 여전히 노동 천시 풍조 및 불로소득, 한탕주의 등 잘못된 우리 민족정신을 극복하고 조국의 백년대계와 전 세계에 기여할 인재를 양성하기 위한 교육으로서 강태국의 노동관은 의미가 있다.

(2) 강태국의 노동 교육은 현대 교육에서 강조하고 있는 전인교육과 유사하다

진술한 바와 같이 강태국은 그리스도의 정신을 바탕으로 하는 전인격적 교육을 강조하고 있다. 단순히 이론 교육이나, 과학기술적인 교육이 아니라, 삶을 강조하는 인격적인 교육으로 영적, 지적, 사회적, 도덕적으로 올바른 인격을 전인격적인 인재를 양성하는 것을 목표로 하였다.

오늘날 교육이 지식 교육에 편중하고 다른 영역의 교육을 소홀히 하는 시점에서 강태국의 그리스도 정신에 바탕을 둔 전인교육은 그 의의가 크다는 것을 알 수 있다.

(3) 강태국의 노동관은 실천적이고 실용적이다

복음 전파를 통한 민족정신을 개조하여 민족을 변화시켜 부강한 나라로 건설하기 위해 전문적인 기술을 익히게 하여 생활력을 갖추게 하였다.

강태국이 설립한 용인 복음농민전수학교에서는 6만 평에 달하는 캠퍼스를 준비해서 그 안에 농업 실습장을 두고 학생들이 실제로 농업 실습, 과학적인 낙농기술, 건축, 조림 실습, 농민기술 교육을 통하여 농촌의 생활을 개선하고 행복한 한국 사회를 재건할 지도자를 양성하였고 이를 통해 복음으로 농촌 청소년의 정신을 복음으로 개량하고 농민의 생활에 도움이 되게 하였다. 이처럼 실생활 교육을 중시한 실용적인 노동 교육을 통해 자주, 자립정신을 길러주었다.[50]

---

50 강태국의 학생들에게 노동을 직접 참여하도록 하였다. 예를 들면 실천신학이라는 과목을 통하여 모든 학생들이 노동에 참여케 하여 작업도구 사용법, 청소하는 법, 효과적으로 조립 실습하는 법 등 매우 구체적인 실습 교육이 실시되었다. 또한, 근로장학생이

위에서 살펴본 것처럼, 강태국은 일을 천시하고 일하는 것을 부끄럽게 여기는 민족사상을 변화시키고자 하였다. "최후의 증언"에서 그의 민족 복음화를 통해 잘못된 노동을 포함한 민족의 잘못된 사상을 바로 잡는 것을 그의 일생의 사명으로 삼았음을 볼 수 있다.

> 나를 농부(마 21:33-41)로 삼으시고 불교와 유교사상의 유물인 우상 숭배와 불로소득의 정신과 사대주의 그리고 기복주의적인 샤머니즘의 잡초가 우거진 한국 땅에 예수 그리스도 복음의 씨를 뿌리라고 이 땅 위에 나게 하신 것을 감사한다.

이처럼 강태국은 선각자로서 잘못된 우리 민족의 사상을 바로잡고자 복음에 입각한 노동관을 정립함으로 우리 민족성을 개조하는 데 일조하였을 뿐만 아니라 복음의 일꾼 양성과 농촌부흥운동을 이끄는 중요한 역할을 하였기에 이 시대를 살아가는 기독자에게 중요한 의미가 있다고 본다.

라는 프로그램을 통해서 소수의 인원을 선발하여 노동을 통해 학비를 조달하고 공부할 수 있도록 하였다. 근로장학생 제도는 1년 동안 일을 하여 4년간의 수업료를 면제하여 주었다. 이 프로그램은 1987년까지 지속되었으며 노동을 통하여 자립심과 끈기 그리고 불굴의 정신을 길러 주어 밀알정신을 갖춘 인재를 양성하는 데 큰 역할을 하였다.

제8장

❖❖❖

봉사

이 글에서 강태국 박사의 봉사관에 나타난 사상과 실천을 조명하고자 한다. 강태국은 한국 교회의 설교가이며, 교육가였고 그리고 농촌계몽운동가로서 일생을 민족과 한국 교회에 위해 헌신한 분이다.

그가 살았던 시대는 일제에 국권을 빼앗기고, 힘없는 비참한 민족으로서 모든 설움을 다 겪어야 하는 시기였으며, 가난과 굶주림 그리고 낙후된 경제 등으로 희망이 없던 시대였다.

또한, 불교. 유교. 도교의 유물인 우상 숭배와 사대주의, 기복주의 사상, 노동 천시 사상, 불로소득 사상이 만연하고 세속주의가 가득하고 샤머니즘적인 잡초가 우거져 있는 민족의 사상적 암흑기 시대였다.

순교자의 피를 이어받아 1904년에 태어난 강태국은 15세가 되었을 때 복음을 접하고 예수를 믿게 되었다. 그의 생애는 마치 "95년의 생애가 마치 순교자처럼 그리스도에게 철저히 드려진"[1] 봉사의 삶이었다.

그는 자신의 주되신 그리스도를 사랑했고 그분을 위해 자신의 생애와 목숨을 아끼지 아니하였다. 또한, 강태국은 민족을 뜨겁게 사랑하였으며 가난과 굶주림에 있던 농촌의 농민들과 우리 민족을 가난의 고통에서 해방하기 위해 땀 흘린 농촌운동 지도자였다.

무엇보다도 그는 죽어가는 인류의 영혼을 사랑하여 복음을 전하는 일에 한 생애를 바친 분으로서 그의 생애를 한마디로 표현한다면 '민족봉사의

---

1 이호우, 『일립 강태국의 박사의 생애와 사상』 (도서출판 철탑, 2001), 103.

제단에 모든 것을 바친 산 제물'이라 말할 수 있을 것이다.

이 시대에 강태국의 섬김과 봉사를 조명하여 봄으로써 참된 봉사란 과연 어떠한 것인지, 그리고 오늘날 그리스도인들이 이 시대에 과연 어떤 삶을 사는 것이 가장 가치 있는 삶을 사는 것인가를 살펴보고자 한다.

그의 봉사관을 고찰함에서 먼저, 봉사의 근원, 봉사의 대상, 봉사의 결과, 봉사의 내용 등을 조명한 다음 그의 봉사의 특징과 의의를 살펴보고자 한다.

1. 봉사의 근원

강태국은 참된 봉사의 근원이 "예수의 섬김"으로부터 출발해야 한다고 보았다. 즉, 예수님이 이 땅에 온 것은 "섬김을 받으려 함이 아니라 도리어 섬기고 자기 목숨을 많은 사람의 대속물로 주려"(마 20:28)고 오셨고 그 그리스도께서 봉사의 근원이시며, 인류에 대한 사랑과 봉사가 예수 그리스도의 마음이며 세상에 오신 목적이라고 보았다. 따라서 예수의 정체가 바로 섬기는 삶 즉 '봉사의 삶'이었다고 증언한다.

> 이것이 예수의 생활이요 또한 그 정체이다. 과연 이 말씀은 예수의 전 생애를 표현한 것이다. 그 생애 전체가 봉사였을 뿐만 아니라 그의 죽음이 역시 그러하다. 그는 전 인류를 위하여 생명을 바치셨다. 즉, 그 죽음을 통하여 전 인류의 죄와 사망의 자리에서 구원하여 내셨다. 만일 그리스도의 십자가가 없었더라면 전 인류는 도저히 사망의 그늘에서 구원을 얻어 하나님 앞에 돌아올 길이 없었다.
> 모든 인류는 죄인인지라 죄인인 인류는 하나님 앞에 형벌을 받을 것밖에 없었다. 주님은 이 인류의 가긍한(가난하고 궁핍한) 정경을 보시사 사랑으로써 그 전체를 십자가의 제단의 희생의 제물로 드려 인류의 죄를 속하사 하나님

의 진노를 푸시고 예수를 믿는 모든 자를 이끌어 하나님께로 인도하사 그 자녀가 되게 하셨다. 이것이 주님의 봉사요 속죄의 십자가이다. 기독자의 주님이 가신 발자취를 따라 남 섬기는 종의 도를 실천하자.[2]

즉, 예수님은 하나님이시나 하나님과 동등됨을 취하지 않고 자기를 스스로 낮추어 이 세상에 오셔서 종의 형체를 입고 사람을 섬기는 종의 역할을 감당하시고 죽기까지 복종하심으로 사람을 섬겼다. 이것이 예수님의 삶의 목적이었다.

그리고 성서는 그 섬김의 완결이 자신의 목숨까지 내어주는 자리임을 가르치고 있다. 예수님은 종의 형체를 갖고 자기비하와 낮아지심으로 인류에게 봉사하셨다.

강태국은 예수님의 삶의 목적이 죄인을 불러 구원하기 위함임을 강조한다. 그는 "죄인의 부르심"(마 9:9-13)이라는 설교에서 부정과 불의의 대명사였던 세리와 죄인 같은 죄인들을 구원하기 위해 예수님이 오셨다는 것을 강조한다. 즉, 마태복음의 다음 말씀을 통해 예수님의 사명이 "죄인을 위한 긍휼의 봉사"[3]인 것을 밝히고 있다.

> 긍휼을 원하고 제사를 원치 아니하노라 하신 뜻이 무엇인지 배우라 내가 의인을 부르러 온 것이 아니요. 죄인을 부르러 왔노라(마 9:13).

그뿐만 아니라 예수님은 메시아로서 세상에서 버림을 받은 자들과 가난한 자의 친구가 되신 봉사의 삶을 통해서 그분이 메시아이심을 증명하였다. 강태국은 예수님을 가리켜 다음과 같이 말했다.

2　강태국, "예수의 정체", 『성서강해』 2권 (서울: 성서교재간행사, 1990), 124.
3　강태국, "죄인을 부르심", 『성서강해』 1권, 50.

세상의 불구자, 즉 소경, 앉은뱅이, 문둥이, 귀머거리 같은 모든 불행한 인간들의 희망과 생명이었고 죽은 자의 부활이었으며 가난한 자의 위로였으며 이 전무후무한 그의 생애는 그의 메시아 됨을 증명한다.

즉, 예수님은 연약한 자, 고통을 받는 자, 즉 병든 자와 장애인이 고침을 받고 억압된 자들을 자유롭게 하심으로 그리고 가난한 자들에게 복음을 전파하심으로 메시아 되심을 나타내신 것이다. 예수 그리스도는 고통받는 자와 모든 병자를 돌아보시며 치료하시는 가장 불행한 자들의 벗이 되시는 것을 보이셨다.

더 나아가 법과 계명으로서 사랑을 실천하신 분이 예수님이라는 것을 강조한다. 성서는 그리스도인이 지켜야 두 가지 계명을 말한다. 첫째 계명은 마음을 다하고 목숨을 다하고 뜻을 다하고 힘을 다하여 주 너의 하나님을 사랑하는 것이며 둘째 계명은 네 이웃을 네 몸과 같이 사랑하라는 것이다.

강태국은 다음과 같이 말했다.

> 하나님을 사랑하고 사람을 사랑하는 것은 둘이 아니요. 다만 사랑 그것 하나이다. 성경의 중심이 사랑이란 말은 하나님은 즉 사랑이란 말이다.[4]

강태국은 "하나님이 사랑이며 그 사랑의 결정체가 그리스도의 십자가에서 나타났다"고 보았다. 즉, 예수님은 사랑을 실천하신 분으로서 우리의 봉사의 근원이 된다고 보았다.

---

4 강태국, "사랑의 종교", 『성서강해』 1권, 154.

2. 봉사의 대상

강태국은 그리스도인들이 섬기고 봉사해야 할 대상을 세 가지 차원으로 말하고 있다.

첫째, 예수 그리스도이다.

강태국은 예수님이 세상에 대한 섬김과 봉사를 말하고 있지만, 무엇보다도 최우선 섬김의 대상은 그리스도 예수임을 밝히고 있다.

마가복음 14:3-5, "마리아의 행위와 제자의 비난"이라는 설교에서 고가의 향유를 담은 옥합을 깨뜨리고 그 향유 전부를 예수의 머리 위에 부은 여자의 행위를 비난하는 제자들은 "이 향유를 삼백 데나리온 이상에 팔아 가난한 자들에게 줄 수 있었도다"고 판단하였으나, 예수님은 도리어 "저가 내게 좋은 일을 하였느니라"고 마리아를 판단하셨다.

강태국은 마리아가 행한 일이 예수님의 십자가를 위함이었고 예수님에 대한 불붙은 사랑이 그처럼 최선의 봉사를 하게 된 것을 강조한다. 즉, 예수님을 위해 행한 것이 가장 고귀한 것임을 말한다.[5]

따라서 그는 그리스도의 장례를 위해 가장 고귀한 것을 바친 마리아가 가장 고귀한 봉사를 하였다고 보았다. 이러한 예수님에 대한 봉사는 "빛나는 행위"[6]이며 복음이 영원불멸한 것처럼 그 행위가 불변하게 나타날 것을 말하고 있다. 즉, 그는 그리스도를 사랑하는 가운데 그리스도께 하는 행위는 영원히 남을 것을 강조했다.

둘째, 세상의 모든 사람이 봉사 대상임을 말하고 있다.

강태국은 '사랑의 실천 대상'이 세상의 모든 사람이며 "네 이웃을 네 몸과 같이 사랑하라"는 명령은 특정한 계층을 말하는 것이 아니라 "세상

---

5 강태국, "사랑의 능력", 『성서강해』 1권, 185.
6 강태국, "빛나는 행위", 『성서강해』 2권, 167.

의 모든 사람을 사랑하라"는 말씀이라고 보았다. 더 나아가 "너희 원수를 사랑하며 너희를 핍박하는 자를 위해 기도하라"는 말씀이야말로 산상보훈의 최고 절정이며 기독교의 새 계명이라고 보았다.[7]

> 이것이 거듭난 자들에게 주어지는 최대의 계명이다. 예수께서 주신 새 계명이요 천국 시민에게 주어진 최고 법칙이다. 이것은 인간의 육적 감정에서 흘러나오는 것이 아니요. 정신적 거룩한 사랑이다.[8]

그는 이러한 원수까지 사랑하는 것은 인간의 사랑이 아니요. 하나님의 사랑이라고 보았다. 하나님의 사랑은 원수 되었던 인류로 더불어 화목하기 위해 그 사랑하는 아들을 십자가에까지 달리게 하신 실현된 사랑이다. 강태국은 이 사랑을 그리스도인이 받았다고 한다면 그리스도인의 삶 속에서 이 사랑이 표현되어야 하며, 하나님의 사랑으로 그리스도인은 원수까지도 사랑하여야 한다고 말한다.

"기독자의 사랑"이라는 설교에서 하나님은 그 은혜를 모르는 무지한 자나 또는 악한 자에게도 인자한 것을 강조하며 기독자는 자기의 친구나 심지어는 원수라고 할지라도 공평하게 사랑하여야 해야 함을 강조한다. 왜냐하면, 기독교의 사랑은 세계적이요 신적이기 때문에 우리를 사랑하는 자만 사랑할 것이 아니라 우리를 미워하는 원수일지라도 사랑해야 한다고 그는 강조한다. 기독자의 '최고의 이상'으로 보았다.

셋째, 사회의 약자나 소외계층이 봉사의 대상이다.

강태국은 "너희가 여기 내 형제 중에 지극히 작은 자 하나에 한 것이 곧 내게 한 것이니라"라는 말씀을 기독교의 윤리와 사랑의 봉사 표준으로 보았으며 소외계층에 대한 봉사를 그리스도에 대한 봉사로 동일시하였다.

---

7 강태국, "원수를 사랑하라"(마 5:43-35), 『성서강해』 1권, 29.
8 강태국, "원수를 사랑하라"(눅 6:27-30), 『성서강해』 3권, 85.

참된 봉사는 "세상에서 버림을 받은 불행한 약자들을 위하여"[9] 섬기는 일임을 말한다.

강태국은 "어린아이를 영접하라"(마 18:5-9)라는 설교에서 어린아이에 대한 예수의 태도를 강조하며 예수님이 어린아이들을 위해 아끼지 아니하고 그분의 전 사랑을 보이신 것처럼 그리스도인은 어린아이와 같은 약자를 영접함으로 섬기고 봉사할 것을 강조한다.

3. 봉사의 자세

사람은 누구나 남에게 높임을 받고 대접받기를 좋아하고 원한다고 강태국은 보았다. 대부분 사람은 남을 높이고 존대하고 또 섬기는 일은 원치 아니한다. 그러나 그리스도인은 먼저 하나님을 사랑하고 봉사하는 동시에 사람을 사랑하고 봉사해야 할 것을 강조한다. 그리고 하나님을 사랑하고 사람을 사랑하는 방법은 "곧 자기가 남에게 대접을 받고자 하는 대로 남을 먼저 대접하는 그것이니 이는 실천이다."[10]

그는 실천이 없는 믿음은 죽은 믿음이며 실천이 없는 사랑은 허위이기 때문에 기독교의 가장 중요한 대인관계는 사랑의 실천에서 이루어져야 할 을 말한다.

그리스도인은 실천을 통해 하나님께로 향하게 된다. 그리스도인이 하나님께 영광 돌리며 그를 기쁘시게 하는 모든 방법 중에서 가장 중요한 것은 올바른 대인관계로 보았는데 올바른 대인관계는 남에게 대접받고자 하는 대로 남을 대접하는 데에 있다고 보았다.

---

9   강태국, "참된 봉사", 『성서강해』 3권, 196.
10 강태국, "봉사에 대한 성서적 교훈", 『성서강해』 5권 398.

첫째, 강태국은 사람에 봉사할 때 무엇보다 하나님이 주시는 힘과 은사로 해야 함을 강조한다. 그는 "누가 봉사하려면 하나님의 공급하시는 힘으로 하는 것같이 하라"(벧전 4:11)는 말씀을 모든 봉사하는 일에 자기 자신이 하는 것처럼 할 것이 아니요. 하나님이 주시는 능력 안에서 하는 것으로 믿고 하나님께 영광을 돌릴 것으로 이해하였다.[11]

둘째, 사람에 대해 봉사를 할 때 무엇보다 주께 하듯 섬기는 자세로 봉사해야 함을 강조한다.

즉, 봉사를 실천함에서 세상의 기준과는 전혀 다른 그리스도인의 기준을 가져야 함을 말한다.

강태국은 "종의 심듯"(엡 6:5-6)이라는 설교에서 "그리스도인의 봉사는 마치 노예가 주인을 섬기듯이 해야 한다. (1) 그리스도에 하듯 할 것이요. (2) 마음으로 하나님의 뜻을 이행하듯이 할 것이며 (3) 기쁜 마음으로 해야 한다"고 말한다. 왜냐하면, 사람은 외모로 보지만 하나님은 그 중심을 보시는 분이시기 때문이다.

셋째, 신앙으로 해야 할 것을 말한다.

"신앙과 봉사"(빌 2:28-30)라는 설교에서 봉사는 주 안에서 해야 한다는 것을 강조한다. 주 안이라 함은 '신앙'으로 하라는 말이다. 즉, 봉사하되 신앙을 기초로 해야 한다. 왜냐하면, 그리스도를 떠난 기쁨은 일시적이고 육적인 것에 불과하기 때문이다.

넷째, 남을 봉사하는 일은 자기의 소유가 넉넉한 가운데서 이룩된 것이 아니요. 자기가 쓸 것도 부족한 중에 최선을 다하여 남을 봉사하라는 것이다. 남을 봉사하는 일은 희생적인 정신으로 해야 한다. 희생적 정신이 없이는 결코 남을 봉사할 수 없다.

---

11 강태국, "다만 하나님의 영광을 위하여", 『성서강해』 4권, 229.

다섯째, 기독교의 봉사는 당연한 의무라는 자세로 봉사해야 한다.

남을 봉사하는 것은 기독자에게 주어진 신앙의 열매이므로, 그러므로 봉사하지 않는 자는 신앙이 없는 증거이다. 따라서 그는 영원한 형벌을 받을 것이다.[12]

4. 봉사의 내용

봉사는 나누고 섬기는 것이라는 점에서 무엇을 나누고 섬기어야 하는가를 세 가지로 말하고 있다.

첫째, 복음을 나누는 것을 강조한다.

복음 전파는 그에게 있어서 가장 중요한 섬김이고, 멸망으로 치닫고 있는 사람들을 영생으로 인도하는 것이야말로 봉사 중의 봉사이다. 강태국은 일제의 압제 속에 어려움을 겪고 조국의 현실이 풍전등화와 같은 상황 속에서 민족 복음화만이 민족과 나라를 살리는 길로 이해하고 이 일에 자신의 삶을 봉사하기로 작정하였다.

그는 "나의 전 생애의 목표는 전국 복음화를 위한 것이요, '천국운동 50년 계획'이란 …, 목표를 위한 전 생애의 활동이다"[13] 이 목적 아래 "한국 복음주의선교회를 발족하여 전쟁의 실의에 빠져 있던 조국에 용기를 주어 기독교의 복음 운동으로 자국민에게 새로운 삶의 방향을 제시할 수 있다"[14]고 확신하였다. 그는 "The New Challenge of Korea"라는 제목하에 복음을 나누는 것이 민족에 봉사하는 길임을 밝히고 있다.

---

12 강태국, "봉사에 대한 성서적 교훈"『성서강해』5권, 408.
13 강태국,『나의 증언』, 67.
14 이종경,『일립 강태국의 선교운동에 관한 역사적 고찰』, 102.

The war was still raging when I returned to Korea, I saw much of the suffering that befall the people during this terrible war, this was surely a land without hope both physically and spiritually. After much political wrangling the war ended, and the treaty of peace was signed, Military peace had come at last, but there was no real lasting and abiding peace in the hearts of the people of Korea. The people did not know of the peace that Christ offers, when He says, "My peace I give unto you: not as the world giveth, give I unto you." They know not of the "blessed hope" of the saving power of the Lord Jesus Christ. The physical hunger caused by his devasting conflict cause much suffering among the people, and saddened the hearts of may round the world; the greatest hunger was in the hearts of the vast number in the populace who had a spiritual hunger that only christ, the "bread of life", here were the heart-breaking facts of mans answer to peace.[15]

그는 굶주리고 헐벗고 유리하며 방황하는 허다한 한국 사람들을 보았다. 그러나 그들의 육적 빈곤은 이 땅에 물질이 없기 때문이 아니요. 영의 양식이 결핍하기 때문이라고 진단하였다. 다시 말하면 저들은 영적으로 굶주리고 헐벗었으며 죄악의 포로가 되어 있다.

이러한 자들에게 영의 양식을 나누어 주는 봉사를 하는 자가 복이 있다고 보았다. 그래서 그는 이렇게 말하였다.

오늘날 우리 민족이 가장 필요로 하는 사람은 하나님의 대언자요, 예수 그리스도의 복음의 대언자이다. 이러한 하나님의 대언자, 복음의 대언자는 우리 민족에게만 필요한 존재가 아니요 오늘의 전 세계 인류가 요구하는 사람이다.

---

15 강태국, 『나의 증언』 (서울: 성광문화사, 1988), 318.

또한, 제2차 '천국운동 50년 계획'에서도 이 복음을 나누는 것이 가장 중요한 일이며 이 일을 이룰 수 있는 수단은 오직 성서뿐임을 밝히고 있다.

> We do not believe that Korea's greatest people lies within the sphere of political or military division of the country but do attribute our distress of the division and turmoil with the minds of the people. I contend that there is no hope for our country until all of the Korean people overcome the confusion in the their minds by finding Jesus Christ as their Lord and personal Savior. Then how, you ask, and by what means will their minds and hearts be converted and enlightened? I believe there is not other way except to teach the Bible.[16]

둘째, 시간을 나누는 것이다.

누군가를 위해서 시간을 내어주는 것도 봉사임을 그는 말하고 있다. 강태국은 자신이 남긴 "최후의 증언"에서 다음과 같이 말한다.

> 하나님은 나를 노예로 삼으시고 일할 수 있는 두 가지 달란트를 주셨다.
> 첫째는 시간이요,
> 둘째는 금전이다(마 25:14-30).
> 나는 오늘까지 나에게 주어진 시간을, 그리고 나에게 주어진 재물을 나의 인간적 향락을 위하여 도둑질하지 않고 다만 그 나라와 그의 의를 위하여 (마 6:23) 쓰게 된 것을 감사한다.[17]

---

16 강태국, 『나의 증언』, 320.
17 강태국, 『나의 증언』, 324.

그리고 자신의 '전 생애를 통하여' 오직 주님이 보여 주시는 푯대를 향하여 오늘까지 달리는 포로가 된 것을 감사하다고 증언한다. 그리고 그는 성서대학교를 설립한 이래로 하루같이 오전 8:30부터 오후 5시까지 그의 전 생애를 '그리스도를 위한 봉사', '사람을 위한 봉사'를 멈추지 아니하고 '시간을 나누는 봉사'를 하였다.

셋째, 물질을 나누는 것이다.

복음의 진리가 영혼을 위한 것이라면 물질은 육신을 위한 것이다. 육신이 생존하는 데 필요한 것을 나누는 것도 봉사라고 보았다. 로마서 15:26-27을 근거로 하여 강태국은 가난한 성도를 위해 구제하기 위해 물질로 돕는 것을 기독교의 봉사라고 보았으며 불행한 자들을 물질로 돌아보는 것은 기독교인의 의무라고 하였다.[18] 그리고 코이노니아 즉 교제를 통해 성도들 사이에 고락을 함께할 것을 말하고 있다.

또한, 가난한 자를 돌아보지 않는 자는 죄를 짓는 것이라고 보았다. 누가복음 16:19 이하에 나오는 부자와 나사로의 비유를 들어 사람을 물질로 대접할 줄 모르는 인색한 사람의 형벌을 말하고 있다. 그는 부자의 죄는 자기의 주어진 재물을 철두철미하게 자기 자신의 향락을 위해서 사용한 죄였다. 그는 다른 사람을 대접하지 않았고 자기가 속한 사회를 위해서 물질을 쓰지 아니하였다는 것을 지적한다.

---

18 강태국, 『성서강해』 6권, 189.

5. 봉사의 결과

첫째, 봉사의 결과 '하나님의 상급'이 주어짐을 강조한다.

그는 "주를 위하여서 하는 우리의 모든 일이 현재에는 아무 보상이 없는 듯하나 먼 후일에 우리는 예수 그리스도의 가슴속에서 발견할 것이다"[19]점과 소자 중 하나에 냉수 한 그릇이라도 주는 자는 결코 상을 잃지 아니하리라는 점을 말씀을 강조한다. 그는 또한 봉사는 기적적인 상급을 가져온다고 보았다.

예를 들면, 사르밧 여인이 궁핍한 중에 하나님의 사람 엘리야를 위한 희생적인 봉사가 과부에게 기적을 가져다주었다.

또한, 수산 도성의 기적은 에스더가 자기 민족을 위해 희생을 각오하고 봉사한 결과 메데 파사 전 영토 안에 거주하는 모든 동족을 전멸의 위기에서 건져내는 위대한 기적을 낳았다.

뱃세다에서 어린아이의 봉사, 즉 다섯 덩이의 떡과 두 마리의 물고기를 예수님께 드린 봉사의 결과로, 수천수만의 배고픔을 면케 하는 기적을 가져왔다.

그리고 가장 위대한 봉사인 예수 그리스도의 봉사는 전 기독자에게 부활과 구원의 기적을 가져온 것이다.[20]

둘째, 봉사의 삶을 통해 천국의 삶을 사는 자가 된다.

강태국은 다음과 같이 말하였다.

> 천국의 성질은 세상의 그것과 정반대이다. 세상은 부귀와 권력과 영광을 받은 것을 행복으로 생각하나 천국에서는 가난한 자, 핍박당하는 자, 다른 사람을 주는 자가 복이 있다. 천국은 바리새인이나 사두개인이나 그 밖

19　강태국, "상을 잃어버리지 아니하리라", 『성서강해』 6권, 62.
20　강태국, "봉사와 기적", 『성서강해』 4권, 295.

> 에 허다한 예루살렘의 상층 계급들처럼 섬김을 받으려고 하는 자의 세계
> 가 아니요 오직 예수 그리스도처럼 섬기는 '봉사자의 세계'이다. 이유인
> 즉 하늘나라 모든 영광의 보좌를 내어놓고 이 세상에 오셔서 죽기까지 복
> 종하시고 또 봉사 생활을 하신 예수 그리스도 자신이 곧 천국이기 때문
> 이다.[21]

셋째, 참된 봉사는 부강의 원리가 된다.

자기가 대접을 받고자 하는 대로 대접하는 자들은 부강의 삶을 누리게 된다. 부강의 원리 중 하나는 예수님을 대접하는 것이고 예수님을 대접하는 방법은 가장 가까이 있는 지극히 적은 소자 하나라도 예수님의 이름으로 대접하는 것이다. 하나님은 이러한 사람을 위해 생명의 하늘나라를 준비하시고 또 기다리고 계시다는 사실이다.

반대로 다른 사람을 대접하지 않음으로써 하나님을 대접하지 않는 자들은 예수님을 대접하지 않는 것이고 이들은 파멸의 길을 걸어가게 되는 것이다.

6. 강태국의 봉사 실천의 특징

1) 오직 하나님의 영광을 드러내기 위한 봉사

그의 생애는 봉사로 일관하였으나 자신을 드러내고자 함이 없었고, 언제나 이름도 없이 빛도 없이 선한 일을 도모하였고, 하나님의 영광을 위해서만 봉사의 삶을 살았다. 그는 자기 삶의 목적을 다음과 같이 밝히고 있다.

21　강태국, "천국의 성질", 『성서강해』 1권, 138.

나는 18세에 처음으로 초등학교에 입학하였다. 이때까지 나의 육안은 세상의 학문에 대하여서도 소경이어서. 나는 18세 때에 비로소 육안이 뜨기 시작하였으니 이것은 내가 스스로 이루어진 것이 아니요. 다만 하나님께서 이처럼 내 눈을 띄우신 것은 나 자신을 위함도 아니요. 내 가족을 위함도 아니다. 이는 오직 하나님의 영광을 드러내기 위함이다.

마찬가지로 내가 세상에 난 것도 그 자신을 위함이 아니요. 다만 하나님의 영광을 위함이다. 여기에서 나는 내가 왜 세상에 태어난 것을 알게 되었다. 내가 세상에 온 목적을 발견하게 된 것이다. 그 목적은 오직 하나이니 이는 나의 전 생애를 통하여 하나님의 영광을 나타내는 그것이다. 나의 생애도 나의 사는 것도 나의 죽은 것도 다만 나를 세상에 보내신 하나님의 영광을 위함임을 알았다.[22]

그는 하나님을 영화롭게 하는 것, 즉 하나님께 영광을 돌리는 것이 인간의 의무라고 보았다. 인간이 하나님에게 하는 예배라고 하면 그런 생활을 통해 언제나 하나님을 즐거워하는 것이 또한, 인간의 생활 전부라고 보았다.[23]

하나님을 사랑하기에 하나님께 영광을 돌리겠다는 강태국이 가진 삶의 유일한 목표는 그가 1955년 덴마크 복음농민전수학교에 방문하여 국제로터리클럽에서 던진 메시지에서도 분명히 드러난다.

> Then what must be our purpose to live in such an wonderful country as Christian? St. Paul said, Brethren, I count not myself to have apprehended, but this one thing I don forgetting those things which are behind, and reaching those things which are before. I press toward the mark for the prize of high calling

---

[22] 강태국, "다만 그리스도를 위하여", 『성서의 종교』 4권, 232.
[23] 강태국, "다만 하나님의 영광을 위하여", 『성서의 종교』 4권, 219.

of God in Jesus Chris. Ladies and Gentlemen, have you ever received any high calling from God? Yes, I believe all of you have, if your are Christians, We have may things in our lives. But Paul said, "This one thing I do." What does "this one thing" mean?

Now we found one thing we must do. What is it? It is nothing but to love the Lord with all our heart, with all our soul, with all our strengths, and with all our mind. But the problem is how to love the Lord Even the lawyer did not know how to love the Lord. Therefore, he ask him again in the hope of justifying himself, saying, "who is my neighbor?" Then Jesus told him a parable of the good Samaritan. "One day a certain man wen down from Jerusalem to Jericho."[24]

즉, 그는 그가 해야 할 일이 하나님을 마음과 뜻과 정성을 다해 사랑하는 것이고 하나님을 사랑하는 길은 진정으로 도움이 필요로 하는 이웃을 사랑하고 돌봄이었다. 또한, 영육 간에 생애의 결실을 통해서도 영적 과실을 많이 맺어 하나님께 영광으로 돌려야 할 것을 강조하고 있다.

봉사하는 모든 일은 자기 자신이 하는 것처럼 할 것이 아니라, 하나님이 주시는 능력 안에서 하는 것으로 믿고 하나님께 영광을 돌려야 함을 강조하고 있다.

또한, 그는 바울이 예수 그리스도의 고난에 참여하여 그에게 주어진 십자가를 지고 갈보리 도상으로 행진하는 것처럼 그리스도인은 "예수 그리스도 때문에 주림도 있고 헐벗음도 있고 옥에 갇히는 것도 있고 매 맞음도 있고 시내의 위험도 있고 황야의 위험도 있고 교회를 위하여 우는 자와 함께 울고 고통 하는 자들과 함께 매일매일 죽는 일을 하여야 할 것이 아닌가"[25]라고 하였다.

24　강태국, "This One Thing I Do", 『나의 증언』, 289.
25　강태국, "오직 이 한 일을 위하여", 『성서의 종교』, 149.

2) 밀알정신에 근거한 봉사

밀알정신은 강태국 자신의 신앙 신조로서 한국성서대학교의 설립이념이며 교육의 기본원리이다. 밀알정신이 핵심은 예수 그리스도이며 예수 그리스도께서 밀알정신의 모든 것이 됨을 말하고 있다. 즉, 땅에 떨어진 한 알의 밀이신 예수 그리스도를 본받는 실천적인 삶이다. 이 밀알정신은 이론이 아니라 삶을 강조한다.

강태국은 생활 속에서 자기 자신을 비우는 헌신과 경건의 삶을 삶으로써, "예수님의 무소유 정신 또는 희생정신을 삶 속에서 실천하는 것"과 "그리스도의 복음을 세상 모든 민족과 국가에 전하는 것으로"[26] 보았다.

3) 애국정신에 바탕을 둠

강태국의 봉사관은 투철한 애국정신을 바탕으로 이루어졌다. 그는 어려서부터 민족을 사랑하는 애국정신이 살아 움직이고 있었다. 일제의 통치 아래 시대적 상황 속에서 조국의 피폐한 모습에서 건지고자 하는 강한 애국적 열정이 있었다.

"최후의 증언"에 나타난 그의 봉사관은 그의 조국을 살려야겠다는 애국정신을 바탕으로 하는 것을 볼 수 있다.

> 나를 농부로 삼으시고 불교와 유교사상의 유물인 우상 숭배와 불로소득의 정신과 사대주의, 그리고 기복주의적인 샤머니즘의 잡초가 우거진 한국 땅에 예수 그리스도의 복음의 씨를 뿌리라고 이 땅에 나게 하신 것을 감사한다.[27]

---

26 이호우, 『일립 강태국 박사의 생애와 사상』, 95.
27 강태국, 『나의 증언』, 324.

강태국은 미국에서 'Korean Evangelical Movement'(한국복음주의운동)를 설립했는데 그러한 정신이 나타나 있다. 그를 통해 물질적, 정신적, 영적으로 피폐한 조국을 살리기 위한 그의 간절한 호소가 그의 메시지에 나타나 있다.

> 한국의 물리적 상태는 매우 열악한 상항에 놓여 있습니다. 전쟁으로 인한 도덕적 상태는 한국에 한번도 경험하지 못한 위기로 몰고 있습니다. 많은 한국의 기독교 지도자들이 전쟁으로 죽임을 당하였기에, 지금 한국의 영적 생명이 필요하며 회복되어야 합니다. 그렇습니다. 한국은 예수 그리스도의 메시지가 필요합니다. 우리의 기도와 희망은 한국복음주의운동을 통해 이 시대의 도전에 분연히 일어서서 대처하는 것입니다.[28]

> 적극적으로 기독교 지도력을 재건하기 위한 노력의 일환으로 1952년 서울에서 한국성서학교가 시작되었고 서울에서 남쪽으로 80마일 떨어진 용인에 시골 복음학교가 세워졌습니다. 우리의 임무는, 전쟁으로 산산조각 나서 웃는 얼굴이 없는 이 사람들의 마음에 평화를 가져다줄 그리스도의 구원의 은혜의 메시지를 가지고, 궁핍한 땅으로 나아가도록 젊은이들을 훈련시키는 것이었습니다.
> 그러나 나의 크리스천 좋은 친구 여러분, 여러분의 도움이 필요합니다. 한국은 물리적으로 아무것도 가지고 있지 않습니다. 그러나 한국은 이 시간에 복음 메시지가 필요합니다. 그 궁핍한 땅에서 계속 일할 수 있게 되도록, 한국은 여러분의 기도가 필요합니다. 한국은 도움이 필요합니다.[29]

---

28 강태국, 『나의 증언』, 286-87.
29 강태국, "NO SMILING FACES IN KOREA", 『나의 증언』, 286.

그는 말끝마다, 만나는 사람마다, 가는 곳마다 한국을 도와달라고 호소하였다. 그리고 전쟁 중에 한국에 돌아왔으며, 농촌운동, 조림사업을 벌이며 말로 하는 애국이 아닌 참된 애국이 무엇인가를 행동으로 보여 주었고, 오직 민족을 사랑하고 인류를 사랑하는 마음으로 살아 약동하였다.

4) 하나님의 사명

강태국의 봉사관은 그리스도인은 주를 위해서 일하는 노동자라는 것에 바탕을 두고 있다. 그리스도인이 노동하는 것, 현실 사회에서 봉사하는 것은 주어진 하나님의 사명으로 보았다. 노동을 통한 봉사에는 귀천이 없으며 오히려 현실 속에서 다양한 노동을 하는 것을 하나님이 주신 사명이며 따라서 모든 사람의 사명은 각기 다르지만, 그 사명의 가치성이 동일하다는 것을 강조한다. 그리스도인은 노동자로서 다 함께 하나님과 동역하는 것이며 그리스도를 위한 것이다.[30]

일하는 목적은 오직 한 가지인데 그것은 살아 계신 하나님께 영광 돌리고 그를 기쁘시게 하는 것이다.[31] 따라서 강태국에게 있어서 노동은 단순히 경제활동이 돈을 벌기 위한 수단이 아니기에 기독자는 돈의 노예가 되어서 돈의 봉사자로 사는 것이 아니라 하나님의 나라를 위하여 봉사하기 위함임을 강조한다.

강태국은 일하는 것을 천시하는 잘못된 민족정신에 반하여, "일하기 싫거든 먹지도 말라"는 실천적인 삶을 강조하고 이를 민족의 봉사 정신으로 삼고자 하였다. "일하기 싫거든 먹지도 말라"는 이 말은 얼른 생각하면

---

30 강태국, "역경의 도전", 『성서강해』 2권, 204.
31 강태국은 용인 복음농민전수학교의 설립 목적을 다음과 같이 밝히고 있다. "The purpose of establishing YONGIN GOSPEL FARMER SCHOOL are to glorify the God through spreading the Gospel all over the Country" from Information Book of YONG IN GOSPEL FARMER SCHOOL.

사랑의 결핍으로 보이지만, 이 말대로 실천하는 것이 오히려 봉사이며 참 사랑임을 강조한다.

> 우리 겨레 오천만이 저마다 일하지 않고 먹으려고 한다면 어떻게 되겠는가? 그 결과는 멸망뿐일 것이다. 우리는 일하고 먹는 민족이 되어야 하겠다. 이것이 우리의 살 길이다. 일하지 않고 먹으려고 하는 사람이 많은 민족이나 국가는 영원히 멸망한다.
> 이 나라에 태어난 산 기독자여!
> 우리는 노동의 선구자들이 되자.[32]

그는 노동함으로써 하나님과 사람들에게 봉사하였다. 자신의 가진 모든 재물은 다 하나님 것으로 간주하고 자기의 이름으로 두지 아니하고 청지기 봉사관을 가지고 있어 단 한 푼도 낭비하지 않으려고 하였고 철저한 절약 정신이 몸에 배어 있었다.

또한, 한순간의 시간이나 오락이나 안일로 허송할 수 없다는 정신을 가지고 살고자 하였다. 매일 봉사의 삶을 통해 오직 그 한 가지, 하나님을 사랑하고 그 사랑을 이웃을 사랑함으로 나타내고자 하였다.

그는 스스로 땅에 떨어진 한 알의 밀이 되어 자신을 봉사의 제단 위에 드리는 삶이 됨으로써 이 땅에서 진정한 봉사가 무엇인지를 보여 주었고 봉사에 있어서 오늘날 그리스도인이 걸어가야 할 길을 제시하였다고 본다.

---

32 강태국,『성서강해』3권, 351.

제9장
애국사상과 민족복음화운동

I. 서론

일립 강태국(1904-1998)은 경건한 신앙운동과 성서의 권위를 최고로 삼은 보수주의 신학운동, 그리고 민족복음화운동을 통해 우리 민족과 한국 교회에 기여하신 분이다.

특별히 일제강점기에 나라를 잃고 신음하던 민족의 아픔과 동족상잔의 비극인 6.25전쟁 속에서도 한국 교회의 원로 목회자, 신학자, 교육가로서 민족복음화운동을 통해 한국 교회와 한국 사회를 재건하기 위해 적지 않은 역할을 하여 왔음을 부인할 수 없다.

그동안 강태국 박사에 관한 연구는 다양한 분야에서 이루어졌다.[1] 본 연구는 강태국 박사의 여러 가지 교회사적인 공헌 가운데 그의 민족복음화

---

[1] 강태국에 관한 연구는 다양한 학자들에 의해 이루어졌다. 박태수, "일립 강태국 박사의 봉사관", 『일립논총』 17 (2012): 69-112; 박태수, "일립 강태국의 기도론 연구", 『일립논총』 16 (2013): 63-89; 박태수, "일립 강태국의 노동관", 『조직신학연구』 12(2009):198-215; 박태수, "일립 강태국의 박사의 신론", 『일립논총』 20 (2018): 43-69; 박태수, "일립 강태국의 교회론에 대한 고찰", 『조직신학연구』 18 (2013):131-63; 최영태, "일립 강태국 박사의 윤리사상에 대한 연구", 『일립논총』 18 (2013): 81-103; 최영태, "일립 강태국 박사의 전도관에 대한 연구", 『일립논총』 15 (2010): 133-78; 김현광, "일립 강태국 박사의 로마서 해석연구", 『일립논총』 14 (2009): 59-90; 김현광, "강태국 박사의 목회서신 강해가 주는 목회적 실천적 교훈", 『개혁논총』 19 (2011):81-110; 이호우, 『일립 강태국 박사의 생애와 사상』 (서울: 첨탑, 2001); 이호우, "강태국의 복음 전도 입장에서 바라본 세계 교회협의회(WCC)에 대한 고찰", 『일립논총』 15 (2009): 73-98; 이종경, "일립 강태국의 선교운동에 관한 역사적 고찰" (철

운동과 애국사상을 중심으로 고찰하고자 한다.

그동안 민족복음화운동과 애국사상을 직접 다룬 연구는 없었으나 그의 제자들을 통해 부분적이지만 언급되었다.

예를 들면, 박영지는 "일립 강태국 박사의 생애와 사상"에서 강태국의 사상 첫 번째를 애국사상, 특별히 민족주의적 애국정신으로 꼽았다.[2] 특별히 '천국운동 50년 계획'은 가장 고귀한 애국운동으로 보았다.

이종경은 "일립 강태국의 선교운동에 관한 역사적 고찰"에서 강태국이 제시했던 밀알정신은 애국정신의 일환이었다고 보았다.[3]

이호우는 강태국이 일제의 신민지 압박 속에 민족의 자유를 잃고 비탄 속에 절규하는 한민족의 고통을 진심으로 아파하는 애국정신을 가지고, 이를 구체적으로 실현하기 위하여 '천국운동 50년 계획'의 수립하였다고 보았다.

하지만 이들 연구는 강태국의 애국사상을 학문적으로 고찰한 것이 아니라 간략하게만 언급하고 있을 뿐이다.

본 연구에서 애국사상에 대하여 강태국의 생애에 나타난 민족 복음화와 애국사상의 배경을 살펴보고 그가 제시한 민족복음화운동에 나타난 애국사상과 그에 따른 핵심 사상, 실천 그리고 그 특징을 고찰하고자 한다.

학 박사 학위 논문, 한국성서대학교 대학원, 2002); 허정운, "一粒 康泰國 牧師의 說教 研究 : 聖書의 宗教를 中心으로" (석사 논문, 한양대학교 대학원, 2002).

2 박영지, "일립 강태국 박사의 생애와 사상", 『논문집 : 일립 강태국 박사의 미수 기념 특집』 (서울: 한국성서신학교 선교문제연구소, 1992), 37.

3 이종경, "일립 강태국의 선교운동에 관한 역사적 고찰" (철학 박사 논문, 한국성서대학교 대학원, 2002), 174.

2. 강태국의 애국사상의 배경과 태동

강태국 박사의 애국사상은 일제의 식민 지배 아래 있던 한국적 상항과 한국의 초기 기독교의 선교 배경 속에서 형성되었다. 강태국이 1904년 출생할 당시 나라의 운명은 풍전등화와 같았다. 1905년에는 을사보호조약이 체결되었고, 일본의 폭도에 의해 민비 시해 사건이 발생하여 나라의 운명이 위급한 상항이었다.

일제의 침략 야욕에 맞서 국민 회복을 위한 운동이 서생들을 중심으로 일어나 의병활동으로 이어졌다. 그러나 이러한 운동이 실패로 돌아가자 그들은 고향으로 돌아가 서당을 만들고 교육을 통한 구국운동을 전개하였다. 이러한 시점에 강태국의 부친 강용학은 민족사상이 투철하고 배일사상이 강한 사람이기에 일제가 세운 보통학교에 아들이 진학하지 못하게 하였다.

강태국은 한문서당에서 교육을 받으며 어린 시절이지만 다양한 노동을 경험하였다. 강태국은 한문 교육뿐 아니라 민족주의적 애국사상이 가정에서부터 그의 마음속에 배웠을 것으로 볼 수 있다.[4]

앞에 언급한 것처럼 강태국이 최초로 기독교를 접한 곳은 제주도 모슬포교회였다. 모슬포 교회는 조선예수교장로회 독노회에서 파송을 받은 이기풍 목사가 선교를 통해 1908년에 설립한 교회였다. 그 교회의 담임목사는 평양신학교 제2회 졸업생인 윤식명 목사였다. 윤식명 목사는 열정적인 목회와 복음 전도를 통해 모슬포교회를 성장시켰을 뿐만 아니라 조선의 광복을 염원하며 광숙의원을 설립하여 성장하는 학생들에게 신앙과 독립 정신을 고취시킨 애국자였다.

숭일(崇一)국민학교는 미국 남장로교 배유기 선교사(Eugene Bell, 1868-1926)가 성서적 교육 이념을 따라 참된 인성교육을 구현하고 선교적 사명

---

4 이종경, "일립 강태국의 선교운동에 관한 역사적 고찰", 30.

을 감당하는 인재를 양성하는 위해 세워진 학교였고, 학생들에게 철저한 기독교 교육과 민족정신을 불어넣어 항일운동의 견인차 역할을 하고 있었다.

따라서 강태국은 교육을 통해 자연스럽게 반일 애국정신이 싹트게 되었다고 본다. 숭일에서 강태국은 미국 남장로교에서 파송된 남대리(Leroy Tate Newland 1885-1969) 선교사 부부를 만나게 되었고, 한국선교에 남다른 열정을 가지고 있던 선교사 부부의 배려로 노동을 통한 자립정신을 키우고 학업을 지속하여 20세에 보통학교 졸업장을 받았다.[5]

강태국은 학업을 지속할 수 있는 길을 위해서 간절하게 기도하였고 마침내 숭일국민학교에 교사로 있던 한봉상 선생님의 도움과 남대리 선교사의 학비 보조로 1925년 3월에 평양 숭실중학교에 편입하게 되어 학업을 계속 진행할 수 있었다. 평양 숭실중학교는 미국 북장로교 윌리엄 베어드(Baird, W. M) 선교사가 기독교 정신을 따라 중등교육을 실시하기 위하여 세워진 학교였다.

당시 조선총독부가 '사립학교 교칙'을 제정하여 기독교 학교에서 성서 과목을 교수하지 못하게 하였으나 숭실은 성서를 가르치지 않는 학교는 존재할 필요가 없다고 선언하였고 지속해서 성서 교육을 하였다.

숭실이 고등보통학교로의 승격 문제와 신사참배 반대로 많은 어려움을 겪고 있는 환경 속에서 강태국은 1928년 평양 숭실중학교를 졸업하였다. 그리고 고학 생활을 하면서 당시 우리나라의 최고 학부 중의 하나였던 평양 숭실전문학교에 입학하였다. 강태국이 입학한 숭실전문학교는 세 가지 정신 곧 진리의 탐구, 봉사의 정신 그리고 자유의 구현을 추구하였다.

---

5 남대리(Leroy Tate Newland) 선교사는 미국 남장로교 소속으로 1911년부터 1939년까지 조선선교 사역을 감당하였다. 그의 부인 사라 앤드류(Sarah Louise Andrews, 1891-1981,) 선교사는 1911년 전남 광주와 목포를 다니며 30개의 가정 교회를 개척하고 지역사회를 위한 학교와 병원을 세워 지역민들에 큰 변화를 일으켰고 남대리 선교사 부부가 조선을 떠날 때는 120개의 교회가 되었다.

첫째, "진리의 탐구"는 무엇보다 기독교적 진리를 말하며 멸망해 가는 조국을 구하고 새로운 사회를 건설하기 위한 정신적 진리를 탐구하는 것이었다.

둘째, "봉사의 정신"은 그리스도와 민족을 위한 봉사를 의미하였다.

셋째, "자유의 구현"은 십자가의 복음을 통한 죄에서 구원을 의미하며, 무지와 질병, 그리고 우상과 미신, 더 나아가 일제의 억압에서 벗어난 정치적인 자유를 의미하였다.

숭실의 학훈은 당대 기독교 복음의 정신이 살아 있는 학교로, 일제의 탄압 가운데 놓여 있는 조국을 구하고자 하는 민족정신으로 이끌게 하였다.[6]

특별히 숭실의 선교사 교수들은 사경회운동과 복음 전파를 통한 영혼구원운동에 적극적이었고 한반도 전도운동을 위해 전도 대를 파송하여 전국 각지에 복음 전파를 하였으며, 당대 우리 민족의 구습을 타파하고자 사회 개혁에 지대한 관심이 있었다.

교수들은 민주주의의 사상을 전파하였고, 과거 봉건적이던 사회 악습을 개혁하고 보다 나은 사회를 건설하기 위하여 서구 사회의 과학과 기술을 가르쳤다. 또한, 일제의 식민지 체제가 조선의 발전을 막는 데 커다란 장애물임을 인식하고 독립운동을 동조하고 조선의 독립을 세계에 호소하기도 하였다. 이러한 학풍을 통해 강태국은 숭실에서 성서적인 신앙과 민족정신 그리고 인생철학을 배웠다고 증거하고 있다.[7]

강태국은 학업을 진행할수록, 일제의 박해와 멍에가 점점 심각함을 느끼게 되었고, 어떻게 하면 우리 민족이 일제 압제의 멍에에서 벗어나 자유를 얻을 수 있을까 하는 것이 그가 철이 들면서 가졌던 그의 염원이었다.

6　장동민, 『박형룡 한국 보수 신앙의 수호자』 (서울: 살림, 2006), 41.
7　강태국, 『나의 증언』 (서울: 성광문화사, 1988), 34.

그는 자유를 잃어버린 3천만 겨레의 절규와 탄식을 들으며 자신은 민족의 고통과 시련에 동참하여 조국 독립을 위해 살기로 결심하였다.

이 시기에 강태국은 가장 감수성이 예민한 청년 시절 1925-1932년까지 약 7년간 고당 조만식 선생의 영향을 크게 받았다. 강태국은 조만식 선생을 민족의 지도자로서 다음과 같이 기억했다.

> [조만식 선생은] 기독교를 단순히 영혼 구원을 지향하는 종교라는 데 국한시켜놓지 않고 사회 속에 진리를 구현하는 산 종교로 부각하는 데 힘썼고 기독교 정신을 민족 부흥운동에 이식시키고자 노력하는 분이며 … 철저한 기독교 신앙으로써 새로운 사람이 되게 하며 학문과 지식을 배워서 민족 중흥에 투신할 수 있는 애국자를 양성하신 분이다.[8]

특별히 조만식 선생이 교육가로서 교실에서 말만의 교육이 아닌 실제 생활로서 모범을 보여 주는 실천 교육자이었으며 학생들과 모든 생활을 같이하는, 그의 하루 24시간 교육은 강태국에게 강한 인상을 남겼다. 강태국은 당시 고당 조만식으로부터 보고 듣고 터득한 것을 네 가지로 요약하고 있다.

1. 고당의 검소한 실천 생활
2. 애국정신, 물산장려운동을 통해 국산품 사용이 민족경제 살리는 길
3. 숭고한 독립정신, 조선의 독립을 위해서라면 어떠한 희생도 감수하려는 정신
4. 독립운동을 성취하기 위하여 물질적 자원과 사람을 준비[9]

---

[8] 한경직, "고당 선생의 신앙과 민족 교육", 『고당 조만식의 회상록』(고당기념사업회, 1995), 71.

[9] 강태국, "숭실은 자고 있는가? 독립운동 일깨워", 『고당 조만식의 회상록』(고당기념사업회, 1995),113. 강태국은 조만식 선생이 그의 실천생활을 통하여 보여 준 만고의 애

조만식 선생의 영향력 아래 강태국은 독립운동의 일환으로 두 가지 중요한 일을 추진하게 된다.

첫째, 조선 독립을 위해서 독립융자금을 마련하고자 숭실공제회를 운영하는 일이었다.

숭실공제회는 숭실전문학교와 숭실중학교의 학용품과 생활필수품을 판매하는 일이었는데 적극적으로 지원한 이는 조만식 선생의 사위였던 정재윤 교수였다. 이것은 숭실공제회의 배후에는 조만식 선생이 있었음을 알 수 있다.[10]

둘째, 평양독립만세운동이었다.

1929년 11월 3일 민족의 성난 파도는 광주학생운동을 일으키게 하였다.

광주학생운동은 시작은 나주에서 광주로 통학하는 한일 학생들 간의 통학 열차에서 시작된 패싸움에서 발단되었으나 오랫동안 일제의 압박과 멍에 아래 고통을 당하며 쌓였던 원한과 울분이 터져서 민족의 가슴속에 성난 파도와 같이 불길은 삽시간에 전국적으로 전파되었다. 노도와 같은 이 민족의 성난 파도는 마침내 평양까지도 영향을 미치게 되었다.[11]

고당 조만식

국자요 독립운동가로서 한반도의 대동맥이여 숭실의 어머니이시며 민족의 정신적 지도자로서 자기를 부인하고 십자가를 지시고 갈보리 언덕으로 걸어가신 예수 그리스도의 산 교훈을 몸소 실천하신 시대적 순교자라고 보았다.

10 또한, 물산장려운동은 3·1독립운동 이후 민족에 대한 희망을 상실하고 살아가는 사람들에게 동포의식과 민족의식을 강하게 심어 주었다. 1920년대 물산장려운동은 3·1독립운동의 영향 아래에 진행된 애국애족운동이었다. 민족애가 자작회로 나타나든 국산애용부인회로 나타나든 그 중심에는 나라 사랑이 그 저변에 깊이 깔려 있었다. 홍이섭이 물산장려는 "순국산품만의 사용이라는 표제적 효과보다도 단합해야 산다는 자작을 민중의 가슴에 심어 주었다"며 이 운동의 역사적 의의를 민족정신의 고취에서 찾았던 것도 같은 맥락이다.

11 강태국, 『나의 증언』, 39-40. 평양독립만세운동에서 강태국의 역할은 실로 중요하였다.

강태국은 당시 상황을 다음과 같이 기록하고 있다.

> 1929년 12월 초순 어느 날 새벽이었다. 아직 시민들은 깊은 새벽잠을 깨기 전인 고요한 평양거리에 사람의 그림자가 나타났다. 그 그림자는 신양리에 자리 잡은 숭실전문학교 기숙사로 사라졌다.
> "숭실은 자는가?
> 광주학생사건으로 인해 전국이 물 끓듯 하는데 평양의 최고 학부인 숭전이 자고 있다니."
> 이 한마디를 남기고 그 음성은 그림자와 함께 사라졌다.
> 그 그림자의 정체는 누구였을까?
> 이 한마디의 음성이 숭실을 비롯하여 평양의 모든 민족의 가슴속에 일본인에 대한 분노의 불길을 일으켰다.
> 그러면 그 음성의 주인공은 누구였을까?
> 물론 조만식 선생님이었다.[12]

조만식 선생의 강렬한 외침에 크게 도전을 받은 청년 강태국은 김철훈, 박준용, 박태기 등과 함께 독립투쟁을 위해서 논하였고 조선 독립만세를 위한 문헌을 직접 작성하고 등사하였다. 그다음 날 숭실을 중심으로 조선 독립만세운동을 실행하기로 결의하였다.

그는 독립만세운동의 주동자로서 조선 독립을 위하여 평양독립만세운동을 계획하였고, 실행한 선봉장의 역할을 했다. 이러한 평양독립만세운동을 주도한 배경에는 자유를 잃은 겨레의 고통과 아픔을 자신의 것으로 받아들였기 때문이었다. 일제의 어떠한 고문과 회유에도 굴하지 않고 항일 투쟁을 자신을 던지고자 하는 굳은 결의에서 나온 민족주의적 애국심이 독립만세운동을 일으킨 원동력이 되었다.

12 강태국, 『나의 증언』, 47. 강태국이 일본으로 유학을 하게 된 것도 "범을 잡으려면 범의 굴로 가라"는 속담 아래, 일본을 잡으려면 일본을 알아야 한다는 고당의 길을 따라 일본 유학을 가게 되었다. 강태국이 일생 즐겨 부르던 찬송가 〈하늘 가는 밝은 길은〉 고당 조만식 선생의 애창 찬송가였다.

그러나 이 같은 계획이 사전에 학교에 알려지는 바람에 숭실전문학교의 윤산온 교장이 동계방학을 1달을 앞당기어 선언하므로 독립만세운동을 실행하지 못하였다.

하지만 강태국은 포기하지 않고 1930년 1월 하순에 숭실을 중심으로 거사를 일으키려는 것을 수정하여 평양의 각 중학교 학생들을 동원하고 시민들을 합세하여 독립만세운동 거사를 이루려고 계획하였다.

강태국은 이 같은 사실을 다음과 같이 진술하였다.

> 함박눈이 내리는 고요한 어느 날 밤 나는 상수구리에 있는 어느 하숙집 문을 두드렸다. 거기에는 숭실중학교 대표를 비롯하여 평양고보, 평양사범학교, 광성, 숭의여학교, 정의여학교와 학생대표들이 모여 나를 기다리고 있었다.
> 나는 그들에게 다음날 정오를 기하여 싸이렌소리와 함께 각 학교에서 학생들이 교실 밖으로 뛰쳐 나와 운동장에 집합하여 길거리로 나오되 숭전, 숭실학생들 중 절반을 선도로 하고 신양리에서 북쪽으로 진술하여 숭의, 정의, 평양고보생과 합류하여 동명선과 앞을 지나 종로를 통과하면서 평양경찰서 앞 광장까지 대한독립 만세를 부르면 시위할 것이요, 나머지 숭전, 숭실 학생들은 남쪽으로 진출 광성보고와 신시가를 지나 평양경찰서 앞 광장에서 합류하여 만세를 부르며 시위함으로써 평양 전 시민들의 자는 잠을 깨우치려고 하였다.[13]

그의 대담한 계획은 은밀하게 진행되었지만, 이번에도 사전에 발각되어 평양경찰서와 숭실의 당국에 들어갔다. 학교는 그다음 날 임시휴교가 선언되었으며, 교내 분위기는 삼엄하였고 교문은 굳게 닫혔다. 두 번째 계획도 실패였다.

---

13 강태국, 『나의 증언』, 43.

하지만 강태국은 이에 굴하지 않고 김철훈, 박태기, 이위량, 신세철 등과 함께 상의하여 숭실이 전면적으로 독립만세운동을 하는 대신에 산발적으로 학생들을 합류시켜 시키기로 하였다.

강태국은 숭의여학교 문을 열어 주기로 결의하였다. 당시 숭의여학교는 정복 경찰이 삼엄하게 보초를 서고 있어 진입이 어려웠지만, 강태국을 비롯한 3명은 숭의여학교의 담장을 뛰어넘어 숭의여학교의 교실 문까지 들어갔다. 교실 문이 굳게 잠겨 있고 사복경찰이 사방에 서 있는 상황에서 강태국은 문을 발로 차 부수었다.[14]

이에 교실에서 통곡하던 여학생들이 쏟아져 나왔다. 강태국은 정사복경찰에 포위돼 체포되어 호송차에 실리게 되었다. 이를 본 평양시민들은 소달구지 하나로 차로를 가로막고 강태국 일행을 끌어내리려고 하였고 경찰을 이를 저지하려고 하였다.

이를 본 시민들은 울분을 참지 못하고 차 밖에서 만세를 불렀다. 경찰들이 이들을 체포하려고 하자, 그럴수록 독립만세운동은 더욱 강렬해졌고 마침내 평양시민이 일어나 독립만세운동과 더불어 석전까지 일어나게 되었다. 이를 계기로 평양시민의 가슴속에 독립만세운동의 불을 질렀다.

숭의여학교를 비롯하여 광성보통학교 그리고 평양시민이 당일 대한독립만세를 외쳤으며, 이때 검거된 사람이 시민을 비롯하여 수천 명에 달하였다.

강태국은 평양독립만세운동의 주모자로 체포되어 평양경찰서에 있는 구치소에 감금되었고 극심한 고문을 당하였다. 그럼에도 그는 굴복하지 않고 고문할수록 그는 더욱 조선혼이 끓어 올랐다. 일본 순사가 왜 독립만세운동을 불렀는가에 대한 물음에 그는 다음과 같이 답변하였다고 기술하고 있다.

14　강태국은 그의 자서전에서 자신이 숭의여학교 문을 부순 폭력 행위는 그의 생애의 처음이자 마지막이었다고 증언한다. 그는 비폭력을 그의 생애에 실천하였다.

당신들의 머릿속에서 야마도마마시이(일본 혼)가 있지 않소?
마찬가지로 나의 머릿속에는 조선 혼이 있소. 이 조선 혼은 아무도 뽑아낼 수가 없지요. 이 혼은 평소에는 나의 의식 속에 잠재해 있다가 어떠한 특별한 일이 생길 때는 이 혼이 벌떡 일어나서 발동하는 것이 그래서 이번에도 광주학생사건의 소식을 듣고 내 혼이 격동하여 만세를 부른 것이지 나 자신이 부른 것이 아니요.[15]

이러한 강태국의 민족주의적 애국심을 일본 형사들이 꺾지 못하였다. 이에 대하여 박영지는 다음과 같이 말했다.

그의 항일 애국심을 누구보다도 강했던 것을 알 수 있다. 항상 주동자였고 선봉장이었다. 극랄한 고문에도 추호도 굽힘이 없이, 오히려 고문할수록 더욱 끓어올랐던 그의 애국의 조선 혼! 민족주의적 애국정신을 빼고는 우리는 그의 사상을 논할 수 없다.[16]

강태국은 이 사건으로 29일 동안 수감번호 772번으로 형무소에 수감되어 형을 살다가 1930년 2월 25일 출감하였다.[17]
그는 출소 후에는 평양독립만세운동의 주모자로 일제 경찰의 리스트에 올라 숭실에서 퇴학을 당할 위기였으나 당시 숭실의 교장이이었던 윤산온의 지혜로 1년 휴학을 한 후 1932년 숭실을 졸업하였다. 이처럼 강태국은 평양 숭실에서 조선 독립을 위하여 젊음을 불태웠다고 볼 수 있다.

---

15 강태국,『나의 증언』, 49
16 박영지, "일립 강태국 박사의 생애와 사상",『논문집: 창간호 일립 강태국 박사 미수 기념 특집』(서울: 한국성서신학교 선교문제연구소, 1992), 37.
17 일제 경찰은 당시 항일 투쟁을 하는 사람들을 미리 검속하여 평양경찰서 유치장에 가두었는데 강태국은 출소 후에 또 검속되어 감옥에 3일씩 투옥되었다.

그의 애국사상은 일본 유학의 동기에서도 분명히 드러난다. 조국의 암울한 현실을 직시한 강태국은 독립운동을 위하여 중국으로 가는 대신에 "범을 잡으려면 범의 굴로 들어가야 한다"는 말대로 일본을 타도하기 위하여 일본 땅으로 건너 가기로 결심한다.

그는 도강증을 얻기 위하여 1932년에 3월에 미국 남장로교회 선교사들이 설립한 고베중앙신학교에 입학을 하게 된다. 일본에서 재일 유학생을 중심으로 독립운동을 위한 강연을 은밀히 전개하였다. 앞에서 밝힌 것처럼 강태국의 생애에 커다란 전환점이 있었는데 그것은 바로 독립운동가에서 복음 전도자로 변신한 것이었다.

> 막스 자본론을 읽던 어느 날 나의 양심은 심히 괴로웠다. 그리고 나의 양심은 나에게 "이놈 네가 신학을 공부한다고 일본까지 와서 무신론자의 막스의 서적을 읽다니" 하고 외쳤다. 그 순간 나는 자본론을 덮었다. 그리고 나는 꺼꾸러졌다. 마치 다메섹 도상의 사울처럼. 그러나 그 다음 순가 나는 다시 내 생각을 바꾸었다.
>
> 나는 사회주의자가 되기 위해서 막스 자본론을 읽는 것이 아니라 항일 투쟁을 위한 도구로 쓸 수 있는 지식을 얻기 위함이 아닌가, 그러나 현재 나는 신학교에 있지 아니한가, 자본론은 후일에 읽을 수 있어도 신학교는 다시 들어 올 기회가 없지 아니한가 생각하고 그 자본론을 버렸다. 그날 이후 오늘까지 나는 자본론을 다시 읽지 아니하였다.[18]

강태국은 이 일을 하나님이 분명히 자신을 사망의 음침한 골짜기에서 건져 주신 것으로 보았다. 그 후 강태국은 신학 공부에 매진하였다.[19] 강태

---

18 강태국, 『나의 증언』, 63.
19 강태국은 특별히 사복음서에 나타난 예수의 행적에 깊은 관심을 가지고 공부하였으며 이를 바탕으로 하여 1936년에 박형룡 박사의 추천을 받아 『종합사복음연구』라는 기독전을 출간하였다.

국은 고베중앙신학교에서 당시 가가와 도요히코가 쓰던 기숙사 방을 사용하게 되었다.

가가와 도요히코는 고베의 빈민가에서 가난한 빈농들과 함께 노동하며 농민과 노동자 빈민을 위한 사회운동과 농촌운동을 일으키고 그리스도의 정신을 바탕으로 세계 평화를 강조하고 특별히 농촌운동을 통해 사랑과 정의 그리고 그리스도의 정신으로 '농촌계몽운동', '하나님 나라 운동'을 전개하였던 일본의 선각자였다.[20]

가가와는 농민복음학교를 설립하고 '한 알의 밀 기숙사'를 세워 가난한 농촌 학생들을 무료로 숙식을 제공하고 교육시켜 복음을 증거하게 하는 사역을 하였는데 이러한 가가와의 숭고한 기독교 정신은 강태국에게 민족을 위해 무엇을 해야 할 것인지에 대한 안목과 통찰력을 제시하였다고 생각된다.[21]

일본에서 신학을 마친 강태국은 한국에 돌아와 지방 순회를 하며 동지를 규합하고 그들과 함께 기도회를 주도하였다. 주된 기도 제목은 신사참배 반대와 민족 복음화를 위한 '천국운동 50년 계획'이었다.

하지만 이 기도회는 일본 경찰에 발각되어 2년간의 재판을 통해 8개월의 형을 언도받기도 하였다. 결국, 신사참배를 반대하던 강태국은 도피 생활을 하게 되고 유한양행에 3개월을 근무한 후 1940년 만주로 피신하였다.

---

[20] 가가와 도요히코의 저서 『한 알의 밀』은 일본이 가난과 부패와 어두움에 갇혀 방황하고 있을 때 이웃과 나라와 하나님의 사랑을 잘 표현하였다. 이 책은 타락한 일반 사회에서 살아가는 젊은이들의 숭고한 사랑을 잘 묘사하여 그리며 일본인들의 마음을 뒤흔든 소설책으로, 그리스도인들에게 한 알의 밀알이 되어야겠다는 숭고한 정신을 나타내고 있다. 가가와 도요히코, 『한 알의 밀알』, 한영철 역 (서울: 기독지혜사, 1988).

[21] 가가와 도요히코의 사상과 업적에 관한 책을 탐독하였던 강태국은 도요히코의 사상이 그의 민족 복음화를 위한 천국운동 50년계획을 실행하는 데 많은 참고가 되었을 것으로 추정한다.

강태국은 옥고를 치르고 고초를 당하다가 끝내 만주 망명을 길을 갈 수밖에 없었고 만주 개원교회에서 목회를 하며, 봉천신학교에서 박형룡, 박윤선과 함께 후진을 양성하였다.

1945년 8월 15일 일본이 항복하고 조국은 해방이 되었다. 그토록 바라던 조국 해방이 이루어지자 강태국은 신의주 가가호호에서 펄럭이는 태극기를 바라보면서 "태극 깃발 너울너울 삼천리 강산에 너도나도 해방이라"[22]는 시를 작사하고 온 맘으로 조국 해방을 기뻐했다.

하지만 이번에는 만주에 있는 우리 동포들이 만주에 소재한 중국인들, 소련군으로부터, 박해를 받아 삶의 위협을 받는 상황이 되었다. 목숨의 위험을 피해 교회로 몰려왔던 동포들은 한국에 귀국하기를 원했다.

강태국은 만주 교민 698명의 인솔자가 되어 천신만고의 어려움을 뚫고 열차로 압록강을 넘어 안전하게 그들을 한국으로 갈 수 있게 하였다.[23] 그러나 기차를 타지 못한 10명의 교민을 인솔하기 위하여 아내와 어린 자녀 5명을 기차로 먼저 보내고 홀로 남았다.

그리고 10여 일을 더 기다려 남은 자들을 인솔하여 봉천을 떠나 제2진 일행과 함께 신의주에 도착하였다. 그는 헤어진 가족을 찾기 위하여 평양과 사리원 등지를 헤매다가 개성에서 가족을 만날 수 있었고 가족과 함께 38선을 넘어 서울에 도착했다.

---

22 그 후 1945년 9월 10일 해방 후에 조국의 혼란상태를 느끼며 실망하고 만주로 돌아가면서 지은 시를 보면 그의 조국을 건설하겠다는 애국심은 느낄 수 있다. 강태국, 『나의 증언』, 241.
건설하라 우리나라
우리 손으로
피와 땀을 바치어서
이 나라 건설해
23 박영지는 강태국이 수많은 고생을 하며 만주 교민 698명을 귀국시키는 모습, 즉 백성들의 고통을 짊어진 모세와 같이 인도하는 그의 모습은 진정한 민족애의 정신에서 나온 것이었고 보았다.

이러한 이타적인 행동은 위급한 순간에도 자신의 유익을 위한 삶이 아니라 어려움을 당한 백성들과 함께 하는 애국자임을 보여 준다.

강태국에 기독교 애국사상을 구체적으로 국민 생활에 실천할 수 있는 계기를 마련하게 된 것은 덴마크의 유학이라고 여겨진다. 강태국은 미국 독지가의 도움으로 1955년 덴마크에 세계시민학교(International People's College, IPC)에서 3개월이라는 짧은 기간인 유학 생활을 통해 덴마크의 발전상을 보게 되었다.

덴마크는 원래 1814년과 1864년 전쟁의 패전 그리고 제2차 세계대전에서 독일에 패전하여 폐허가 된 나라였다. 강태국은 돌과 모래 잡초만 우거진 황무지, 국가 경제는 파탄에 도달했고 국민들은 좌절과 실의에 빠져 있었으며 알코올 중독자가 말로 헤아릴 수 없고 희망이라곤 찾아 볼 수 없었던 시대에 그룬트비히가 덴마크의 국민의식을 일깨운 것을 직시하였다.

무엇보다 원래 해적이 들었던 그들이 이타주의 정신으로 민족성이 바뀐 것과 덴마크의 민족성을 개조한 것은 교육이었다는 점을 강태국은 주목했다.

강태국은 그룬트비히가 국민 교육을 통해 국민이 실의에서 벗어나 적극적으로 삶의 의지를 개척하도록 국민의식 개혁운동과 국민의식의 개조를 통해 잘 사는 나라가 될 수 있다는 신념을 가지고 국민고등학교를 설립한 것과 국민의식 개혁의 원리로 오직 그리스도의 정신으로 무장하게 한 것과 삼애 정신 곧 '하나님 사랑', '이웃사랑' '흙 사랑'을 주목하고, 덴마크에서 사람을 만들기 위한 국민고등학교 교육, 민족의 양심을 그리스도의 정신으로 변화시키는 일을 가난했던 대한민국에 접목하고자 하였다.

강태국은 다음과 같이 말하고 있다.

니콜라스 그룬트비히

우리 민족 전체가 합심 단결하여 피땀을 흘리지 아니하면 안 될 것이다. 이 합심 단결로 우리 민족성이 변화되어야 할 것이다. 그 변화의 길은 우리 민족 전체가 복음을 접하여 그리스도의 정신을 받아들이는 길밖에 다른 길이 없다고 나는 확실하게 말하고 싶다. 이것은 내가 덴마크에서 본 사실이다.[24]

이러한 그룬트비히의 사상과 실천에 크게 영향을 받아 민족애를 실천할 수 있는 동력을 얻게 된다.

3. 강태국 박사의 전국복음화운동

1) 민족복음화를 위한 '천국운동 50년 계획'의 태동

강태국의 고귀한 기독교적 애국운동은 전국 복음화를 위한 '천국운동 50년 계획'이었다. 1934년 외국 선교사들에 의한 선교 50주년을 기념하면서 강태국은 한국인의 복음화를 자국인에 의해 복음 전파를 하겠다고 계획을 세운다.

그는 "조국의 독립과 민족복음화를 이루는 과정을 일원화하여 하나의 연계성"[25]을 가지고 향후 50년은 한국인에 의해 복음을 전파하여 민족복음화를 이룸으로써 민족의 정신을 변화하고자 하였고, 민족 복음화를 위한 천국운동을 이루는 것이 그의 삶에 주어진 하나님의 소명으로 받아들였다.

---

24 강태국, 『나의 증언』, 189.
25 이종경, "일립 강태국의 선교운동에 관한 역사적 고찰", 93.

말도 다르고 풍속도 다르고, 얼굴빛도 다르고, 생활방식도 다르고 사고방식도 다른 외국 사람들이 우리나라에 건너와서 학교를 세우고 신학문을 가르치고, 병원을 세워 병자들을 돌봐주며, 교회를 세워서 복음 전파하기를 50년을 했다고 하면, 앞으로 50년은 우리도 복음을 위하여 어떤 계획을 세우고 매진해 볼 필요가 있지 아니한가. 이것이 나에게 주어진 의무요, 사명이 아니겠는가. 이것을 위하여 나는 기도하고 생각하고 또 기도하였다.

생각하고 기도하는 끝에 나는 앞으로 50년간 전국 복음화를 위하여 여생을 바치기로 결단을 내렸다. 이 일을 위해 기도하여서 나는 방법을 연구했다. 전국 복음화를 하려면 먼저 농촌으로 가겠다고 생각했다. 그 이유는 도시에는 교회가 많으나 농어촌에는 별로 없었다. 그런 데다가 농촌 인구는 우리나라 인구의 70퍼센트를 차지하고 있었다. 먼저 농어촌부터 일을 시작하지 아니할 수 없었다. 그리고 전도 방법은 교회를 세우기 전에 각 농촌 마을에 성경서당을 하나씩 세우려고 생각하였다.[26]

강태국은 전국 복음화를 위해 동지와 물질이 필요했으나 하나님의 역사를 믿고 계획했다. 그가 민족 복음화를 위해 수립한 청사진은 크게 세 가지였다.

첫째, 일꾼을 양성하는 기관이 필요하다.
전국을 14개에 각각 3년제 농민복음학교를 설립하여 청년들을 3년간 교육해 자기 고향에 가서 성경서당을 개설하고자 했다.

둘째, 14개 농민복음학교를 설립하는 데 적어도 30만 원의 기금 조성이 필요하다. 이 기금은 30만 명의 장로교 신자가 각각 1원씩만 내면 기금이 마련될 것으로 보았다.

---

26 강태국, 『나의 증언』, 65-6.

셋째, 교사가 필요하다.

전국 각도에 세워질 14개 학교의 교사가 될 수 있는 사람을 훈련하기 위하여 성서학원을 중앙에 창설하기로 하였다.

민족 복음화를 위한 '천국운동 50년 계획'은 그로 하여금 형극의 길로 가게 하였다. 1936년부터 전남 광주에서 동지를 모아 '천국운동 50년 계획'을 이루기 위한 기도회를 시작하였는데 당시 기도 제목은 대한예수교장로회의 분열을 막는 것이고, 둘째는 신사참배 반대운동이었다.

하지만 그의 천국운동 계획을 위한 기도회 동지들이 얼마 되지 않아 일제 순사에 체포되었으며, 강태국은 특별취조실로 끌려가 고초를 당하며 천국운동에 대한 취조를 당하였다.

강태국은 그 일로 광주형무소를 옮겨졌고 5개월 언도를 받았다.[27] 강태국은 이후 민족 복음화를 위한 '천국운동 50년 계획'은 일본 경찰에 의해 독립운동의 비밀결사로 오인당하였기 때문에 그의 행적은 일일이 일제 경찰서에 보고가 되었고 그의 형극의 도피 생활이 시작되었다. 그는 한국에 더 이상 살 수가 없어 만주로 도피하여, 개원교회에서 목회하였다.

1934년에 시작되었던 천국운동은 신사참배 반대로 인해 서울과 만주로 피하여 다니면서 1945년까지 깊은 수렁에 빠져 진척이 없었다. 하지만, 포기하지 않고 해방 이후 전국 복음화를 위한 '천국운동 50년 계획'의 동지를 얻고자 그는 오남매를 둔 가장이었으나 전국복음화운동을 실현하기 위하여 미국에 유학생으로 건너갔다.

미국에서 웨스트민스터신학교와 훼이스신학교, 그리고 미국의 남장로교 소속 신학교인 콜롬비아신학교에서 학업을 이어 갔다.

---

[27] 강태국, 『나의 증언』, 76. 강태국은 약 2년간의 재판 끝에 벌금을 80원을 내고 풀려나게 되었고 그의 동료들은 30원의 벌금을 냄으로서 자유를 얻게 되었다.

그의 첫 번째 민족 복음화를 위한 기금은 4불로부터 시작되었다. 그가 콜럼비아신학교에서 신학 석사를 공부하면서 무산아동들을 교육하는 고아원을 방문하게 되었고 고아원 원장이 4불을 주었는데 강태국은 그 돈을 민족 복음화를 위한 최초의 기금이 되었다.

그의 기금 마련 계획은 차질없이 진행되는 줄을 알았으나 미국 남장로교회 선교부의 규정에 의거 그가 그동안 모았던 200불은 다시 교회로 돌려주게 되어 그의 기금 계획은 수포로 돌아갔지만, 다시 길을 찾기 시작하였다. 그는 콜럼비아신학교에서 석사 학위를 받은 후 전국 복음화를 위한 '천국운동 50년 계획'을 찾기 위하여 밥존스대학교에서 철학 박사 학위에 도전하였다.

그러나 그의 목표는 궁극적으로 학위가 아니었다. 강태국의 목표는 밥존스대학교에서 수학하는 동안 한반도 복음화를 위한 동지들을 규합하고 한국복음주의운동(Korean Evangelical Movement, 이하 KEM) 단체를 설립(設立)하는 것이었다. 이 KEM을 통해 "와서 한국을 도우라"(Come over into Korea and help us)라는 슬로건 아래 동지들을 규합하였고, 강태국은 KEM에서 세 가지 필요성을 역설하였다.

첫째, 고난받은 3천만 한국인을 위하여 예수 그리스도를 증거하는것
둘째, 복음을 통하여 한국에 영적 각성 운동을 일으키는 것
셋째, 복음적 성서학교를 세워 기독교 국가를 세우는 일익을 담당하는 것

이를 위하여 전국 14개 도에 성서학원을 설립하고, 복음 전도자를 양성하며, 한국을 돕기 위한 자원선교사를 찾으며, 이러한 목적을 이루기 위하여 기금을 마련하는 것을 주된 목적으로 하였다.

또한, KEM은 "Pray, Give and Go!"라는 기치 아래 매주 합심하여 지속으로 기도하였다. KEM은 12명으로 구성되어 있으며 조지아주 클라크고등법원에 정식으로 Korean Evangelical Movement Inc.라는 사단법인으로 등록하

여 기부 행위의 자유성, 수입세 면제, 그리고 선교사 파송권, 기부금액에 대한 세금 혜택을 받게 하였다. 강태국은 KEM의 활동을 통하여 천국운동의 50년 계획에 필요한 인적 자원과 재정적 기반을 확보할 수 있었다.[28]

그가 밥존스대학교 재학 중 한반도 복음화를 위해서 한 중요한 일이 있었다. 바로 1950년 8월에 직업 방송인 탐 왓슨(Tom Watson)과 강태국과의 만남이 극동방송국이 설립되는 계기가 되었다. 탐 왓슨은 한국에 극동방송국을 설립하게 된 배경에는 다음과 같은 일화가 있다.

강태국이 빌리 그래함의 설교를 듣기 위하여 노스캐롤라이나로 이동 중에 그가 방송직업인임을 알고 한국에 복음방송국을 세워 줄 것을 그에게 간곡히 요청하였다. 후일에 강태국과 탐 왓슨은 샌프란시스코에 다시 만났을 때 다음과 같은 고백을 하였다.

> 내가 작년에 차를 타고 가면서 당신이 한국으로 오라는 간곡한 청을 들었을 때 나는 아무 말도 할 수 없었습니다. 왜냐하면, 그것은 너무나 천만뜻밖의 요청이었기 때문입니다. 그러나 그다음 다음 주일날 수양회에서 당신이 외치는 호소를 듣고 나는 밤새도록 울었습니다. 그리하여 나는 한국으로 갈 것을 결심하였습니다.[29]

탐 왓슨은 한국에 와서 강태국 박사의 집에 머물면서 극동방송국을 설립하게 되는데 강태국은 방송국 설치 허가와 기지 정하는 일뿐 아니라 극동방송국의 이사장으로 한국 복음화에 중대한 사역을 담당하였다.[30]

---

28 강태국은 KEM을 통해 1951년 11월에 약 3000천불의 기금을 마련하였으며, 12명의 헌신된 이사들, C.A Rowland, Buhl Cummings, William Hoffman, Malcom Cummings, Joe Kannon, Carolyn Norman, Richard Oyer, Al. Lan Rohrbaugh, Florence Nichols, Robert Livingstone William Grimes를 비롯하여 Tom Watson 등의 복음 전도에 열망을 가진 인재들을 규합하게 되었다.
29 강태국, 『나의 증언』, 141.
30 강태국의 최초 방송 사역은 대한민국에 6.25전쟁이 발발한 때였다. 그는 미국 유학 중

강태국은 1951년 11월에 귀국하여 전국 복음화를 위하여 먼저 농촌 복음화를 구상하였고, 농촌운동에 경험이 있는 김용기, 박대혁, 여운혁 등과 함께 1952년 1월 10일 '한국복음주의선교회'를 발족하였다. 한국복음주의선교회의 목적은 전국 복음화를 위한 '천국운동 50년 계획'의 계승이었다.

강태국은 회장이 되었고, 선교회 운영을 위한 재정 조달의 책임도 맡게 되었다. 그는 선교회 정관을 만들고 교육, 산업, 구제 선교 4개 분야에 사업을 시행하기로 하고 이를 위해 먼저 교육과 산업에 관한 일을 하였다. 김용기 장로를 농촌운동의 책임자로 그리고 교육은 강태국이 맡기로 하였다.

4. 전국복음화운동의 실천

1) 농촌 사업

산업을 통하여 전도하려고 선택한 것이 농촌 사업이었다. 용인군 원삼면 사암리와 미평리에 약 6만 평의 농지를 구입하여 복음농도원을 설립하여 농촌 개척에 지도자적 역할을 할 청년들을 양성하고자 했다. 농촌 개척의 지도자 역할을 맡기기 위해 김용기 장로를 책임자로, 그리고 미평리에는 복음농민전수학교를 설립하여 이근태 장로에게 맡기게 된다.

학교 설립의 목적은 전국 복음화를 위한 일꾼 양성이었다. 학제는 3년이었으며 등록금을 받지 않고 기숙사와 식사를 무료로 제공하며 교실에서는 강의를 그리고 농장에서는 실습을 통해 과학적 농사기술을 익히게 하였다. 이를 통해 농촌 청년에게 성서와 찬송 그리고 농촌 청년들의 정신으

에 밥존스대학교 기숙사에서 6.25전쟁 소식을 방송을 통해 듣고, 즉시로 밥존스 총장과 함께 방송국에 달려가서 민간인으로 최초로 미국을 향하여 '한국을 도와 달라'고 호소하였다. 이를 계기로 강태국은 방송을 통하여 복음을 전하는 사역을 40여년 동안 진행하였다.

로 개량하여 농촌을 복음 안에서 잘사는 나라를 이루고자 하였다.

그리고 복음농민전수학교를 설립해 전국 복음화를 위한 일꾼 양성을 하고자 하였다. 학제는 3년이었으며 등록금뿐 아니라 기숙사비와 식비까지도 무료로 제공하였다. 교실에서 문자만을 가르치는 것이 아니라 농장에서 실습을 하게 하여 과학적인 농사기술을 터득한 농촌지도자를 양성하고자 했다.

그리고 졸업 후에 이들이 자기 마을로 돌아가 성경서당을 시작하고 과학적인 농사법을 가르치게 하였다. 이를 통해 농촌 청소년들의 정신을 개량하고 농업으로써 생활을 협조하는 역할을 하고자 하였다.

그러나 농민들은 자기 자녀를 학교에 보내고자 하지 않았다. 일이나 하려면 학교에 굳이 가지 않아도 된다는 생각과 교육의 목적이 출세였던 사회풍토를 인하여 그 학교는 복음농민전수학교라는 이름으로 운영되다가 경영의 어려움으로 인해 1965년 2월에 폐교하였다.[31]

그러나 열매가 상당하였다. 김중식 선교사, 양학모, 양용모 박노철 정도량 같은 교역자를 배출하였고, 산업 면에서 양돈양계 신품종을 도입하여 보급하였으며 좌항성서교회, 맹리교회가 설립되었다.

복음농도원에서 교육을 받고 있는 교육생들

---

31 복음농민전수학교가 폐교하게 된 이유는 농민들이 자녀들을 일이나 하려면 학교에 아니 간들 못하냐는 정신으로 말미암아 학생을 수급하기가 어려웠다는 점이다. 당시 우리나라 대부분의 부모들은 교육을 시키는 이유는 입신양명이었다. 출세하기 위하여 교육을 하였고, 일하는 것을 멸시하는 유교에 바탕을 둔 양반정신에 근거하였다. 그럼에도 불구하고 복음농민전수학교를 통해 많은 인재가 배출되어 한반도와 전 세계의 복음 전파의 일익을 담당하고 있다.

2) 목회

강태국은 민족 복음화의 비전을 품고 한국에 왔을 때 당시 한국은 6.25 전쟁 중이었다. 강태국은 원래 목회보다는 인재양성을 위하여 학교를 설립하고자 하였으나 당시 세문안교회의 김영주 목사가 6.25사변에 납치되었기 때문에 1951년 11월 25일 세문안교회의 임시목사로 취임하여 목회하게 되었다.

전쟁 중에도 강태국은 서울과 부산을 오가며 목회를 하였다. 그 후 대한예수교 장로교 총회가 세문안교회에서 기장과 예장이 분열되었을 때 강태국은 분열된 총회가 하나로 될 때까지 새문안교회를 어느 곳도 가담하지 않고 독립하기로 선언하였다.

그런데 강태국이 외국 출장 동안에 최화정 목사에게 그가 없는 동안 교회를 지켜 달라고 부탁하였으나 외국 여정을 마치고 돌아왔을 때 이미 세문안교회를 예장 측으로 가입시키고 말았다.

이에 강태국은 이로 인한 교회 분쟁을 막기 위해 당회에 사표를 제출하였다. 그 후 강태국은 교회가 안정되는 것을 보면서 1956년에 삼청동에서 민족 복음화를 위하여 교권 투쟁과 분열이 없는 순수한 복음적인 교회를 설립하고자 중앙성서교회를 창립하였다.

그리고 이 같은 교회를 세워 전국 방방곡곡에 세워 민족 복음화를 이루고자 하였다. 그는 중앙성서교회에 27년간 목회를 하였으나 교회 사택도, 매달 사례비도 받지 않았다.

3) 교육

강태국이 교육 사업을 하는 목적은 크게 세 가지, 곧 전국 복음화, 민족정신 개조, 민족의 생활개선이었다. 강태국에 있어서 전국 복음화의 가장 핵심은 교육이었다.

(1) 복음 전파-복음 전도자 양성

강태국은 교육의 핵심 목표를 전국 복음화로 두었고 교육을 통해 해야 할 일은 전국 복음화를 위한 일꾼 양성을 하는 것이다.

그는 전국 복음화를 위해 1952년 5월 13일 한국성서학교(Korean Bible College, 이후에 한국성서대학교로 개명)를 설립하고 사명을 다음과 같이 제시하였다.

> 나는 우리나라의 위대한 정치가도 위대한 학자도 위대한 실업가도 이 학교에서 배출되기를 바란다. 그러나 이 모든 것은 그리스도 안에서 실천되기를 바란다. 왜 그러냐고 하니 한국성서신학교의 근본 사명은 우리 주님께서 마지막에 명령하신 대로 땅끝까지 천국운동을 확장하기 위하여 우선 전국 복음화를 하는 데 없어서는 아니 되는 역군들을 훈련하는 그것이기 때문이다.[32]

강태국은 전국 복음화 사명을 완수하기 위하여 신구약 성서를 학생들의 교재로 사용했다. 그 이유는 성서는 만고불변의 진리요 복음이었기 때문이었다.

그는 학생들에게 "땅끝까지 이르러 내 증인이 되리라"(행 1:8) 라는 말씀을 따라 그들이 그리스도의 복음의 증인임을 강조하였다. 이 소명을 달성하기 위해 학생들은 "인간적이요 세속적인 지위, 명예, 교권, 재물, 그 밖에 모든 것을 배설물로 버리고 다만 예수 그리스도의 소명을 실천하기 위하여 달음질"[33]해야 한다고 보았다.

이처럼 강태국에게 있어서 교육의 핵심은 전국 복음화를 위한 복음 전도자를 양성하는 것이었다.

---

32 강태국, 『나의 증언』, 182-83.
33 강태국, "한국선교 제 2세기를 향한 기독자의 사명", 『성서의 종교』 6권 (성광문화사, 1984), 466.

(2) 민족정신 개조

강태국은 우리 민족의 비극은 민족정신이 잘못되어 있기 때문이라고 보았다. 강태국은 우리 민족의 영혼은 우상 숭배로 인해 영원한 멸망의 위기에 놓여 있을 뿐만 아니라 정신 상태는 사대주의로 침륜해 있고, 생활은 사농공상이라는 양반 숭배의 테두리를 벗어나지 못하였다고 진단하고, 우리 민족이 후진국 대열에 있는 이유는 "우상 숭배와 안일무사를 예찬하는 유불도의 문화"[34]라고 보았다.

> 우리가 채찍을 맞아야 하는 이유는 무엇인가?
> 우리는 말할 때마다 반만년의 역사를 자랑한다.
> 그러나 그 반만년의 역사가 무엇을 남겼는가?
> 이 민족이 반만년 동안 한 일은 하나님이 제일 미워하시고 싫어하시는 일만 해 왔다.
> 그 첫째는 하나님을 떠나 우상 숭배를 한 것이다.
> 이 우상 숭배는 민족적이요 국가적이다. 우리 민족이 반만년 동안 살아온 것은 이기주의 만족을 위해서 살았다. 우리는 남에게 공헌한 것은 없고 우리는 남에게 공헌한 것이라고는 하나도 없다.[35]

---

34 강태국, 『나의 증언』, 171.
35 강태국, "육이오의 교훈", 『성서의 종교』 6권, 489. 강태국은 기독자가 먼저 해야 할 일은 이 민족이 우상 숭배를 버리고 하나님께 돌아오게 하는 일이다. 우리 민족이 하루 바삐 예수를 믿고 하나님께로 돌아오지 아니하면 하나님의 진노의 채찍인 6.25의 비극은 영원히 우리에게서 떠나지 아니할 것이라고 경고한다. 동시에 기독자는 이기주의적 불의를 버리고 이타주의 정신으로 다른 사람을 위하여 무엇인가 공헌하는 일을 하는 민족이 되기를 힘써야 함을 강조한다. 우리 민족이 전 세계에 나아가 다른 사람에게 공헌해야 할 일은 선교사를 파송하여 예수를 믿게 하고 하나님께로 돌아오게 하는 일임을 강조하여 복음 전파를 통한 우상 숭배와 이기주의를 제거하고 이타적인 국민을 될 것을 요청하고 있다.

강태국은 오늘날 우리나라는 국가적으로나 민족적으로 심각한 중병에 걸려 있어서, 정부와 국민 사이의 불신이 있고, 국민과 국민 사이의 불신이 있으며 민족 자체의 불신이 존재한다고 보았다.

그러면 어떻게 하면 우리 민족을 올바르게 지도할 수 있는가?

이런 물음에서 강태국은 국민이 바라는 정치는 국민 전체를 위한 정치, 신뢰받는 정치 그리고 도덕 정치 책임정치이지만 이를 실천할 사람이 없는 것이 비극이라고 보았다. 그러므로 나라를 위해 일할 일꾼은 먼저 그 정신이 개조되어야 한다고 강조하였다.

그리고 민족의 정신이 개조되어야 한다고 보았다. 민족의 정신을 개조하기 위해서는 전 국민이 그리스도의 정신으로 무장하여야 한다고 보았다.

> 아무리 입법부가 좋은 법을 제정하고 행정부가 그 법을 실천에 옮기려고 할지라도 국민이 합심하여 실천하지 아니하면 사회질서는 유지될 수 없고 국가는 혼란에 빠지게 되고 말 것이기 때문이다. 그러므로 근본 문제는 법과 제도와 행정에 있는 것이 아니라 사람 그 자체에 있는 것이다.
> 그러면 어떻게 우리 민족을 올바르게 지도할 수 있는가?
> 그 길은 그리스도의 정신을 바탕으로 한 기독교 교육만이 유일한 것이라고 나는 생각한다. 순수한 그리스도의 정신에 입각한 교육기관을 설립하여 우리의 자녀들을 그리스도의 정신으로 교육하는 것만이 이 민족을 개조할 수 있는 유일한 길이라고 생각한다.[36]

강태국에게 그리스도의 정신은 곧 밀알정신을 뜻한다. 그는 밀알정신을 그리스도의 희생과 죽음과 연결하여 설명한다.

---

36 강태국, "봉사의 제단", 『성서의 종교』 6권, 127-128.

한 알의 밀!
이것이 그리스도의 정체이다. 십자가에 달려 희생의 번제물이 되실 그리스도를 가리키는 것이다. 그러나 썩어진 그 밀알은 영원히 썩어지는 것이 아니요 새로운 싹을 내어 30배, 60배, 100배의 결실을 하는 것이다. 이와 같이 그리스도께서 십자가에 죽으사 무덤에 장사 되었으되 그 시체가 영원히 썩어지지 아니하고 다시 부활하사 영광의 보좌를 얻으실 것을 가리키는 것이다.[37]

노동자 강태국 박사

이종경은 강태국의 밀알정신을 다음과 같이 보았다.

한 알의 낱알이 땅에 떨어지는 과정과 죽어야 하는 과정을 하나의 연속과정으로 이해하여 그리스도의 대속의 죽음과 선택받은 자의 모델….[38]

예수 그리스도를 따르는 자들이 그리스도를 삶과 죽음을 모델로 하여 삶의 현장에서 고난의 십자가를 지고 다른 세상적인 생각을 하지 않고 오지 그리스도를 향하여 나아가는 것으로 이해했다.

오직 강태국은 밀알정신을 학훈으로 삼아 한국의 상황에 맞게 신학화 작업을 하여 곡초를 심고, 나무를 심고, 사람을 심으며 영원히 거두려거든 복음을 심으라는 실행원리를 제시하고 있다.

---

37 강태국, "한알의 밀", 『성서강해』 4권 (서울: 성서교재간행사, 1990).
38 이종경, "일립 강태국의 선교운동에 관한 역사적 고찰", 89.

> 당년에 거두려거던 곡초를 심고
> 십 년에 거두려거던 나무를 심고
> 백 년에 거두려거던 사람을 심고
> 영원히 거두려거던 복음을 심으라

　일립 강태국은 밀알정신을 수행하는 구체화의 원리를 직접 실천했다. 그는 노동을 통해 곡초를 심는 일을 지속하였으며 경기도 포천에 150만여 그루의 나무를 식목하여 국가의 식목사업에 앞장서고 노동 정신을 통해 사람을 키우는 일을 하였다. 훈련된 사람을 복음의 일꾼으로 키워 영원한 복음을 심게 하였다.
　이러한 그의 정신은 전국 복음화, 특히, 농촌 복음화를 이끌게 하였다. 이 밀알정신은 하나의 이념이 아닌 실제 현장에 밀알처럼 죽고 열매를 맺어야 하는 생명 운동이었다.

3) 민족의 생활개선

　강태국은 우리 민족의 삶이 심히 피폐하다는 것과 특히 빈사에 직면해 있는 농촌 생활을 온몸으로 인지하고 있었다.
　그는 민족의 생활개선을 위해서 가장 필요한 것을 일할 수 있는 사람, 노동자가 필요하다고 보았다. 그는 인류의 문명도, 우주의 개발도, 민족의 번영과 국가의 발전도 노동자의 손에 의하여 이룩된다고 보았다. 민족을 위해 일할 천국 노동자는 적어도 다섯 가지를 갖추어야 한다고 했다.[39]

39　강태국, 『성서의 종교』 4권, 150-152.

첫째, 자기 민족을 생각하며 사랑할 수 있는 자이어야 한다.
둘째, 천국 복음을 가지고 전파하는 목자라야 한다.
셋째, 남을 동정할 수 있는 자라야 한다.
넷째, 밀알정신을 가지고 희생적이어야 한다.
다섯째, 그리스도를 사랑하는 자여야 한다.

이러한 노동자를 양성하기 위해 먼저 복음농민전수학교를 용인에 설립하였다. 복음농민전수학교의 학훈은 하나님을 사랑하고, 사람을 사랑하고, 그리고 땅을 사랑하라는 것이었다. 세 가지 교훈 아래 기독교 교육과 기술 교육, 그리고 사회 교육을 하여 민족의 생활개선에 도움이 되고자 교육하였다.

그는 농장에서 실습을 통해 과학적인 농사법을 익히게 하였다. 그리고 축산을 통해 소, 돼지, 닭을 기르는 법을 가르쳤고, 특별히 양돈양계의 신품종을 도입해서 보급하였다.

그리고 옥수수 종자를 미국에서 가져다 번식시켰으며, 건축기술을 익히게 하였다. 이러한 그의 시도는 그룬트비히의 삼애정신을 바탕으로 농촌 생활 계몽운동을 통해 덴마크가 비록 약소국으로 일시 곤경을 면하기 어렵던 것에도 불구하고 금일은 세계의 농산국이 되어 선진국의 대열에 들어서게 되고 누구나 부러워할 처지가 된 것에서 착안하였다.

이러한 그의 농촌계몽운동은 고당 조만식 선생의 이상과도 일치한다. 고당은 "농촌 사업은 곧 조선 사업이요, 농촌운동은 곧 조선운동이다. 이 사업 운동에 봉사하는 제군은 과연 가장 위대한 자, 가장 존귀한 일"이라고 하였다.

5. 강태국 박사의 전국복음화운동의 실현

　강태국은 앞에서 언급한 것처럼 용인에 '복음농도원' 및 '복음농민전수학교'를 설립하여 농촌 사업을 시작하였다. 복음농민전수학교를 통하여 전국복음화운동에 동참하는 일꾼을 양성하고자 했으나 1965년에 중단되었다. 그 이유는 재정적인 어려움과 민족 복음화의 꿈을 이해하는 동지를 발견하지 못한 데 있었다.
　하지만 농촌계몽운동에 기여한 바가 적지 않았다. 복음농도원과 복음농민전수학교는 우리나라 농촌계몽운동을 이어 갔고 1970년대 새마을운동을 일으키는 토대가 되었다. 강태국 박사의 제자이자 복음농민전수학교의 교장이었던 류태영 박사를 통해 새마을운동을 일으키는 효시가 되었다.
　류태영은 강태국의 전국 복음화를 위한 50주년 계획과 그의 민족 사랑의 열정과 농촌운동에 강렬한 영향을 받았으며, 그는 후에 새마을운동 이론의 기틀을 마련하고 국민운동으로 전개하여 우리 민족의 민족성을 바꾸어 경제 기적의 원동력이 되었다. 그는 새마을운동이 바로 강태국 박사의 민족 복음화를 위한 '천국운동 50년 계획'과 덴마크의 농촌운동을 참고하여 만들었다고 증언하였다.
　강태국은 1957년에 기독교 교육을 실현하기 위하여 조치원 숭신고등공민학교를 운영하였다. 그러나 이 운영 또한, 오래가지 못하고 1970년 2월에 다른 사람에게 인계하였다. 이처럼 그의 교육 사업이 기대치에 못 미치고 도중하차하였지만 이러한 실패는 다른 방법으로 전국 복음화를 실시하는 계기가 되었다. 비록 운영상 실패를 경험하였지만, 중등교육의 가능성을 보여 주었다.
　강태국은 농촌 계몽과 향토 사업을 일시 중단하고 복음을 전파할 수 있는 선지학교, 한국성서대학교에 전념할 수 있는 동기가 되었다. 강태국은 1952년 '한국복음주의운동' 교육 사업을 신학 교육을 통해 먼저 지도자를 양성하고자 하였으며, 자신이 직접 민족 복음화에 동참할 일꾼을 양육하여 제자 양육을 통한 복음화운동을 진행하고자 하였다.

그는 또 중앙성서교회를 설립하여 교권 투쟁과 분열이 없는 순수한 복음적인 교회를 세워 민족 복음화를 이루고자 하였다.

그리고 1969년 한국성서선교회를 설립하여 전도와 교회개척에 물심양면 돕도록 하였다. 성서선교회는 이후 성장하여 산하기관으로 수단개발협회와 중동협력선교회가 있으며, 파이오니아선교회 등이 있어 협력하고 있다.

또한, 많은 목회자가 성서선교회를 통해 목사 안수를 받았으며 상당수의 선교사를 해외에 파송하였다. 현재 성서선교회에는 38개 교회가 소속되어 있다.[40]

그리고 해외 선교 활동은 중국, 몽골, 태국, 방글라데시를 비롯하여 아프리카 중동, 소아시아, 러시아 동구권, 남미, 북미에 파송된 선교사를 통해 세계 복음화를 위해 전파하고 있다.

그리고 성서가 가르치는 인류의 영적 구원에 필요한 성서의 심오한 진리와 그 광범위한 응용방법을 교수 연구하여 그리스도적 인격을 도야하고 건전한 사상을 심어 국가사회의 발전과 전 세계에 평화와 인류의 영적 구원을 위한 선구자 역할을 하도록 한다.

즉, 땅에 떨어져 썩어서 새로운 싹을 내는 한 알의 밀과 같은 역군을 양성[41]할 목적으로 세워진 한국성서대학교는 강태국 박사의 민족 복음화를 위한 천국운동 50년 2차 계획을 지금도 실현해 가고 있다. 성서대학교를

---

40 성서선교회에 소속한 38개 교회는 다음과 같다. 중앙성서교회, 삼일성서교회, 일동성서교회, 용인성서교회, 한일성서교회, 수원교회, 평택성서교회, 성서대학교회, 행복한 두만교회, 성우성서교회, 성서교회, 전주성서교회, 금촌성서교회, 소망교회, 에덴교회, 태광성서교회, 반석교회, 제일사랑교회, 녹수교회, 제일사랑교회 월계성서교회, 푸른동산교회, 예광교회 삼백교회, 보라성서교회, 나눔교회, 제주성서교회, 동두천성서섬김교회, 코코스 성서원, 부르심교회, 신작교회, 복음콘서트 미니스트리, 공릉성서교회, 청라성서교회. 믿음의 교회, 다빛교회, 성서손잡는 교회, 등대교회.
41 한국성서대학교, 『한국성서대학교 요람』 (서울: 한국성서대학교, 2001), 6.

통해 수많은 복음 전도자가 배출되었으며 한 알의 밀알이 되어 국가와 사회 발전에 기여하고 있다.

6. 강태국 박사의 애국사상과 민족복음화운동의 특징

첫째, 강태국의 민족복음화운동과 그의 애국사상은 국내외에서 받은 기독교 교육의 영향으로 이루어졌다.

그의 민족복음화운동을 위한 천국운동은 1934년 독창적으로 주창한 것이지만, 그 배경을 살펴보면 우리나라 초기 외국 선교사들의 사역과 밀접한 관련이 있음을 볼 수 있다.

강태국은 초기 미국 남장로교와 북장로교의 선교사들, 남대리, 마포삼열, 윤산온, 베어드 등으로부터 기독교 교육과 더불어 민족정신을 배웠고, 조만식, 그리고 고베중앙신학교에서 마이어스, 사무엘 풀톤, 기독교 교육가 가가와 도요히코, 덴마크에서는 목사였던 그룬트비의 복음농민학교를 통해서 영감을 받아 실천한 운동이었다.

그리고 미국에서는 밥존스대학교에서 복음에 열정을 가진 라우랜드, 불카밍스, 말콤 카밍스, 리방스톤, 홉프만, 탐 왓슨, 등의 신앙의 동지들의 협력하에 이루어진 것이다.

둘째, 강태국의 민족복음화운동은 민족주의적 애국심이 아닌 성서적 애국심의 발로였으며, 강태국 박사의 전국복음화운동은 성서적 애국사상과 직결되어 있다.

강태국은 한때 우리 민족만을 위한 민족주의 강조하였으나, 민족복음화운동을 위한 천국운동을 펼치면서 민족주의나 국가주의를 넘어서 성서를 바탕으로 하나님과 하나님 나라를 우선적으로 구하는 사상으로 바뀌었다.

그러므로 그의 성서적 애국사상은 일본제국으로부터 단순한 정치적인 해방을 통한 민족해방을 위한 배타적이고 국수적이며 편협된 민족주의가 아니었다. 그가 강조한 애국사상은 하나님의 나라가 우선이며 민족 전체가 복음을 접하고 그리스도의 정신을 받아들이는 것이 진정한 애국하는 길이며 민족이 사는 길이며 세계가 자랑스러워하는 나라로 만드는 것임을 강조했다.

셋째, 강태국의 민족 복음화와 그의 애국사상은 모든 것을 묶은 종합사상이었다.

일반적으로 민족 복음화를 강조한 목회자들은 대규모의 집회를 통해 우리 민족의 복음을 증거하였다면, 강태국은 애국사상과 민족 복음화를 하나로 묶어 이념과 실천, 교육과 전도, 전국 복음화와 세계 선교를 아우르는 기독교적 종합사상이었다. 그는 이 땅에서 애국과 동시에 천국 즉 하나님의 나라가 이 땅에 이루어지기를 소망하며 기독교적 문화를 세우려고 하였고 밀알정신이라는 이념과 더불어 실천적 노동을 통해 일하는 개인, 사회, 국가로 세우며 분명한 실천을 하였다.

또한, 이념을 실천하기 위해서 기독교 교육을 핵심으로 가르쳤고 동시에 복음 전도를 가장 중요한 가치로 내세웠다. 이를 통해 전국 복음화와 세계 선교를 이루고저 하였다.

> 애국과 천국, 노동과 기도, 이념과 실천, 교육과 전도, 전국 복음화와 세계 선교 이 모든 것이 묶인 종합사상이다.[42]

그러므로 강태국 박사의 민족복음화운동과 애국사상은 따로 분리하여 생각할 수 없는 불가분의 관계에 놓여 있다.

---

42 박영지, "일립 강태국의 생애와 사상", 『논문집: 창간호 일립 강태국 박사 미수 기념 특집』(서울: 한국성서신학교 선교문제연구소, 1992), 43.

넷째, 전국복음화운동과 그의 애국사상의 가장 핵심적인 요소는 교육이다.

강태국은 그리스도의 명령을 따라 땅끝까지 복음을 전할 복음 전도자 양성하는 것을 그의 목적이었다. 그는 교육을 통해서 전국 복음화를 이루고, 민족의 정신을 개조하고 가난한 민족의 생활개선을 하고자 했다.

어느 민족이나 교육이 필요하지만, 그 뿌리가 좋지 못하면 생활의 열매가 이웃과 사회와 민족과 국가에 해를 끼치는 것밖에 되지 않는다고 보았던 강태국은 성서에 바탕을 둔 교육을 통해 민족의 양심을 그리스도의 정신으로 변화시키고자 하였다.

따라서 단순히 문자나 과학적 기술을 가르치는 것이 진정한 교육이 아니고 백년대계의 교육은 반드시 그리스도의 정신에 뿌리를 내린 교육이 되어야 한다고 보았다. 이것이 대한민국의 정신이 되어야 함을 강조하므로 모든 대한민국 사람의 정신이 그리스도의 정신으로 바뀌도록 성서적 교육이 중요하다고 보았다.

다섯째, 강태국 박사의 민족복음화운동은 우리나라의 국가발전에 상당히 기여하였다.

민족복음화운동을 전개하기 위하여 강태국은 6.25전쟁으로 인해 폐허로 변해 버린 조국에 귀국하여 구국의 마음으로 우리 민족을 살리기 위하여 복음농도원, 복음농민전수학교를 설립하여 농촌을 복음화하고 민족의 정신을 개조하고 국민의 생활을 개선하기 위하여 헌신하였다.

그의 농촌계몽운동은 그의 제자인 류태영 박사를 통해 새마을운동을 일으키는 중요한 토대가 되었고, 새마을운동은 가난한 농촌을 일으키고 대한민국 국가발전에 중대한 기여를 하였다.

7. 결론

강태국 박사의 민족복음화운동과 애국사상은 그의 전 생애의 유일한 목표였다. 그에게는 애국사상과 복음 운동은 서로 일맥상통했다. 왜냐하면, 그의 애국사상은 단순히 이기적인 국가주의에 바탕을 둔 것이 아니라 복음을 통한 민족과 국가에 대한 봉사와 관련되기 때문이다.

따라서 그의 애국운동은 어떠한 정치적인 운동이 아니라 이념 세대 지역을 넘어 예수 그리스도의 십자가 정신으로 나라 사랑을 실천하는 운동이었다.

그의 민족복음화운동은 사람이 단순하게 기독교로 개종하는 것으로 그치지 않고 복음을 통해 전인격적으로 변화되고 이를 통해 우리 민족의 사상이 예수 그리스도의 정신으로 바뀌어 개인과 사회와 민족과 국가를 변화시키려는 목적이 있었다.[43]

그러므로 강태국은 그리스도인으로서 가장 적절하게 애국하는 길은 바로 민족복음화운동에 참여하는 것이라고 보았다.

그래서 강태국은 1934년 민족 복음화를 위한 '천국운동 50년 계획'을 세우고, 오직 한반도 복음화를 위하여 구체적인 계획을 실현하기 위하여 한국복음주의운동(Korean Evangelical Movement Inc.) 사단법인을 만들어 민족복음화를 위한 기금을 마련하였고 대한민국의 민족 복음화를 통한 민족 사랑을 온몸으로 실천하였다.

그는 그리스도의 정신을 가리키는 밀알정신을 실천하기 위해 곡초를 심고, 나무를 심고, 사람을 심고, 복음을 심는 일을 하였다. 그리고 매일 성서를 통한 매일의 묵상을 지속하고 복음 전도에 대한 열정을 품고 전도하

---

43 강태국의 애국정신은 일반적 애국정신과 차이점이 있음을 볼 수 있다. 즉, 나라를 사랑한다는 점에서는 같지만, 일반적인 애국정신은 나라에 대한 정치적인 측면을 보다 강조하는데 강태국의 애국정신은 철저하게 기독교 복음을 통한 나라 사랑이라는 점에서 그 차이점이 있다.

는 일을 쉬지 않았다.

  강태국은 민족 복음화가 우리 민족이 살 길이며 우리 대한민국의 희망이라고 보았다. 이러한 점에서보다 나은 사회, 더욱 좋은 국가가 되기 위해서 오늘 우리 시대의 그리스도인들이 해야 할 일은 일심동체로 복음 전도자가 되어 예수 그리스도의 천국운동에 일로매진(一路邁進)하는 것이다.

부록 1

하나님의 속성과 사역에 관한
강태국의 글 모음

1. 하나님의 자존성

하나님은 아브라함이 섬기던 하나님 그리고 이삭과 야곱 그 밖의 저들의 조상들이 섬기던 여호와 하나님은 사람의 손으로 지은 신이 아니며 인간의 머리로 생각해 낸 관념적인 신도 아니며 오직 독립자존 하시고 절대자로 살아 계신 하나님이신 것을 저들에게 알게 하시고자 하셨다. 그리고 자존이란 의미는 하나님 자신이 그 존재의 유일한 근원이 되심을 말한 것이다.

하나님은 그 자신 이외에 다른 아무것에도 의존하지 아니하신다. 그러나 모든 피조물은 그의 미덕과 활동에서 시작되었다. 모든 피조물은 그에게서 나고 그로 말미암아 보존되며 또한 그에게만 귀의할 수 있는 것은 하나님이 독립자존 하시기 때문이다("하나님의 전할 수 없는 속성", 『성서의 종교』 3권, 20-21).

2. 하나님의 불변성

하나님은 영원히 변하심이 없으시다. 히브리서 13:8에 의하면 "예수 그리스도는 어제나 오늘이나 영원토록 동일하시느니라"라고 하였다. 하나님은 영원히 동일하시다. 하나님은 영원히 동일하시고 변함이 없으시다고 해서 하나님은 활동도 아니하시고 어제나 오늘이나 정지 상태로 계신다는 뜻은 결코 아니다. 성서는 하나님께서 왕래도 하시고 숨기도 하시고 또 나타나기도 하시며 후회도 하신다고 하였다(출 32:14).

그러나 이러한 표현은 하나님에 대한 인간의 법대로 표현한 것이다. 요컨대 이것은 하나님과 인간과의 관계에 대한 인간적 표현이다. 이러한 속성 곧 하나님의 영원히 변치 않으시는 영원불변성을 우리 인생에 말로 표현할 수 없는 신뢰감을 더욱 견고히 한다("하나님의 전할 수 없는 속성, 『성서의 종교』, 21-22).

3. 하나님의 무한성

성서가 우리에게 보여 주는 것은 하나님은 시간을 초월하여 계심으로 유한의 대상이 될 수 없는 영원한 존재이심을 가르치는 그것이다. 그뿐만 아니라 하나님은 또한 공간의 제재를 받지 아니하시는 무한의 존재자이시다(『성서의 종교』 3권, 23).

4. 하나님의 단일성

사람들은 하나님의 형상을 마음속으로 생각해 보고 또한 그림으로 그려도 본다. 어떠한 사람들은 제트기나 로켓트를 타고 창공을 나르면서 하늘 어느 한 편 구석에서 하나님을 찾아보려고도 한다. 그러나 사람을 하나님의 형상을 그릴 수도 없거니와 그 어느 곳에라도 그 형상을 볼 수가 없다. 왜 그런고 하니 하나님은 형상을 가지시지 아니하였기 때문이다. 하나님은 영이시다. 하나님은 결코 사람들처럼 몸과 영으로 이룩되신 것이 아니시다. 따라서 분리되실 수도 없으시다(『성서의 종교』 3권, 23).

5. 하나님의 주권

"그런즉 우리가 무슨 말을 하리오."

이 말씀은 인간의 무능과 하나님의 절대주권을 의미하는 것이다. 다시 말하면 하나님의 하시는 일에 대하여 인생은 아무것도 할 말이 없는 것을 의미한 것이다. 즉, 아무 이유가 없이 하나님은 리브가의 태중에 있는 쌍둥이 중에 야곱을 사랑하시고 에서는 미워하신다고 하셨다. 그것은 절대로 그들의 행위에 따른 것이 아니요 다만 하나님의 뜻에 따른 것이다. 여기 있어서 우리의 구원도 온전히 사람의 공의나 선이나 노력에 있는 것이 아니요.

다만 하나님의 결정과 그의 뜻에 대하여 인간이 항의할 수 있는가?

우리는 아무것도 할 말이 없는 것이다("다만 주권에 의하여", 『성서의 종교』 2권, 27).

6. 하나님의 공의

하나님이 가장 미워하시는 것은 죄이다. 하나님은 털끝 만한 죄도 용서하시지 아니하시고 심판하신다. 왜 그런고 하니 하나님은 공의의 하나님이시기 때문이다. 하나님은 공의에 의해서 그 아들 예수 그리스도를 십자가에 달으신 것이다. 예수의 십자가는 죄에 대한 처벌이다. 예수에게 어떠한 죄가 있기 때문이 아니라. 예수는 죄를 아시지도 못하신다. 예수 그리스도는 하나님의 공의를 실천하시기 위하여 십자가에 달리신 것이다("하나님의 공의와 긍휼", 『성서의 종교』 2권, 45-46).

7. 하나님의 긍휼

이방인들이 의를 행함으로써 의롭다 하심을 얻는 것이 아니요, 다만 하나님의 긍휼을 따라 그리스도 안에 있는 믿음으로써 의롭다 하심을 얻고 구원에 이른 것이다. 우리는 유대인들이 볼 때 이방인들이다. 그러나 우리는 저 유대인들에게 못지않게 하나님의 긍휼을 입은 자들이다. 우리가 선하기 때문이 아니다. 우리가 강한 민족이기 때문도 아니다. 옛날 아브라함 시대의 소돔과 고모라가 오늘날 우리보다 더 악하였으리라고 생각하지 아니한다. 오늘날 우리 민족이 이렇게 건재한 것은 이 땅 위에 남아 있는 신앙의 소유자들로 신앙의 소유자에게 하나님이 긍휼을 베푸시기 때문이다("하나님의 공의와 긍휼",『성서의 종교』2권, 51).

8. 하나님의 사랑

집을 떠난 아들 곧 부모의 명령을 거스리고 집을 떠난 아들 그뿐만 아니라 부친에게 상속받은 귀한 재산을 허랑방탕으로 다 허비하고 돌아온 방탕자를 받고 아니받는 것은 아버지의 권한에 있는 것이다.
그런데 누가복음 15장이 가르치고자 하는 것은 이 방탕아를 찾으시기 위하여 즉 잃어버린 양을 찾은 목자처럼 잃어버린 데나리온 즉 드라크마를 찾는 여인처럼 탕자를 기다리는 아버지처럼 죄인을 찾으시기 위해 선지자를 보내시고 그 아들 예수 그리스도를 보내시고 또 십자가에 달리셔서 희생의 제물이 되게 하신 하나님의 무한대의 사랑을 가르치는 것이다. 이것이 독생자 예수의 교훈의 골자이요 진수이다("죄인을 찾으시는 아버지로서의 하나님의 사랑",『성서의 종교』4권, 51-52).

하나님께서 인류를 구원하시는 동기는 오직 하나님의 사랑이다. 하나님이 세상을 이처럼 사랑하사 독생자를 주셨으니 이는 저를 믿는 자마다 멸망치 않고 영생을 얻게 하려 하심이니라고 하신 이 한 구절 가운데서 분명히 하나님의 사랑이 전 인류의 구원 동기가 되는 것을 분명히 말하였다.

이 사랑은 도덕적 감정이나 철학적 사색에서 나오는 필레오적인 사랑이 아니요, 인간의 이성적 애정을 말하는 애로도 아니며, 아무런 보상이나 대가나 공로나 또는 요청에 의해 하지 아니하고 거저 주어지는 자기희생의 무조건적 사랑이다. 그러나 이 사랑은 언제나 하나님의 공의를 동반한 아가페적 사랑이다("인류의 구원을 위한 하나님의 계획과 우리의 과업", 『성서의 종교』 6권, 250).

9. 하나님의 은혜

은혜라는 말은 하나님의 은총을 말하는 것으로 인간의 노력이나 공로나 소원이나 그 밖의 어떠한 조건도 없이 다만 예수 그리스도 안에서 구원으로 인도하셨다는 뜻이다. 이러한 의미에서 기독자에게 주어진 구원은 거저 주어진 것이다("하나님의 전할 수 있는 속성", 『성서의 종교』 3권, 29).

10. 하나님의 인내

하나님은 죄인 하나라도 멸망당하는 것을 원하시지 아니하신다. 따라서 하나님은 그 죄인이 회개하고 하나님께로 돌아오기를 기다리고 또 기다리신다. 하나님은 인류를 벌하실 것을 참으시되 그저 참으시는 것이 아니라 여러 모양으로 경고를 하시며 인내하신다. 또한, 선지자를 통하여 혹은 재앙을 통하여 경고하시면서 참으신다. 이것이 하나님의 무한대의 사랑이다. ("하나님의 전할 수 있는 속성", 『성서의 종교』 3권, 30-31).

11. 하나님의 선택

하나님께서 기독자를 선택하실 때에는 아무 조건 없이 선택하셨다. 성서는 말하기를 하나님의 기쁘신 뜻대로라고 하였다. 인간 편에서 어떤 훌륭한 조건이 있어서가 아니요, 오직 모든 사람 가운데 어떤 사람들을 무조건적으로 택하셨다. 단, 예수 그리스도 안에서 택하셨다. 그리스도 안에서란 말은, 곧 그리스도를 믿는자를 말한 것이다("삼위일체의 하나님께 찬송을 드리자", 『성서의 종교』 6권, 309).

12. 삼위일체

오늘의 세계는 금송아지를 우상화하며 숭배하여 과학을 예찬하며 인간을 찬송한다. 그러나 우리 기독자는 오직 삼위일체의 하나님께 감사하며 찬양해야 한다.

그 이유는 성부로서의 하나님은 우주가 창조되기 전에 그리스도 예수 안에서 우리 죄인들을 영원한 사망에서 영원한 생명으로 택하시고 예정하셨으며, 예수 그리스도 성자로서의 하나님은 우리를 위하여 십자가에서 희생의 번제물이 되시사 우리의 죄를 다 속량하시므로 우리가 구원에 이르게 되었으며, 성령으로서의 하나님은 우리의 마음을 감동시켜 예수를 믿게 하시고 또 우리의 구원을 인치셔서 우리로 하여금 하나님의 자녀가 되게 하신 보증으로 인하여 감사하고 찬양할 것이다("삼위일체의 하나님께 찬송을 드리자", 『성서의 종교』 6권, 315).

13. 신앙

하나님의 전능하심을 믿고 또한 하나님이 반드시 이루어 주신다는 것을 의심 없이 확신할 때에 위대한 능력이 발생한다. 아브라함은 신앙으로써 보이지 아니하는 미지의 세계를 능히 걸어 갔고, 모세는 동일한 신앙으로써 그 동족을 이끌어 황야로 나왔으며, 다윗은 믿음으로 골리앗을 정복하였고, 그 밖의 허다한 신구약의 선지 성현 사도들은 믿음으로 희롱과 채찍질뿐 아니라 결박과 옥에 갇히는 시험도 받았으며, 돌로 치는 것과 톱으로 켜는 것과 시험과 칼에 죽는 것을 당하고 양과 염소의 가죽을 입고 유리하며 환난과 궁핍을 받았다.

보라! 이 위대한 신앙의 능력을!

인간의 힘이 당할 수 없는 역경을 돌파한 역사적 신앙의 발자국을!

부록 2

자유의 종과 청년 강태민 씨

이 글은 일립 강태국 박사님의 둘째 따님이신 강혜정 사모님 글이다. 일제 시대 조국의 독립을 위해 헌신하던 일립 강태국 청년 시절에 일본에서 독립운동을 하며 재일 유학생들을 향해 연설한 내용이기에 소개한다.

강 혜 정
서예가, 한의사(에덴한방)

1986년 9월 1일 무더운 더위가 물러서고 가을이 막 들어서려고 하는 때였다. 연세가 많으신 남자 환자 한 분이 나를 방문하였다. 증상은 안면마비와 심한 통증이었다.

그분은 연세가 78세였고 성함은 조병화 씨. 버어지니아 주 비엔나에 있는 중앙장로교회 장로라고 자기 소개를 하였다. 그 당시 그분 나이는 우리 아버님보다 젊으셨는데 기운이 쇠진하셔서 눈도 제대로 뜨지 못하시고 고개를 숙이신 채로 내 물음에 답을 하시다가 갑자기 고개를 들어 내 얼굴을 찬찬히 보시더니 의아하시다는 듯 질문을 던지셨다.

"혹 실례지만 강태민 씨를 아시오?"

나는 마음속으로 놀랬다. 우리 아버님 청년 시절에 잠시 쓰셨던 성함을 아는 분들은 혹시 있어도 그 성함을 부르는 이들은 없었기 때문이었다.

"저의 아버님 되시는데 어떻게 저의 아버님을 알고 계시는지요?"

"옳거니!"

그분은 자기의 무릎을 치시면서 말씀하셨다.

"선생님 얼굴에서 강태민 씨의 젊은 때 모습을 보는 것 같아 혹시나 해서 여쭈어 보았소, 따님이 되시는군요."

"네 그렇습니다만 어떻게 저의 아버님을 아시는가요?"

"아-참, 오래전 이야기지요. 한 오십 년 전."

이야기를 시작하시는 이분은 조금 전까지 힘없는 환자의 모습은 사라지고 생기가 돌면서 젊은 혈기로 얼굴이 붉어지기 시작하였다.

"나는 젊은 시절, 신분을 학생이지만 일본에 속국이었던 조선을 위해 독립운동을 하려고 일본에 갔었지요. 그때 거기서 강태민 씨를 만나게 됐지요. 나는 그분의 독립운동 연설에 반하여 거의 2년 동안 그분을 따라다닌 사람이요. 오사카, 동경, 고베 등등 일본 곳곳에서 강태민 씨의 연설이 있다는 소문이 있으면 그분이 다니시는 곳마다 거의 빠짐없이 연설장에 참석을 했습니다."

그런데 그 장로님은 자기 아픈 것을 잊으셨는지 눈을 감으시고 주문이라고 외우시듯 무슨 말씀을 십여 분간 중얼거리셨다.

"장로님, 지금 무슨 말씀을 하셨습니까?"

나는 여쭈었다.

"지금 내가 강태민 씨의 설교 아니 연설문을 외우고 있는 중이요."

"아니 장로님, 아니 50년이나 지난 지금까지 어떻게 그 긴 글을 외우고 계시는지요? 기억력이 참 좋으십니다."

"나의 기억력이 좋은 것이 아니라 강태민 씨의 설교, 아니 그의 유명한 연설문이 하도 좋아서 계속 음미하다 보니 저절로 외워진 것이요. 그때는 일본 유학생이 많지 않았지만 수십명 청년들이 강태민 씨를 따라다녔지요."

조 장로님은 설교, 아니 연설이라고 번번이 강조하며 말씀하셨다.

"그 시절 청년들의 모임은 비밀집회이어서 통신이나 서신으로도 못하고 입에서 입으로 전해지는데 강태민 씨가 연설을 어디서 한다고 소문이나면 일본에 있는 조선의 젊은이들이 밤 열차를 타고 모여 와서 밤이 새도록 새벽까지 강연을 듣고 조국 독립에 대한 이야기들을 나누었지요!"

적국에 들어간 젊은이들, 애국심에 불타는 조선의 청년들, 경찰의 무서운 감시를 피해 가며 어두움이 깃들기를 기다렸다가 구름처럼 모이고 새벽이 되어 닭이 울 때 안개처럼 사라졌다는 사각모를 쓰고 검은 망토를 입은 학생들은 모여서 도대체 무엇을 했으며 청년 강태민 씨는 무슨 강연을 했기에 한 사람의 가슴속에서 50년이 되도록 지워지지 않고 남아 있는 것인가 나는 퍽 궁금했다.

그러나 환자와 개인적인 이야기로 시간을 오래 지체할 수 없어서 그 장로님께서 우리 아버님이 하셨다는 그 연설 내용을 간단히 몇 자만이라도 적어 주시라고 부탁을 드렸다.

그때 적어 주신 글은 전부 한문이어서 도저히 나는 이해할 수가 없었으나 몸이 아파서 괴로워하는 환자를 괴롭히지 않으려고 그대로 넘어갔다. 훗날 서울에 갔을 때 아버님을 뵙고 청년 시절 연설하셨다는 그 내용에 대해서 여쭈어 볼 기회가 있었다.

"1930년 내가 숭실전문학교 시절 광주학생사건의 주모자였기 때문에 형을 살고 나왔지만 그 당시 조선에서는 나를 감시하기 위해 매일 형사들이 나를 따라다니며 나를 괴롭혀서 견딜 수가 없었지!

일본경찰서 유치장이 나의 하숙방이나 다름없었어. 그래서 호랑이를 잡으려고 차라리 호랑이 굴에 들어가야 겟다는 생각을 한 것이지. 일본에 건너가서 독립운동 자료를 얻기 위해 신학 공부를 한다는 것을 구실로 삼아 중앙신학교에 들어간 것이야.

그러니 그 장로님이 설교라고 안 하시고 연설이라고 말씀하신 것이 맞는 말이지 그 당시 반일 연설을 하면 잡혀가니까 종교집회라고 가장하고 설교한다고 하면서 그 내용은 항일투쟁의 내용이 담긴 연설을 했던 것이야. 일본 사람들의 감시가 너무 심해서 모든 말을 예화나 은어로 했지. 청중, 조선 학생들 중에도 경찰의 끄나풀들이 있기 마련이니까."

"아버지, 그러면 한문으로 쓰여진 이 글은 무슨 뜻이에요?"
"이 한문 글은 설교 제목 중에 하나란, '누가 저 종을 울리랴 누가 이 민족을 구하랴'라는 뜻이지"
　말씀하시고 입을 다무셨다. 일본 사람들에게 괴로움을 당하시던 쓰라린 과거를 자꾸 캐내며 아버님을 괴롭히기도 어려워서 가만히 때를 기다렸지만 궁금증은 더해 갔다.
　나는 그 장로님이 눈을 감고 십여 분간 외우셨던 그 내용이 재미있을 것 같기도 하고 도무지 궁금해서 견딜 수가 없었다. 오랜 후에 그 예화의 내용을 조병화 장로님으로부터 들을 수 있는 기회가 주어졌다.

　옛날 어느 포수가 자유의 종이라고 소문이 난 종을 찾기 위해 폐허가 되어 버린 한 작은 섬에 갔다. 그곳은 옛날 찬란한 삶을 살았던 어느 왕족의 성이었다. 그 섬을 완전히 불에 타버리고 다시 자란 나무숲과 넝쿨로 뒤엉켜 버려 성터마저도 찾을 수가 없었다.
　그 포수가 정글이 되어 버린 산과 들을 헤매고 있을 때 어디에선가 새들의 울음소리가 요란하게 들려왔다. 그래서 소리가 나는 곳을 찾으려고 사방을 둘러보니 큰 나무 위에 어미새가 새끼를 품고 있는데 커다란 구렁이 한 마리가 나무를 타고 올라가 새 둥우리를 감고 한입에 삼키려고 입을 벌리고 있었다. 아배새는 그 주위를 나르며 정신없이 파드득거리며 살려달라고 소리치고 어미새는 새끼들을 잔뜩 품에 안고 공포에 떨며 울부짖고 있었다.
　이 광경을 본 포수는 총을 겨누어 구렁이를 쏴 죽였다. 새들은 다시 평화를 찾았다. 그리고 포수는 종을 찾기 위해 며칠간 섬을 돌아다니며 살폈으나 종을 찾지 못하고 포기하고 집으로 돌아갔다.
　그 다음 해에 다시 이 포수는 자유의 종을 찾기 위해 그 섬에 갔다. 무더운 여름날 하루 종일 헤매도 종은커녕 훌륭한 성이 있었다는 성곽의 터도 찾을 수가 없었고 지치고 배도 고프고 해서 자기가 타고 온 쪽배에 돌아와 점심을 먹고 피곤해 그 배에 누워 잠이 들었다.

한참 자다가 숨이 막혀서 눈을 떠 보니 구렁이 한 마리가 자기의 몸을 칭칭 감고 혀를 날름거리며 자고 있는 그의 얼굴을 쳐다보고 있었다.

"아, 이제 나는 죽는구나!"

포수가 이런 생각을 하고 있는데 그 구렁이가 말을 하기 시작했다.

"나는 작년에 당신 총에 맞아 죽은 구렁이의 아내요. 나는 내 남편의 원수를 갚기 위해 일 년 내내 이 자리에서 당신을 기다렸소. 오늘에야 기회가 주어졌군."

이렇게 말하고 그 구렁이는 포수를 칭칭 감은 자기 몸에 힘을 주어 힘껏 조이며 혀를 날름거렸다.

'외로운 섬 빈 배에 혼자 누워 있는데 누가 나를 구해 주겠는가?'

포수가 절망하며 눈물을 흘리고 있을 때 멀리서 가냘프게 종소리가 바람결을 타고 은은히 들려왔다.

'아, 저 종, 내가 저 종을 찾기 위해 몇 해를 헤매고 다녔는가.

그러나 모두가 허사로구나!

이 왕국의 비밀은 영원히 땅속에 묻히고 이제 나도 죽게 되었으니!'

포수는 신음하며 눈을 감았다.

그런데 이상하게 그때 구렁이의 몸에서 힘이 갑자기 빠지는 듯하더니 스르르 포수를 감았던 힘을 풀면서 구렁이가 말했다.

"당신은 하늘이 도우시는 사람이군요!

30여 년이 넘도록 저 종은 한 번도 울리지 않았는데 … 저 종이 울리면 나는 죽게 된다오. 내가 하늘이 도우시는 자를 해할 수 없지요."

그러고 나서 그 구렁이는 사라졌다.

포수는 그 자리에서 벌떡 일어났다.

"아! 아름다운 저 종소리!

저 종을 그동안 내가 얼마나 찾았는가!

그리고 지금 나는 죽음의 공포를 벗어난 자유의 몸이다."

포수는 그 기쁨을 헤아릴 수가 없었다.

"도대체 자유의 종은 어디 있는가?
누가 저 종을 울렸을까?"
포수는 그 종을 찾기 위해 종소리가 났던 방향으로 갔다. 해는 저물어 가는데 거의 다 허물어져서 형체도 알 수 없는 종각, 그 주위는 사람이 지나간 흔적도 없었고 적막한 숲속에 어떤 들짐승의 그림자도 없었다.
" 참 이상한 일이구나, 분명히 종소리를 들었는데 누가 종을 울렸는가?"
포수는 혼자 중얼거리며 허물어진 종각을 조심히 밟으며 올라갔다. 종을 자세히 살펴보니 종 안에 피가 묻어 있었고 종각 아래에는 새 두 마리가 피투성이가 되어 떨어져 죽어 있었다.
지난해 자기가 구렁이로부터 구해 주었던 그 새들, 부부 새들이었다.

"잃어버린 우리 왕국, 나라와 민족, 영원히 땅에 묻혀 버릴 역사를 다시 찾기 위해 누가 저 종을 칠 것인가?"
"이것이 강태민 씨 강연의 제목이었소."
조 장로님의 설명이셨다.
그 후에 아버님은 일본의 군국주의에 대항하여 투쟁하기 위해 막스의 자본론을 읽다가 하나님의 부르심으로 양심의 가책을 받아 생각을 바꾸어 목회의 길을 가기로 결심하시고 신학 공부에 전념하셨다고 말씀하셨다.
나는 아버님이 생애를 통해서 자기의 몸을 부숴 가며 우리 민족을 일깨우기 위해 종을 치셨다고 생각한다.
조용히 울리는 종소리!
한 사람 한 사람의 마음속에 울려 퍼지며 오늘도 그리스도의 씨앗은 자라고 있으리라고 믿는다.

부록 3

우리 아버님의 집

강 혜 정
서예가, 한의사(에덴한방)

그때가 1951년도라고 기억된다. 태양이 동녘 하늘에서 머뭇거리는 때, 우리는 통통배를 타고 동해 바다 물결을 가르며 깊은 바다에 닿아 있는 큰 배를 향해 가고 있었다.

아침 차가운 바람이 나를 질식시키듯이 세차게 불었다. 나는 숨을 가눌 수가 없다고 느꼈다. 찬 공기 때문만은 아닌 것 같다. 큰 북을 세차게 두드리는 듯 내 가슴이 '쿵쿵' 뛰고 있었기 때문이다.

'기다리고 기다리던 아버지가 배를 타시고 오늘 미국에서 오신다.

우리 아버지는 어떻게 생겼을까?

뭐라고 첫 인사를 해야 할까?'

내 마음은 갈피를 잡지 못하고 몸은 감당하기 어려운 정도로 떨렸다. 내가 서너 살 때 아버님이 미국에 유학을 가시고 안 계셨기 때문에 나는 아버님 얼굴을 기억하지 못했었다.

우리는 아버님이 나 계신 때에 6.25동란을 만났다. 서울 한복판, 남대문과 시청 사이에 위치한 우리 집은 바로 전쟁터 안에 있었다. 폭탄이 비 오듯 하늘에서 쏟아지고, 동네 사람들은 서로 죽이고, 공산당들이 집에 불을 질러 온 동네는 불바다였다.

우리 어린 다섯 형제는 어머니 치마폭에 숨고 배고픔과 공포를 이겨야 했다. 다시 있어서는 안 될 견디기 어려운 암흑의 시절이었다.
　'아버지는 지금 어디에 계신 것인가?
　미국에 계신다고 하지만 혹시 돌아가셨는데 어머니가 우리를 속이시는 것은 아닌가?'
　나는 의문이 많았다.
　아버지가 계신다면 이 암흑 같은 삶이 멈출 것이라고 생각하면서 기나긴 기다림을 견디고 있었다.
　얼마 후 큰 배에서 한 사람씩 내려오는데 나는 아버님의 얼굴을 모르니 언제 어느 사람이 내려올 때 좋아해야 하는지 몰라 어머니 눈치만 계속 살피고 있었다.
　"애들아, 너의 아버지다!
　층계 꼭대기를 봐라. 지금 막 내려오신다."
　어머님이 손을 높이 흔들며 말씀하셨다.
　하늘과 맞닿을 듯하게 높은 배, 갑판에서 내려오는 층계 제일 꼭대기를 쳐다보았다. 햇빛에 얼굴이 반사되었던지 아버지의 얼굴이 환한 태양 같다고 생각되었다. 꿈에 그리던 아버지였다. 순간 내 마음속에 어두움이 한 순간에 사라졌다.
　부자 나라 미국에서 아버님이 오셨으니 나는 이제 공주같이 살게 되고 내가 원하는 모든 것을 다 사 주시고 아주 좋은 집에서 잘 먹고 호강하며 누구도 부럽지 않게 살게 되리라 생각했다.
　그러나 얼마 가지 않아서 느끼게 된 것은 아버님 눈동자의 초점은 자녀들인 우리가 아니라 대한민국이라는 나라와 국민들에게 맞추고 계신 것이었다.
　아버님이 오신 지 얼마 되지 않았을 때 우리가 살고 있던 동네에 큰 화재가 있었다. 부산에 영도라는 지역 전체가 하룻밤 사이에 재가 되고 말았다. 우리 집은 불바다 속에서 새까맣게 타서 집의 모습은 간 곳이 없고 타다 남은 재들만 바람에 날고 있었다.

그러나 나는 걱정이 되지 않았다. 아버지가 우리와 함께 내 옆에 계시니 그 집보다 더 좋고 큰 집을 사서 살게 되리라 기대했었다.

며칠이 지나 불길이 땅에서 사라진 후 아직도 따뜻한 기운이 남아 있는 그 땅에 텐트를 치고, 잿더미 위에서 아침 가정예배를 드렸다.

"땅 위에 세운 집이 불에 타면 이와 같이 재가 되어 흔적도 없이 되는 것이야. 우리는 하늘나라에 집을 준비해야 돼. 그곳은 도둑이 들 염려도 없고, 불에 탈 걱정도, 홍수 날 일도 없고 안전하단다.

세상에서 사는 날은 잠깐이고 영원히 살 그곳에는 황금보석으로 꾸민 아름다운 집이 우리를 기다리고 있지!"

아버님의 말씀이셨다 찢어진 텐트 틈 사이로 금가루를 쏟아 놓은 듯 찬란하게 빛나는 햇빛이 춤을 추는 것을 바라보며 나는 아버님이 그리시는 그 찬란한 집을 상상해 보았다.

전쟁이 휴전으로 들어서면서 우리는 몇 년 만에 서울에 다시 돌아왔다. 태평로에 우리가 살고 있던, 내가 항상 말하는 고래 등 같은 기와집, 방 열한 개 있는 큰 한옥을 팔아서 아버님은 하늘나라 복음을 전하시기 위해 한국 농촌 사업과 학교 재단에 자기의 재산을 모두 넣으시고 우리는 집이 없는 신세로 학교 안 사택에 살게 됐다.

이름이 사택이지만 그 집은 사람이 살던 곳이 아니라, 염소, 닭, 동물들이 살던 집인데 염소는 한쪽으로 살게 하고 다른 한편을 막아 방바닥에 구들만 들여놓고 살았다.

한참 자다가 깨서 보면 캄캄한 밤에 눈알 둘이 머리맡에서 반짝거리고 있어서 놀라 벌떡 일어나 불을 켜고 보면 염소들이 막아 놓은 문의 창호지를 뜯어 먹고 목을 방 안으로 쑥 들이밀고 잠을 자고 있는 우리들을 물끄러미 쳐다보고 있었다.

"아버지, 무서워서 나 잠을 못 자겠어요.

우리는 집을 언제 사요?"

아버지를 졸랐다.
"응, 하늘나라에 황금보석으로 꾸며진 집이 있지!"
아버님은 빙긋이 웃으시며 대답하셨다.
"아버지, 하늘나라 말고 땅에서요."
나는 아버지께 애원했다. 그래도 아무런 소용이 없었다.
어느 날 나는 친구 집에 초대를 받아서 갔다. 그 친구 아버지는 변호사여서 큰 집에서 좋은 가구를 들여 놓고 잘 사는 집이었다. 나는 그 친구가 잘 사는 것이 부러웠다.
'우리 아버지는 미국에서 한국에는 없는 박사 학위를 받고 오셨으니까 우리가 더 잘 살아야 하는데!'
속으로 생각하고 있을 때 친구가 말했다.
"너의 아버지는 하늘나라에 보물을 쌓고 계시니 너희가 우리보다 더 부자야!"
나는 깜짝 놀랐다. 나의 마음을 어떻게 읽었는지 모르지만 그 친구는 우리 집에 와서 우리가 사는 것을 잘 보아 알고 있었다.
아버님은 폐허가 되어 있는 한국 땅을 일으키시기 위해서 자나 깨나 오직 일념이셨고, 헐벗고 굶주리는 사람이 많아 한국 국민 중에 한 사람이라고 굶는 사람이 없어질 때까지 없는 사람들과 나누기 위해 삼시 세 때를 밀가루, 감자만 먹으며, 어려운 사람들을 위해 일주에 한 끼씩 굶어야 한다고 하셨다.
우리는 입었던 옷을 없는 사람들에게 벗어 주고, 우산도 다른 사람에게 주어 버리고 죽대같이 오는 비를 맞으며 학교를 다닐 때, 짓궂은 남학생들에게 놀림을 받던 일들 때문에 왜 우리는 한 번도 남과 같이 잘 살면 안 되는가 하는 생각도 있었지만 나는 한 번도 우리의 삶을 부끄러워한 일이 없었다.
1978년경이었다. 나는 일본에서 살다가 한국에 갔을 때였다. 그 당시가 우리 부모님이 가장 어려운 시기였던 것 같다. 아버님은 대학교를 더 크게 확장해서 잘 지으려고 갈현동에 있던 학교 부지를 팔고 양재동에 넓은 땅을 구입해서 건물을 세우려고 준비하셨는데 그 땅이 그린벨트에 묶여 버려 사용할 수 없게 되었다.

완전히 모든 것을 잃어버리고 어렵게 상계동으로 학교가 이사를 했을 즈음이었다. 부모님은 그나마 사택도 없이 전세로 이곳저곳으로 방 한 칸을 빌려 이사를 다니셨다.

짐을 싸들고 이사를 하시고 나서 몇 달이 지나지 않아 집주인이 와서 집이 팔렸으니 방을 비우라고 했다. 칠순 노인들이 허리가 아파서 허리를 두드려 가며 또 짐을 싸셨다. 나는 이 광경을 볼 때 눈물이 나서 도저히 견딜 수가 없었다.

"아버지, 하늘나라 황금보석 집도 좋지만 지금 어머니가 다리가 아파서 괴로워하시니까 이제는 이 땅에 사실 집을 장만하셔야 돼요. 더는 이사를 못 가셔요. 어머니를 위해서 이 집을 사셔야 해요."

떼를 썼다.

"우리는 이제 늙어 하늘나라 영원한 내 집으로 이사를 갈 때가 되었는데 왜 사고팔고 번거롭게 이 없어질 땅에다 집을 사야 하니?"

아버님은 완강하게 거절하셨다.

그래도 나는 그 집에 버티고 앉아서 복덕방이 집을 보이러 사람들을 데려올 때마다 이렇게 말하면서 다 쫓아버렸다.

"이 집은 우리 부모님이 사실 것이니 아무도 문 안에도 들어오지 말고 다들 나가 주세요."

아버님은 하는 수 없이 방 두 개가 있는 그 집을 사셨다. 몇 십 년 만에 처음으로 아버님 이름으로 집이 생긴 것이다.

나는 미국에 와서 살면서 어떻게 하다가 보니 집 세 채를 사게 됐다. 내가 돈이 많아 산 것이 아니고 은행에서 돈을 빌려 샀으니 내 집이라고 말을 할 수는 없다. 그러나 부모님이 기뻐하시리라고 생각해서 미국을 방문했을 때에 집이 세 채라고 자랑삼아 말씀을 드렸다.

그러자 아버지는 꾸중을 하셨다.

"네가 범죄를 하였구나!

어찌 네가 필요 없는 두 벌 옷을 더 가지며 필요 없는 이 집을 세 채나 산단 말이냐?"

나는 얼굴이 붉어졌다.

"아버지, 나는 부정하게 재산을 모은 일이 없어요. 그리고 한 채는 한약방으로 쓰는 건물이고요. 다른 한 채는 살림집이고, 한 채만 세를 주고 있어요. 아버지는 자식들에게 한 푼도 남겨 주시지 않으셨지만 나는 우리 아이들 세 명에게 집을 한 채씩 나누어 주려고 해요.

그렇다고 우리가 하나님께 드려야 하는 것을 안 드리고 욕심부린 일도 없고, 돈 없는 사람들은 무료로 치료해 주고 있어요.

다른 부모들은 자식이 집을 사고 잘 산다고 사방에 자랑을 하고 다니는데 아버님은 자식이 잘 사는 것이 수치라고 생각하세요?"

나는 마음이 언짢았다. 사실 지금은 우리 아이들이 다 성장해서 부모가 재산을 남겨 주면 세금을 많이 내야 하니 싫다고 했다. 이런 생각도 아마 내가 자기 만족을 위해 싫다는 떡 한 개라도 더 자식들의 입에 넣어 주려고 하는 헛된 일이란 것도 안다.

인생의 황혼 길에 들어서서 고향으로 돌아갈 날이 가까이 왔다고 생각하는 어느 날, 나는 의사에게서 좋지 않는 소식을 들었다. 내 몸 안에 있었던 암세포가 자라고 있다는 이야기였다.

간에 직경 1,4센티미터 크기의 악성 종양, 이 사실은 십년 전에 알고 있었는데 위험한 수술이기 때문에 의술이 더 발달될 때까지 시간을 벌고, 만일 2센티미터 정도로 커지면 그때 수술을 하기로 하고 암세포가 자라지 못하도록 한약을 내가 처방해서 마시면서 건강하게 잘 지냈다.

그동안 조금도 자라지 않았고 간 상태도 아주 좋고, 10년이란 세월이 지났으니 괜찮겠다고 의사가 말했다. 그 말을 듣고 나도 방심해서 한약도 중단하고 몸을 무리하게 썼던 것이 화근이 되었다. 암세포는 한 달에 1센티미터씩 급격히 자라 불과 삼개월 만에 4.6센티미터가 되었다고 하는 것이었다. 나도 점점 나이가 들어가고 해서 더 이상 시간을 지체할 수가 없게 되었다. 수술 성공 확률은 20퍼센트라고 담당의사가 말했다.

오리라고 생각했던 그날이 왔는데 눈앞이 캄캄해지며 어깨가 짓눌려 숨이 잘 쉬어지지 않았다. 형제들이 셋이나 비슷한 병으로 일찍이 세상을 하직했는데 나라고 특별히 다른 길이 주어질 것 같지 않고, 죽어서 다음 시간에 나에게 주어질 또 다른 그 세계를 알 길이 없다. 내가 내디딜 다음 스텝은 깊은 낭떠러지였다. 그 땅 끝에 서서 앞이 아득해진 나는 잠을 이룰 수가 없었다.

딸이 내가 힘들어 하는 것을 보고 자기가 빌려놓은 바닷가 별장에 가서 기분을 풀 자가 재촉을 해서 따라갔다.

그러나 푸른 물결이 춤을 추는 바다도 어두움을 박차고 떠오르는 찬란한 태양이 나를 흔들어도, 그 아래서 끝없이 펼쳐지는 반짝이는 하얀 모래밭이 나를 불러도, 아름다운 날씨를 만끽하듯이 유유히 날아다니는 물새들도, 무수히 많은 사파이아를 박아 놓은 듯한 빛나는 밤하늘도, 나에게는 아무 의미가 없고, 무기력해지고 가물가물 컴컴한 깊은 우물 속으로 꺼져 들어가는 것 같았다.

딸이 보다 못해 옷가게에 가서 옷을 사 준다고 나를 데리고 나가서 마음에 드는 옷을 고르라고 해도 아무런 소리도 들리지 않고 한 줌의 재가 구름 속으로 형체 없이 사라지듯 정신이 가물거렸다. 정신을 차리자.

"한 발자국만 생각하자 오직 한 발
우리 주님 손을 잡고 걸어가면서
조심스럽게 띄는 한 발
기도하면서 띄는 걸음
주님은 승리의 길로 인도하시리라.
승리의 길로 인도하시리라."

나는 숨 쉬는 쉼표까지도 아끼면서 이 어린이 찬송을 하루 종일 계속해서 불렀다. 숨결이 부드러워지기 시작하며 마음에 평화가 찾아왔다. 어두운 안개가 사라졌다.

그런데 수술하기 며칠 전 친분이 있는 외과의사에게서 전화가 왔다. 그분은 간은 핏덩어리인데 그것을 툭 자른다는 것은 다량의 출혈이 있게 되고 그러면 그 피를 다 감당을 못하게 되니 더욱 생명에 위험한 일이라고 했다. 차라리 간을 이식하는 것이 좋겠다고 간 이식을 권했다.

수술을 삼 일 앞두고 평안하던 마음에 갑자기 폭풍이 다시 일어나 술렁거렸다. 변호사를 만나서 유언장도 다 썼고 갈 준비가 다 됐는데 왜 내 마음이 혼란스러워지는지 견디기가 힘들었다. 그래도 워낙 잠꾸러기라 베개만 머리에 닿으면 어느새 잠이 들어 꿈을 꾸었다.

내가 단체여행을 갔다 어느 호텔에 들었는데 그날따라 여행객이 너무 많아 나는 지하실에 있는 창고에서 자야 한다고, 한 호텔 직원이 나를 지하실 창고 같은 방으로 안내했다.

한쪽 구석에 군용 간이식 침대가 하나 초라하게 놓여 있고, 쓰다 남은 페인트 깡통들이 여기 저기 널려 있고, 전등불은 몸이 으스스할 정도로 침침하고, 쓰레기 냄새가 진동해서 도저히 잘 수가 없었다.

나는 문을 열고 밖으로 나갔다. 밤인데 보름달 빛보다는 더 밝아지는 대낮같이 환하게 밝다고 생각하고 있을 그때 바로 문 앞에서 서서 나를 기다리는 분이 계셨다. 그런데 그 얼굴의 태양같이 환한 광채에 눈이 부셨다. "혜정아" 부르시는 다정한 목소리를 듣고 비로소 그분이 꿈에 그리던 아버님이시라는 것을 알았다.

"아버지, 그동안 어디에 계셨어요?"

나는 길을 잃고 다니던 어린아이가 아버지를 만난 듯 뛰며 반가워 소리쳤다.

"여기가 우리 집이란다. 우리 집에 가 볼래?"

아버님이 항상 말씀하시던 하늘나라 황금보석 꾸민 집 바로 그 집이 눈앞에 펼쳐져 있었다.

"아버지, 무지무지하게 크네요!"

나는 입을 딱 벌리고 그 아름다운 집을 넋을 놓고 바라보고 있었다.

"자, 방에 들어가자."

아버님은 나를 어느 한 방으로 안내하셨다. 가지런히 놓인 침대들이 하얀 시트가 깨끗하게 씌어져 있고 잘 정돈되어 있었다. 먼저 가신 어머니 아버지 그리고 형제들의 침대였다.

나는 침대가 몇 개인가 세워 보았다. 앞서간 식구들의 이름표라도 달아 놓은 것처럼 침대의 수가 꼭 맞는다고 생각했다. 나는 그 방이 얼마나 큰지 둘러보았다. 벽이 보이지 않을 정도로 한없이 크다는 것을 알았다.

"아버지, 방이 넉넉하네요!

나도 여기에 와서 자도 되요?

내가 묵고 있는 호텔 방이 너무 더러워서 못 자겠어요."

"그럼, 와도 되지, 너희들을 위하여 준비해 놓은 집이니까, 어느 때든 와."

"아버지, 그러면 지금 호텔에 가서 내 짐을 가져와야 되겠어요."

막 나오려고 할 때 큰 오빠가 올케 언니와 나란히 문으로 들어서며 반가워했다.

"어마, 올케언니도 이 집에 살아요?"

"물론이지."

오빠가 환하게 웃으며 대답했다. 어릴 때 우리 형제들이 모여 찬송을 부르면 화음이 잘 맞았다. 달밤에 노래를 부르며 언덕길을 걸어가던 일들이 가장 아름답고 즐거운 추억으로 남아 있었다.

"오빠, 우리 형제들 다 모이면 훌륭한 합창단이었잖아. 우리 모두 모여 주님의 전에 나갈 때 하나님께 아름다운 찬양을 드리면 좋겠다."

"아버지의 집!"

꿈을 깬 나는 그 기쁨을 도저히 감출 수가 없었다. 나를 방문했던 분들이 수술을 하러 가는 전날까지 나를 끌어안고 하염없이 이별의 눈물을 흘렸다. 막상 수술을 하러 가는 나는 그리워하던 부모와 형제들을 만날 생각을 하며 기뻐서 어찌할 바를 모르고 나를 위해 기도하던 주위 분들은 근심이 가득한 얼굴들이었다.

"우리는 자기를 위해 며칠씩 금식기도, 철야기도를 하며 걱정하는데 오히려 본인은 소풍 가는 어린 소녀같이 '랄, 라라' 하고 있으며 어떻게 해요?"

어느 분이 나에게 투정 부리듯 말했다.

"아버지의 집!

아버님이 우리들을 위해 하늘나라에 준비해 놓으신 황금보석으로 꾸민 그 집, 그리고 앞서간 형제들을 만날 생각하면 기쁨을 참을 수 없어서 자꾸 웃음이 나와요. 그러니까 나는 죽어도 기쁘고 다시 살아도 기쁜 것이에요. 그러니 슬퍼하지 말고 기뻐해 주세요."

2007년 10월 18일 아침 6시 30분, 나는 수술실에 들어갔다. 십자가 모양으로 생긴 수술대, 그 옆에 가지런히 놓여 있는 시퍼런 칼과 가위, 수술 도구들이 커다란 전등불 밑에서 번쩍이고 있었다.

"사형장 같구나!

나 혼자 가야 하는 길, 잠이나 실컷 자면서 가 보자."

나는 중얼거리며 누웠다.

"이것이 다음 세상으로 넘어가기 위한 그 길인가?

그곳 문 앞에서 기다리고 계실 우리 아버지!"

나는 외롭지 않았다. 아버지와 그 집을 머릿속에 그리며 미소를 참지 못했다.

가죽 벨트로 "철컥 철컥" 배와 발을 묶는 소리를 두 번 들은 것이 전부였다. 수술을 무사히 성공적으로 마치고 삼일 만에 미국에 있는 존스홉킨스대학병원에서 퇴원했다. 다시 사는 삶의 시작이었다.

나의 사무실 전화에는 많은 메시지가 계속 녹음되어 있었다.

"아니, 선생님은 환자는 죽어가는데 도대체 왜 진료를 안 하세요?"
재촉하는 전화였다. 대수술을 한 후여서 조금 더 쉬고 싶다고 생각했다.
"너는 자신이 아파서 내일 죽는다고 해도 오늘은 너에게 맡겨진 환자를 책임 있게 돌봐야 해."
아버님 말씀하시던 음성이 귀에 쟁쟁해서 나는 할 수 없이 수술한지 20일 만에 사무실에 나와 환자들을 돌보았다.
"아-참, 나는 죽지도 못 하겠네!
나도 사람이니까 언제인가는 죽을 텐데 그때는 당신들은 어떻게 하시지요?"
나는 환자들에게 말했다.
"선생님은 절대로 못 죽어요. 환자들 다 죽은 다음에 가셔야 해요."
명령하듯 그들은 말했다.
아마 이 환자들을 극성에 못 이기신 하나님이 이 땅에서 나의 살날을 다시 고려해 보신 모양이었다.
"환자들 잘 돌보고 오너라."
아버님 유언장을 꺼내 한 번 더 들여다보며 혼자 중얼거려 본다.
"아버님 말씀이 모두 옳았어요."
어느 날, 그 집에서 태양같이 빛나고 하나님의 품성을 닮은 아버님을 뵈게 될 때 나는 그의 자랑스러운 딸이 되어 있으리라고 믿는다.

부록 4

내 삶의 멘토 강태국 박사

김은호 박사
한국성서대학교 대학원장

　사람은 살아온 만큼 사람을 만나게 된다. 만나고 헤어지는 빈번한 삶의 자리에서 생각나는 사람들이 있다. 어떤 과일만 보아도 떠오르는 사람이 있듯 어떤 사건을 만나면 으레 생각나는 사람 말이다. 특히, 어렵고 힘들 때, 자신이 부족하고 모자람을 느낄 때 기억나는 사람이 있다면 참 커다란 축복이 아닐 수 없다.
　그분은 내가 한국성서대학교를 다니며 성서의 지평을 넓히던 때 만났다. 스승 강태국 박사님이다. 그분은 복음의 증거를 생활을 통한 행동으로 보여 주셨을 뿐만 아니라 복음의 참된 의미가 무엇인지 삶으로 우리를 교육하셨다.
　대학 4학년 2학기 때의 일이다. 마지막 학기를 보내며 여러 동기가 진로를 놓고 힘들어하던 때였다. 그래서 우리는 박사님을 모시고 졸업간담회를 했다. 우리는 각기 미래에 대한 자신들의 계획을 나눈 뒤 마지막으로 박사님의 이야기를 듣게 되었다. 그해 연세가 77세였는데 생각이 젊으시고, 몸도 마음도 민첩하셨다. 박사님은 노익장을 과시하기라도 하듯 카랑카랑한 목소리로 말씀하셨다.

복음의 이상은 예수님의 길을 따르는 것인데 대다수 사람은 이것이 비현실적인 것이라고 합니다. 분명 예수님의 길은 현실과 어울리지 않는 것같이 보입니다. 그래서 많은 기독교 지도자가 복음을 변질시켜 성공주의 신화로 전락시키곤 합니다. 세상에서의 성공이 곧 복음 정신을 실현한 것처럼 받아들이는 것입니다.

강 박사님은 한동안 말을 끊으신 뒤 우리를 쳐다보다 다시 이어 가셨다.

신학을 공부한 졸업생 여러분은 자기를 버리고 자기 십자가를 지고 주의 길만을 따라야 합니다. 물론 복음을 따르는 길에서 이상과 현실의 간격으로 마음이 무겁겠지만 이겨 내야 합니다.

이때 박사님은 예를 들어주셨다. 학창 시절 당신은 아침마다 기도하고 학교 축구장에 그어진 선을 따라 뛰었다고 한다. 안개 때문에 선이 잘 보이지 않을 때도 한 발짝 한 발짝 밟고 달리다 보면 마지막엔 처음 시발점까지 분명히 도달할 수 있었다는 것이었다.

이처럼 인생길에서도 목표를 위해 하루하루 최선을 다하는 자세로 살았더니 하나님께서는 한 걸음씩 인도하셨다고 하셨다. 스승의 경쾌한 가르침은 그 이후로 나의 삶을 이끄는 밑그림이 되었고 내 삶의 멘토가 되었다.

올해에도 하나님의 은혜로 많은 졸업생이 교문을 떠날 것이다. 마지막 학기를 보내는 이들에게 이 말을 들려주고 싶다. 큰 꿈은 날마다 최선을 다하는 데에서 이루어진다는 지혜를 말이다. 자기를 부인하는 것이 신앙의 입문이며 목회와 학문에서도 성서의 가르침이 나침반이 되어야 한다.

박사님에게서 지식만 배운 것이 아니었다. 제자를 가르치는 스승의 모범을 배웠다. 한국성서대가 나에게 특히 자랑스러운 것은 이 같은 스승과의 만남이 있었기 때문이다.

강 박사님의 가르침을 아쉬워하며 추모하는 것은 그분이 언제나 한결같은 삶의 자리와 올곧은 신앙을 보여 주셨기 때문이다. 진정한 스승은 세상을 환히 비추는 거울과 같다. 그리고 스승은 바른말만 해 준 사람이 아니라 그 올바른 말 자체라는 점이다.

박사님은 복음의 의미를 인간의 지식이나 어떤 배경보다는 모범이 되는 모습으로 지도하신 이 시대의 진정한 스승이시다. 내 학창 시절 그런 스승이 있었기에 지금도 행복함을 느끼게 된다.

강 박사님께서 소천하신 지 25년이 흘렀다. 그분께서 점심 식후에 학교 교정을 혼자 걷던 뒷모습이 지금도 눈에 선하다. 교육자로서 철두철미하고 엄격함이 후학에게 깊은 인상을 남겼다. 학생들을 대함에 있어서 권위 의식이나 거리감이 없으셨다.

나는 남에게 길을 말하기에는 너무나 미흡하다. 생명과 진리에 이르는 그 길을 오늘도 갈급한 심정으로 찾을 뿐이다. 이 글을 쓰는 동안 박사님에 대한 귀한 추억을 같이 나누었던 분들이 더없이 소중하게 느껴진다.

부록 5

에제르의 삶을 사신 강인숙 사모님
(강인숙 사모님 25주년 기념 추모예배[2021. 10. 22]에서)

박 태 수 박사

한국성서대학교 대학원 교학처장

> 그러므로 우리가 담대히 말하되 주는 나를 돕는 자이시니 내가 무서워하지 아니하겠노라 사람이 내게 어찌하리오 하노라 하나님의 말씀을 너희에게 일러주고 너희를 인도하던 자들을 생각하며 그들의 행실의 결말을 주의하여 보고 그들의 믿음을 본받으라 예수 그리스도는 어제나 오늘이나 영원토록 동일하시느니라 (히 13:6-8).

오늘은 강인숙 사모님이 돌아가신 지 25주년이 되는 날입니다. 저가 이 자리에 부름 받은 것은 아마도 강인숙 사모님으로부터 은혜를 입은 제자이기 때문이 아닌가 생각합니다. 저는 이 시간에 "에제르"라는 제목으로 사모님을 추모하기를 원합니다.

히브리서 13:6에서는 "주는 나를 돕는 자이시니 내가 무서워 아니하겠노라"라고 말하고 있습니다. 여기에 나오는 "주는 나를 돕는 자이시니"라는 말씀은 시편 118:7에서 "여호와께서 내편이 되사 나를 돕는 자들 중에 계시니라"는 말씀을 인용한 것입니다. 여기서 나를 "돕는 자"라는 말이 바로 '에제르'라는 단어입니다.

이 단어는 창세기 2:18절에 "내가 그를 위하여 돕는 배필을 지으리라 하시니라"에서 "돕는" 배필이라는 말과 동일한 말입니다. '에제르'라는 말은 "둘러싸다, 보호하다, 도와주다"라는 의미를 가지고 있습니다.

다시 말하면 히브리서 13:6 "주는 나를 돕는 자이시니"라는 말은 하나님이 나를 둘러싸서 보호하고 도와주시는 분이라고 말할 수 있습니다. 저는 강 사모님의 삶을 기억할 때, '에제르' 돕는 자의 삶을 살았다고 믿습니다.

첫째, 강인숙 사모님은 강태국 박사님에게 전 생애를 바쳐서 '에제르' 돕는 자가 되셨습니다.

제주도에서 부잣집 따님이셨던 사모님은 강 박사님과 결혼하고 걸어간 그 길은 험난한 십자가의 길이었습니다. 가난했던 강 박사님과 결혼한 직후 강 박사님이 신사참배에 반대하면서 일제 경찰의 추적을 받으며 도피 생활을 할 때도, 감옥에 갔을 때도 묵묵히 그의 곁을 지키셨습니다.

해방 후에 어지러운 대한민국의 현실을 직시하면서 '천국운동 50년 계획'을 위해 기금을 마련하기 위해 미국 유학을 택할 수 있었던 것도 강인숙 사모님의 결단이 있었기 때문에 가능했습니다.

다섯 자녀를 양육하는 책임을 남편 대신에 도맡았고 남편을 머나먼 미국으로 유학을 보냅니다. 박사님이 안 계시는 동안 6.25동란을 만나 서울 한복판에서 폭탄이 비 오듯 쏟아지고 사람들 목숨이 왔다갔다 하는 상황에서도 끝까지 서울에서 자녀들을 안전하게 보호하며 신앙을 지키며 교육시켰고 경제적인 부분을 책임졌습니다. 매일 아침 자녀들과 함께 하나님께 예배하면서 하나님이 나의 도움이시라는 믿음으로 그 어려운 세월을 견뎌 내셨습니다.

강태국 박사님은 1984년 결혼기념 금혼식에서 이렇게 고백합니다.

"나는 내가 하고 싶은 일을 했고 내가 가는 길에 아내의 동의를 얻어 본 적이 없다. 나의 아내는 내가 하는 일에 무조건 동의했고 내가 가는 길을 무조건 따라갔다. 다른 사람처럼 화장기를 본적이 없었고 그 몸에 의복다운 의복을 걸치는 것을 못 보았다."

"[그리고 내가 가는 길은] 너무나 험한 길이었고 일제 시대에는 감옥 아니면 추방이었으므로 자녀들을 돌볼 여유가 없었다. 자녀들에게 남겨 준 것은 고생밖에 없었고 그 모든 고생을 도맡은 이가 내 아내이다."

이러한 삶을 사셨던 강박사님은 1988년 7월 28일 새벽 6시 76세의 사모님을 보면서 다음과 같은 시를 남기셨는데 진한 감동을 줍니다.

거친 손등 옹이진 손가락들 희끗희끗한 머리카락
거묵거묵한 곰버섯들
흐려진 눈동자 앙상한 이빨들
그 누구를 위하여 바쳐진 제물인가 그 누구를 위해서
살이 에이는 듯한 엄동설한 몰아치는 찬바람을 맞으면서
파도치는 인천 부둣가에 홀로서서
창파를 헤치며 멀리멀리 미끄러져 가는 남편의 성공을 마음으로 빌면서
흐르는 눈물을 남몰래 닦으며 외로이 보내었네.
외로이
삼천만 겨레가 다 함께 겪은 6.25 비극이었건만
오남매 자녀의 손에 손을 이끌고
전국을 누비며 방황하던 어미의 짐은 무거울 대로 무거웠고
그 모습은 처량할 대로 처량했어도
하나님이 보호하셨으니 두려움 없었다네.

저는 강태국 박사님이 한반도 복음화를 위해 헌신할 때 사모님이 뒤에서 묵묵히 도우신 것은 아내로서 진정한 '에제르'가 무엇인가를 잘 보여준다고 믿습니다. 강인숙 사모님 없이는 박사님이 그러한 일을 감당할 수 없었으리라고 봅니다.

둘째, 강인숙 사모님은 한국성서대학교와 학생들을 위한 '에제르'가 되셨습니다.

강인숙 사모님이 한국성서대학교를 향한 '에제르'는 학교의 시작과 함께합니다.

박사님이 미국에서 Korean Evangelical Movement를 통해 3000불의 후원을 받으셨지만 학교를 세우고 운영하는 데는 턱없이 부족했습니다.

전쟁 중이었던 1951년에 강박사님께서 한국에 돌아와서 한반도 복음화를 위한 '천국운동 50년 계획'의 일환으로 한국 농촌 사업과 한국성서대학교를 설립하시기 위해 강 사모님이 그동안 벌어 둔 모든 재산을 넣으시고 학교 안으로 들어와 창고 같은 데서 생활을 하셨습니다.

그곳은 사람이 살던 곳이 아니라 닭, 염소, 동물들이 사는 곳인데 염소는 한쪽을 살게 하고 다른 한편을 막아 방바닥에 구들만 들여 놓고 살았습니다. 자다가 깨면 염소들이 막아 놓은 문의 창호지를 뜯어먹고 목을 들여놓는 집에 사셨습니다.

그때 학교를 설립하면서 많은 빚을 질 수밖에 없었고, 교직원들의 월급을 주기 위하여 돈을 빌려오는 역할은 순전히 사모님이 감당하셨습니다. 그러다 보니 남의 집 지하실에서 살면서 인간 최저의 생애를 맛보면서, 사람들에게 모욕을 당하기도 하셨습니다.

그리고 한국성서대학교가 불광동에서 상계동으로 이사 오게 된 것도 결정적으로 사모님의 제의로 이루어진 것입니다. 당시 상계동은 아무도 관심을 갖고 있지 않는 지역이었습니다. 청계천에서 쫓겨났던 쪽방사람들이 살던 동네가 상계동이었고 마들평야는 논밭이었으며, 그린벨트로 묶여 있던 지역이었습니다.

그러나 강인숙 사모님은 선견지명을 가지고 학교를 상계동으로 이전하자고 제의하셨습니다. 사모님의 제의는 당시 미국에서 교편생활을 하시던 강희정 교수님이 보낸 700불을 통해 놀라운 역사가 일어났습니다. 그 돈으로 성서대를 섬기시던 구다윗 교수님이 미국에 가서 돈을 빌려와서 세

광전수학교였던 이 부지를 사게 되었습니다.

　아마 사모님의 지혜가 아니었다면 1977년 한국성서대학교는 중단될 수도 있는 상황이었습니다. 그런 측면에서 강인숙 사모님은 오늘의 아름다운 캠퍼스를 가진 한국성서대학교의 '에제르'가 되신 분입니다.

　강인숙 사모님은 학생들의 '에제르'가 되셨습니다. 강 사모님은 당시 아동심리학과 일본어를 가르치시는 교수이셨습니다.

　강 사모님은 수업 시간에 학생들에게 단순한 지식을 전달하는 것이 아니라 삶에 도전을 주고 멀리 내다보는 꿈을 갖게 하셨습니다. "우물 안에 개구리가 되지 말고 바깥세상으로 나가 세상을 품고 도전하는 큰 인물이 되라"고 격려하셨습니다.

　당시 무일푼이었던 제게도 미국 유학에 대한 도전을 주고 권면해 주셨던 것을 기억합니다. 저는 강 사모님의 말씀에 큰 용기를 얻었고 도전을 받아 미국 유학을 실현할 수 있었습니다.

　강 사모님은 학교에 출근하셔서 온갖 굳은 일을 도맡아 하였습니다. 곳곳에 화단을 만들고 조경을 하며 학교를 아름답게 만들었습니다. 이 일들을 직접 하셨는데 매우 부지런하셨습니다.

　또한, 학생들의 건강을 위해서 직접 경동시장에 가서 식재료를 사 오시기도 하고 식당에서 학생들의 점심 식단을 짜고 학생들의 건강을 돌보셨던 분입니다.

　그리고 사모님은 게으른 자들에게는 호통을 치며 정신이 버쩍 나게 훈계하셨습니다. 그리고 부지런히 일하는 사람이 되라고 하시면서 "일하지 않는 자는 먹지도 말라"고 훈계하였습니다. 언제나 앞장서 일하시면서 일을 어떻게 해야 하는지 가르쳐 주셨습니다.

　셋째, 사람들을 대하실 때 사랑으로 품어 주시며 '에제르'의 삶을 사셨습니다.

　사모님은 원수까지도 사랑하시고 도와주시는 분이셨습니다. 1945년 8월 15일 일본제국이 무조건 항복하고 일본인들이 퇴각할 때 만주개원에서는 소련군이 진주하면서 중국인들을 앞세워 일본인들의 집을 수색하고 있었습니다.

당시 강태국 박사님을 핍박하고 괴롭혔던 일본인 개척단장, 원수의 딸이 목숨을 부지하기 위하여 도망쳐 사택으로 왔을 때 강인숙 사모님은 그를 긍휼히 여겨, 자신이 입던 옷을 입히고 숨겨 주어 그를 살리셨습니다.

그리고 며칠 후 개척단장이 찾아와 무릎을 꿇고 "이제야 기독교가 사랑의 종교임을 알았습니다"라고 고백하였습니다. 개척단장이 만주개원교회를 핍박하고 미워했는데 사모님이 자신의 딸을 살려준 것이 너무나 감사해서 교회를 지나갈 때마다 감사의 묵념을 하였다고 증언합니다.

이 스토리는 여기서 끝나지 않습니다. 나중에 원수를 사랑한 사모님의 이야기는 일본인 기독교회에 알려지게 되고 일본인 요시다 고조 목사님 내외분이 제암리학살사건 등 일본인이 저지른 만행을 알고 강인숙 사모님의 사랑에 깊은 감동을 받아 한국에 평생 '사죄와 화해의 선교사'로 한국에 살기로 결심합니다.

요시다 목사님은 1982년 우리 대학에 와서 일본어를 35년간 가르치시며, 자신의 모국인 일본 정부에 과거사 사죄를 촉구하고 역사 왜곡을 바로잡는 일에 앞장서고 한국인보다 한국을 사랑하는 분으로 살고 계십니다.

그분의 따님은 숙명여대를 졸업하고 목사의 아내가 되었고 그의 둘째 따님도 여성 목사가 되기 위해 과정을 밟고 있습니다. 그의 사위 노조미 목사님은 놀라운 그리스도의 사랑을 한국과 일본에 증거하기 위하여 우리 대학교 일반대학원에서 박사 학위 과정에서 공부하고 있습니다.

저는 강인숙 사모님이 원수까지도 사랑하신 그 '에제르'의 삶이 수많은 일본 사람에게 영향을 주었다고 믿습니다.

넷째, 저는 사모님의 은혜를 입은 학생이었습니다.

제가 근로장학생으로 1년간 일하면서 몸이 허약했을 때 사모님은 한약제를 지어 주신 분이셨고 종종 중계동 사택으로 불러 맛난 음식을 베푸심으로 저의 건강을 돌보셨습니다. 저는 성서대학교에서 사모님의 사랑으로 성장할 수 있었다고 믿습니다.

  강인숙 사모님의 삶을 추모하면서 우리 대학 설립자의 '에제르'가 되셔서 도우셨고, 한국성서대학교와 학생을 위해서 기꺼이 에제르가 되셨으며, 원수들까지도 품고 사랑하신 사모님의 삶은 오래도록 성서인의 마음에 기억되리라고 믿습니다.
  우리도 "주는 우리를 돕는 자이시니라"라는 믿음의 고백 가운데 우리에게 맡겨진 소명을 감당하기 위해 서로에게 '에제르'의 삶을 살기를 소망합니다.

부록 6

사단법인 한국복음주의운동
(Korean Evangelical Movement, Inc)의 메시지
No Smiling Faces in Korea

By Rev. T.K.Kang

Ph.D. Founder

Late in 1951, I returned to my native land of Korea, and having been here in the United Stated for three years of study. Having coming to the United States before the Korean War started, I returned to a land that was torn and divided. Of course, the war was still raging when I returned to Korea. So I saw mauch of the sufferings that be fell the people during theis terrible war. This was surely a land without hope both physically and spiritually. After much political wangling the war ended in Korea.

The physical condition of Korea was at the lowest ebb, and the moral condtions brought about bey the war was something that the land of Korean had not know before. the Spiritual life of Korea was in need of rebuilding due to the fact that many Korean Christian leaders had been killed by the war. Yes, Korea needed the message of Christ. it was my hope and prayer that the Korean Evangelical Movement would rise to meet this challenge of the hour.

In the effort to rebuild an aggressive Christian leadership, the Korean Bible Collage was started in Seoul in 1952, and a rural gospel school was started in

Yongin, 80 miles south of Seoul. Our task was to train young men and women to go forth in the a needy land with the message of the saving grace of the Lord Jesus Christ which would bring peace of to hearts of a war shattered people who have no smiling faces.

Yes, God has truly blessed the work of the Korean Evangelical Movement in Korea. We are standing true to the Lord and doing the job that he is leading us to do.

However, my good Christian friends, we need your help. Korea has nothing physically. But Korean needs the Gospel message in the hour. I hope that you will be able keep our work going in the needy land. *Korea needs you prayer. Korean needs your help.* If God leads you to contribute in some way, you can send all contributions to our treasurer in the country. Mr. C.A. Rowland, Korean Evangelical Movement, Inc., Box 351, Athens, Ga. Please, do what you can right away. May God bless you abundantly.

부록 7

◆◆◆

An Ecclesiology of Dr. Kang Tae Kook

Tae Soo Park

As a conservative theologian, Dr. Kang lead the non-denominational church movement, and pursued the true essence and identity of the church regarding the teaching of the Bible. Born in 1904 on Jeju Island, Dr. Kang studied at Soongsil College in his late twenties, and continued his studies at Kobe Central Theological Seminary, where he planned the 50-years-plan of the Korean Evangelical Movement for the kingdom of God. After concluding his studies at the seminary, he was ordained and served a church in Manju. In 1947, he went to America to prepare his plan for the evangelism of Korea and studied at Westminster Faith Theological Seminary. At the Columia Theological Seminary he wrote. "Calvin`s View of the Church as the Extension of the Suffering of Christ" in his master thesis; At Bob Jones University he wrote a title " The Study of the Biblical Language of the Old Testament" for his Ph.D. and returned to Korea in 1951. He also served Saemoonan Church as a pastor for five years and founded the Korea Evangelical Movement, Korean, Korean Bible University, and Yongin Evangelical Farm School for spreading the Gospel. Secondly, the paper presents his view of the church alongside his view that Christ was the founder of the Church. Not man. He demonstrated that the church began after the fall of Adam and EVE, God sacrificed an animal symbolizing Christ`s blood to satisfy the righteousness of God for the redemption of sinners. He emphasized the continuity of the church; all of them including that of the old Testament, the New Testament, Jerusalem. Antioch, as well as the world church. The church exists on basis of the facts that the true God exists and formed an covenant with His people the Israelites whom He called out and delivered from their slavery in Egypt. The necessity of the church came from man's miserable condition made through sin; God provides His protection and care for man. Dr, Kang defined that the church is composed of Christians that believed and were saved; and that the church is the living church of God. The body of Christ, the Mother of believers. The communion of saints, and is an extension of Christ's suffering. Dr. Kang presents the attributes of the church as holiness and unity. The marks of the church are three: the pure preaching of the Word, the administration of the sacraments according to Christ's command, and the faithful carrying out of Christian discipline in the church. Finally, Dr. Kang emphasized the Bible centered church, stating that the central mission if the church is evangelizing the world while rejecting denominational divisions concerning power struggles of ecclesiastical authority within the church, supporting the non-denominational church, and following Christ's suffering by personal example in the church.

부록 8

일립 강태국 박사에 관한 평가

요시다 고조 목사
서울일본인교회 담임

    강 박사님은 원수와 같은 나라 사람까지도 복음으로 사랑하신 위대한 분이다. 나는 한국에서 가장 존경하는 분으로 강태국, 한경직, 주기철 목사를 꼽는다. 주기철 목사는 일제 시대 신사참배에 반대하다 평양형무소에서 순교하신 분이다. 강태국 목사는 신사참배를 반대했다는 이유로 투옥당하고 온갖 고초를 치렀지만, 원수를 원수로 갚지 않고 오히려 사랑으로 그들까지 감싸 안았다. 그래서 그분들을 존경한다(「경향신문」, "한국에서 활동하는 일본인 목사 요시다", 2001. 1. 26.).

최 선 박사
시인

    그는 일찍이 하나님 사랑, 민족 사랑, 복음 사랑으로 민족 복음화를 위해 정열을 쏟았으며 성서를 통한 교육으로 목회자를 양성하기 위해 후학들을 기르기로 작정하고 성서학원을 세우는 기초를 쌓았습니다.… 한국 기독교 역사에 귀감이 되셨습니다(서울 극동방송 〈5분칼럼〉, 2020. 2. 6.).

류태영 박사
새마을운동 창시자, 전 건국대학교부총장, 현 농촌청소년미래재단 이사장

인생을 살아가는 데 잊을 수 없는 몇 분의 맨토는 예수님, 도산 안창호, 강태국 박사이다. 그분들은 일생을 살아오는 데 막대한 영향을 끼친 사람들이었다.

신앙과 믿음으로 농촌계몽운동을 하시고 계시는 강 박사님과는 몇 차례 만나서 대담과 교육을 많이 받았었다. 그 영향으로 마침내 대학을 졸업하고 학사 편입으로 한국성서신학교 기독교 교육과에 들어가 신앙과 교육에 관하여 집중적으로 공부할 수 있었고, 이때 신앙의 보수 정통적인 기반을 쌓을 수 있었다(System Club, "인생을 살아가는 데 잊을 수 없는 몇 분의 맨토", 2017.1.7.).

김근수 박사
칼빈대학교 총장

한국성서대학교 설립자이시고 당시 새문안교회 담임목사님이셨던 강태국 박사님의 설교를 듣고 저도 훗날 목회자가 되어야겠다는 마음을 가지게 되었습니다(「크리스찬타임스」, 2019. 3. 1.).

이호우 박사
조지아크리스천대학교 부총장

그는 성서의 권위를 최고로 삼았으며 그의 신학은 보수주의 신학이고, 한국 교회에 뛰어난 복음주의적 교회지도자와 학자를 많이 배출한 교육자요, 초교파적 독립교회 목회관을 제시한 뛰어난 인물이다.

최 정 권 박사
성서대학교회 담임목사

1970년 말에 강 박사님을 처음 뵀다. 20대의 내 눈에 처음 비친 강 박사님은 지독한 고집쟁이셨다. 시대에 뒤떨어졌고, 아집이 강해서 조금도 고집을 꺾지 않아 더 발전할 수 있는 학교를 가로막고 있는 듯한 느낌을 받았다. 왜 우리 학교는 세상에 드러나지 못할까 하는 것이 나의 의문이었다.

하지만 세월이 흘러 그분이 옳았다는 사실이 온 세상에 증명됐다. 단순한 인간적 고집이 아니라 성서가 말하는 좁은 길을 가기 위한 모습이었다고 생각된다. 그는 그 어떤 그룹에도 들어가지 않고 스스로 철저하게 소외시킨 사람이었다. 유명할 수 있었으나 스스로 유명해지는 길을 가지 않았다(「크리스천연합신문」, 2020. 7. 24.).

이 성 화 목사
서문교회 담임

설립자는 복음 전파 외에 어떠한 세속의 것과도 타협하지 않았으며 그의 저서 『나의 증언』으로 확인했다. 설립자의 전 생애는 하나님께 속한 삶이었고 삶의 처음과 끝이 모두 헌신적인 밀알의 삶 자체였다(「코코스」, 2019. 9).

오 윤 선 박사
한국성서대학교 교수

설립자는 온전한 하나님의 뜻을 이루기 위해 어렵고 힘든 고난의 길을 걸어왔다(「코코스」, 2019. 9.).

윤 기 성 목사
전, 함평 대동교회 담임

강태국 박사의 생전 업적은 예수님이 밀알로 희생하심같이 자신을 희생하여 복음을 심은 '천국운동 50년 계획'이다. 강 박사가 가꾼 인재들은 그 자신을 닮아 근면성실하고 희생과 봉사정신이 투철한 전천후 인재다(「크리스찬투데이」, 한국성서대 설립자 강태국 7주기 추모예배, 2005. 7. 26.).

곽 승 호 목사
함평 대동교회 담임

설립자는 매일 아침마다 삽 한 자루로 넓고 황폐한 운동장의 풀과 돌을 뽑고 캐내며 묵묵히 다듬어 나갔다.
저 무모한 작업이 가능할까?
그러나 불가능은 시간이 더해지며 반듯한 운동장으로 탈바꿈했다.
천국운동은 거창한 구호가 아닌 매일매일의 행함에서 시작된다는 것을.
그는 오로지 밀알의 삶만을 추구한 큰 스승이었다(「코코스」, 2021. 7.).

현 희 철 목사
중앙성서교회 담임목사, 한국성서선교회 이사장

한국성서선교회 설립자 일립 강태국 박사는 참된 종의 삶을 사셨다(「코코스」, 2019. 7.).
그에게 성서의 길은 절대적이고 최고의 이상과 비전이었다(「코코스」, 2018. 8.).

반 종 원 목사
한국성서대학교 이사장

　35년 목회 여정에는 설립자 강태국 박사님의 큰 가르침이 힘이 됐다. 강태국 박사와 고교 2학년 때 만난 인연을 통해 한국성서대학교에서 수학할 수 있었다. 목회 과정에서 사람과의 관계가 어려워 포기할까도 생각했지만 '한 알의 밀알'을 모토로 정해 오늘날까지 이르렀다(「자유일보」, 2020. 5. 21.).

박 성 환 박사
한국성서대학교 설교학 교수

　강태국은 하나님의 말씀인 성서뿐 아니라, 자신의 생애 동안 예수 그리스도를 향한 사랑과 헌신이 바탕을 이루고 있다. 강태국은 진정 예수 그리스도를 위한 희생적 사랑을 몸소 보인 참된 신자다. 즉, 그는 자신의 삶을 복음 전도자, 신학자, 목사와 설교자로 하나님께 드렸다.

　한마디로 그의 삶을 요약하면 요한복음 12:24에 나오는 밀알, 그 자체이며 예수 그리스도를 따르는 진실한 종이었다(박성환, "일립 강태국의 경건론", 「복음과 실천」 54권 [2020. 02.], 71).

박 영 지 교수
전 한국성서대학교 부총장

　그의 사상은 이념적 이상만이 아니다. 곡초도 심고, 나무도 심고, 사람도 심고, 복음도 심는 현실과 이상이 어울어진 종합적인 사상이다. 애국과 천국, 노동과 기도, 이념과 실천, 교육과 전도, 전국 복음화와 세계 선교, 이 모든 것이 하나도 묶인 종합사상이다("일립 강태국 박사의 생애와 사상" 『논문집: 창간호 일립 강태국 박사 미수 기념 특집』, 한국성서신학교 선교문제연구소, 1992, 43.).

한국민족문화대백과사전(강태국[姜泰國])

해방 이후 한국성서대학교를 설립한 목사. 교육가로서 1968년에서 1978년까지 성서교재간행사에서 발간된 『매일의 묵상: 성서강해』 12권을 집필하여 박윤선, 이상근, 김응조 등과 더불어 한국인으로 성서 전체를 주석하는 방대한 작업을 완성하였다. 그는 교파 중심주의에 빠지는 위험성을 경고하고, 교권과 투쟁하는 삶을 지속하였으며, 이를 실천하기 위해 초교파 독립교회를 중심으로 활동하였다.

새마을운동의 시원(始原)은 원삼

"후일 새문안교회, 중앙성서교회 목사를 거쳐 한국성서신학교를 세우기도 했으며 극동방송 이사장을 지냈던 강태국. 이처럼 교계와 화려한 경력을 쌓았던 그는 용인의 농촌지역 원삼면 복음농도원에서 새마을운동을 사실상 시작했다면 과장이라 할까. 과정만이 아닌 것이 새마을운동의 주역들이 이곳에서 그 씨앗을 뿌렸기 때문이다.

선생의 아호인 '일립'(一粒)은 '한 알의 씨앗'이라는 뜻이다. "한 알의 밀이 땅에 떨어져 죽지 아니하면 한 알 그대로 있고, 죽으면 많은 열매를 맺으리라"는 성서에서 가져온 말임이 분명하다. 선생 또한 성서의 내용과 같은 삶을 살았다.

당시 복음농도원을 중심으로 펼쳐졌던 강태국 선생의 뿌린 정신은 김용기 장로의 가나안농군학교로 이어져 우리나라 농촌 발전에 커다란 족적을 남기게 됐다. 또한, 복음학교 교상을 억임한 강 박사의 제자인 류태영 박사의 농촌발전이론 또한 1970년대 새마을운동의 이론적 토대가 되어 농촌발전과 국민정신 개혁에 큰 역할을 했다.

강태국 목사, 김용기 장로, 류태영 박사와 같은 우리나라 농촌운동에 공헌한 분들의 발자취가 용인에서부터 비롯되었다는 것을 감안할 때 용인이 새마을운동의 시원(始原)이라 할 만하다(「용인시민신문」 440호, 2008. 5. 9.).

"나무처럼 사는 게 장수비결"/독림가 제1호 89세 강태국 옹의 식목일

한국 독림가 제1호. 우리나라에서 민간인으로서는 처음으로 산림청이 육림 사업에 공이 있는 사람에게 부여한 독림가 칭호를 받았던 강태국 옹(89·한국성서신학교 명예학장)은 자신이 키워온 나무처럼 싱싱한 몸과 마음으로 생활하고 있다.

서울 강남과 아파트에 살지 않으며 자가용도 없는 신종 '3불출'이지만 나무와 함께한 평생이 후회되지 않는다며 "나무처럼 정직하게 사는 것이 내 장수비결"이라고 한다.

"내 당대에는 경제적인 실익이 없더라도 국가의 장래를 위해 나무를 심어야 합니다"(「중앙일보」, 1992. 4. 5.).

참고 문헌

강태국. 『나의 증언: 내가 나 된 것은』. 서울: 성광문화사, 1988.
_____. 『종합사복음연구』. 서울: 혜문사, 1976.
_____. 『매일의 묵상: 성서강해 1권』. 서울: 성서교재간행사, 1990.
_____. 『매일의 묵상: 성서강해 2권』. 서울: 성서교재간행사, 1990.
_____. 『매일의 묵상: 성서강해 3권』. 서울: 성서교재간행사, 1990.
_____. 『매일의 묵상: 성서강해 4권』. 서울: 성서교재간행사, 1990.
_____. 『매일의 묵상: 성서강해 5권』. 서울: 성서교재간행사, 1990.
_____. 『매일의 묵상: 성서강해 6권』. 서울: 성서교재간행사, 1990.
_____. 『매일의 묵상: 성서강해 7권』. 서울: 성서교재간행사, 1990.
_____. 『성서의 종교: 강태국 박사 설교집 1권』. 서울: 성광문화사, 1988.
_____. 『성서의 종교: 강태국 박사 설교집 2권』. 서울: 성광문화사, 1988.
_____. 『성서의 종교: 강태국 박사 설교집 3권』. 서울: 성광문화사, 1988.
_____. 『성서의 종교: 강태국 박사 설교집 4권』. 서울: 성광문화사, 1988.
_____. 『성서의 종교: 강태국 박사 설교집 5권』. 서울: 성광문화사, 1988.
_____. 『성서의 종교: 강태국 박사 설교집 6권』. 서울: 성광문화사, 1988.
_____. 『성서의 종교: 강태국 박사 설교집 7권』. 서울: 성광문화사, 1988.
_____. 『성서의 종교: 강태국 박사 설교집 8권』. 서울: 성광문화사, 1988.
김현광. "일립 강태국 박사의 로마서 해석연구". 『일립논총』 14 (2009): 59-90.
_____. "강태국 박사의 목회서신 강해가 주는 목회적 실천적 교훈". 『개혁논총』 19 (2011), 81-110.
김은호." 한국성서대학교 교육의 미래: 알립 강태국 박사의 교육신학을 중심으로". 일립신학연구소편. 『일립강태국의신학사상과교육』. 서울: 한국성서대학교, 2009.
박영지. 『밀알정신』. 서울: 기독교문서선교회, 1998.
_____. 일립 강태국 박사의 생애와 사상". 한국성서신학교 선교문제연구소편. 『일립 강태국 박사의 미수 기념 특집』. 서울: 한국성서대학교, 1992.
박태수, "일립 강태국 박사의 봉사관". 『일립논총』 17 (2012), 69-112.

_____. "일립 강태국의 기도론 연구". 『일립논총』 16 (2013), 63-89.
_____. "일립 강태국의 노동관". 『조직신학연구』 12 (2009), 198-215.
_____. "일립 강태국의 박사의 신론". 『일립논총』 20 (2018), 43-69.
_____. "일립 강태국 박사의 교회론". 『조직신학연구』 18 (2013), 131-163.
이종경. "일립 강태국의 선교운동에 관한 역사적 고찰". 철학 박사 학위청구논문. 한국성서대학교 대학원, 2002.
이호우. 『일립 강태국 박사의 생애와 사상』. 서울: 첨탑, 2001.
_____. "강태국의 복음 전도 입장에서 바라본 세계 교회협의회(WCC)에 대한 고찰". 『일립논총』 15 (2009), 73-98.
최영태. "일립 강태국 박사의 윤리사상에 대한 연구". 『일립논총』 18 (2013), 81-103.
_____. "일립 강태국 박사의 전도관에 대한 연구". 『일립논총』 15 (2010), 133-78.
한국성서신학교. 『논문집』 창간호. 서울: 한국성서신학교 선교문제연구소, 1992.
허정운, "一粒 康泰國 牧師의 說敎 硏究 : 聖書의 宗敎를 中心으로" 석사 논문, 안양대학교 대학원, 2002.
김경일. 『한국 근대 노동사와 노동운동』. 서울: 문학과 지성사, 2004.
김재영. 『직업과 소명』. 서울: 한국기독학생출판부 1989.
리처드 베어드. 『배위량 박사의 한국선교』. 서울: 쿰란출판사, 2004.
제리 & 메리 화이트. 『당신의 직업 생존이냐, 만족이냐?』. 서울: 네비게이토 출판사, 1977.
조병호. 『한국기독청년 학생운동100년사 산책』. 서울: 땅에 쓰는 글씨, 2005.
신승환. 『가톨릭 신학과 사상』. 55호. 서울: 가톨릭대학교 출판부, 2006.
한경호. 『눈물로 씨를 뿌린 사람들』. 서울: 지상사, 2009.
이종경. "일립 강태국의 선교운동에 관한 역사적 고찰", 한국성서대학교 대학원 박사 학위 논문, 2002.
정진영. "강태국의 '천국운동 50년 계획'에 나타난 교육사상 연구", 한국성서대학교 대학원 석사 학위 논문. 2002.
한국성서대학교. 『일립 강태국의 신학사상과 교육』. 제10주년 기념학술논문집. 서울: 한국성서대학교. 2008.
한국성서학교. 『논문집: 창간호 일립 강태국 박사 미수 기념 특집』. 서울: 한국성서신학교 선교문제연구소, 1992.

도널드 맥가브란의 개종신학

정용암 | 신국판(153x224) | 292면

선교 역사에서 큰 획을 그은 선교사이자 선교학자로 "교회성장학의 아버지"라 불리운 도널드 맥가브란의 생애와 선교 사역 그리고 그의 선교신학을 소개한다. 더불어 맥가브란 이후 여러 교회성장학자들이 개종 이론을 어떻게 계승하고 발전시켰는지를 잘 정리해 보여 준다. 맥가브란은 인도에서 4대째 선교하던 중 힌두교 세계관을 가진 인도인들을 그리스도인으로 개종시키는 데 친척들과 친지들의 관계망이 최상의 대로임을 발견한다. 그는 이 "하나님의 가교"를 통해 "효과적인 복음전도"를 해 한 사람을 "제자화"와 "완전화"함으로 사회적 책임을 다하는 성숙한 그리스도인이 되도록 하는 사역 그리고 이를 통한 교회성장을 제시했다. 함께 실린 맥가브란과 교회성장학자들의 사진, 도표 등 여러 자료가 독서의 흥미와 이해를 북돋운다.